大学院文化科学研究科

公共政策

砂原庸介

手塚洋輔

社会経営科学プログラム

JN060749

（新訂）公共政策（'22）

©2022　砂原庸介・手塚洋輔

装丁・ブックデザイン：畑中　猛

s-61

まえがき

　私たちが生きるこの世の中は，大小さまざまな問題であふれています。ある問題は自分（たち）で何とか解決しようと格闘し，別のある問題は政府にその解決を委ねようとするかもしれません。確かに，政府にしかできないことがあります。それと同時に，政府でもできないことがあることを忘れてはなりません。

　新型コロナウイルスに見舞われた2020年代を生きる私たちは，そのことを強く実感しているのではないでしょうか。

　実際この間も，それが成功したかどうかは別として，さまざまな政策が行われてきました。感染症を防ぐのは主に保健政策の領域ですが，人々の暮らしは経済政策によっても大きく左右されます。子どもたちの学びをどうするかは教育政策の問題でしょう。多くの国で財政出動がなされ，金融や財政政策の観点も目が離せません。いずれにせよ，政策を作ることと，それが現実に作用し人々の行動を変えることとは異なるという認識が今回広く共有されたように思われます。

　「政策を考える」と聞くと，このような個別領域の政策について，不十分であるとしたらその要因を考え，それを踏まえて望ましい政策を構想していくことが思い浮かびます。現に，公衆衛生や教育政策などの学問分野が発展を遂げてきました。

　しかし，個別領域の政策を足し合わせていくことで，「公共政策」の全体像にたどりつけるとは限りません。むしろ，それらの政策に通底する構造や枠組みを手がかりに考えることこそが重要なのではないか——本書は，こうした問題意識により，大学院レベルにおける「公共政策」を解き明かそうという試みです。

　従来，ともすれば，公共政策とは「政府」が行うものであり，政府の活動を分析することに主軸が置かれてきました。もちろん，今なお，政府がその中心であるとはいえます。ただそうだとしても，政府だけではできないことに，改めて注意する必要があります。

　そこで，このテキストでは，政府と社会との関わりの中で，公共政策を考えていく視点を強く意識しました。一つの試みとして，政策を行うのに不可欠な情報・金銭・人・権限という基本的な政策資源の有り様を基軸に据えて議論を組み立てています。これもまた，政府自身ではこれらの資源を生み出せないため，社会から調達した限りで使うことができる，との事実を踏まえたものです。さらに，市民社会や市場といった社会との協力関係があってはじめて政策が実現することを考え合わせれば，公共政策とは，政府と社会とがいわば共同生産するものということができるでしょう。

　このように社会との関係で公共政策を考えることは，政府にしかできないことや，政府でもできないことを問い直すことにつながります。世の中が加速度的に変化していく中で，これまでならできたことができなくなるとともに，反対にできなかったことができるようにもなるでしょう。その際，私たち一人ひとりが，単に政策の対象となる受動的な存在なのではなく，政策を共に作り上げる存在なのだととらえることは，幅広い観点から政策を構想する上でも強力な武器になるに違いありません。

　最後になりましたが，著者たちが本書での公共政策への見方に至る過程で多くの刺激を与えてくださった，さまざまな研究者・実務家・ジャーナリストのみなさんとの交流に感謝しています。また，学生の立場から本書に的確なコメントをくださった神戸大学大学院の高根晴さんに特にお礼を申し上げる次第です。そして，世の中の問題と日々奮闘しているすべての人々，これから取り組もうと意気込むすべての人々にとって，本書の議論がいくらかでも見通しを示し，問題解決に向けた一歩になることを願っています。

2021 年10 月

砂原庸介

手塚洋輔

目次

1 | 社会の中の公共政策

手塚洋輔

　世の中にはさまざまな問題がある。それらの中には，適切に対処することで，解決できるものもある。公共政策とは，こうした問題解決のためになされる取り組みを指す。その中心をなすのが国や自治体といった私たちの政府であるが，公共政策は政府だけで完結するものではなく，社会との相互作用の中で実現するという点が重要である。

　そこで本書の導入として，問題解決に向けて，大きく五つの段階を経て政策を形成し，実施していくプロセスを知るとともに，情報資源・金銭資源・人的資源・法的資源という四つの資源から公共政策が構成されていることを理解する。最終的には，政府の問題解決能力そのものが持つ限界にも留意することも含めて，社会との関わりの中で公共政策を考える基本的な視座をつかむことが目標である。

1. 問題解決としての「公共政策」

（1）公共政策とは何か

　まず，この科目の名称にもなっている「公共政策」とはいかなる営みを指すのか，確認しておこう[1]。

　もしかすると「公共政策」という用語には馴染みがなくても，教育政策や福祉政策など「○○政策」という言葉であれば，日々のニュースや仕事において，耳にすることがあるかもしれない。このとき，教育に関すること，例えば学力向上のための試みを教育政策といったり，日常生活に困っている人々がより良く暮らしていくための施策を福祉政策と呼んだりというイメージを思い浮かべることができるだろう。

　政策のイメージは時代によっても変化する。例えば，環境政策という言葉が含む領域は，かつては公害に代表される大気汚染や水質汚濁など，生活環境に関する事柄が中心であったが，その後，気候変動など地球環

境保全などに拡張されていった（久保 2012）。

　このように，個別の○○政策が示すものは，それぞれ目的や対象が異なるため，政策形成やその実施に携わる政府内の部局をはじめ，関連する業界も千差万別である。それゆえ，政策の価値をめぐる対立構造にも相違がある（松田・三田編 2020）。要するに，それぞれの分野で多様な仕組みが動いていると考えてよい。

　これに対して，公共政策を総体として考えることは，これら個別の○○政策に共通する構造やパターンがあることに着目して，それを明らかにすることに力点がある。ここでは公共政策が持つ二つの特徴を指摘しておこう。

　第1は，社会における問題の解決を志向する点である。上述した教育政策，福祉政策，環境政策をはじめ個別の○○政策はいずれも，当該分野における問題を解決しようとする取り組みであることに変わりはない。もっとも，いくら問題解決を願ったところで，場あたり的な思いつきでただやみくもに行動しても，およそ解決には結びつかないだろう。適切に解決するには，問題の全体像を把握し，解決の方向性を定め，その上で，政策の対象に実際に働きかける作用，すなわち政策を実施しなければならないのである。

　第2は，こうした問題把握と方向性の検討，そして政策の実施の中核を担うのが国や自治体といった政府であることから，政府の活動を分析の中心とする点である。公共政策の代表的な定義の一つに「政府が，やる，または，やらないと決定したあらゆるもの[2]」とするものもある。もちろんこのことは，後に述べるように，政府だけが公共政策に関与しているということを意味しない。ただ，公共政策には政府が何らかの形で関与している（あるいは，関与しないということを決めるという形で関与している）と考えられる。

　以下この章では，まず第1の特徴である公共政策とは問題解決の手段であるという点を考察する。続いて，第2の特徴である政府の活動という点について主に社会との相互作用という観点からこのことを確認する。その上で，現代における政府の問題解決能力の限界について，ごく簡単

に概観することによって，第2章以降への導入を図りたい。

（2）問題解決のプロセスと段階モデル

　では，第1の特徴である，公共政策を問題解決の試みと考えるとき，どのようにして解決を図るのか，そのプロセスを概観しておこう。その際に参考になるのが，私たちが暮らしや仕事の中で行っている一般的な問題解決のプロセスである。すなわち，①問題が認識されると，②解決案を考え，③その中からやること（やらないこと）を決定する。その上で，④解決策を実行に移し，⑤その結果を振り返るというプロセスを経ると考えられる。

　こうした問題解決の一般的なプロセスを踏まえ，公共政策に関しても同様の段階を経るという見方，すなわち段階モデルが提唱されてきた（図1）。まず第1に，たくさんある問題の中でどの問題を公共政策の検討の対象とするか，という絞り込みがなされる。これをアジェンダ（課題）設定といい，課題としてのぼってはじめて，具体的な方策の検討に進むと考える。第2は，その課題に応じて詳しく調査し，解決の方策を練る立案の段階である。そして第3に，立案されたいくつかの方策の中から，手続きにしたがって政策決定がなされる。第4段階は，こうして決定された政策を実行し，現実に作用させる政策実施である。この実施がどのようになされるかが政策の成否を左右する。最後に第5として，その実施結果についてその善し悪しを判断する政策評価がなされる。そして，この評価の中で，新しい課題が発見されたために次のアジェンダ設定がなされることもあれば，必要性に乏しいとされ，政策が廃止されるということもある。

図1　段階モデル

〔筆者作成〕

　このように，アジェンダ設定→立案→決定→実施→評価→アジェンダ設定と各段階はつながっており，「政策循環」とも呼ばれる。ここで注意しなければならないのは，こうした段階モデルは，現実が明確に区分されて進行するというよりも，あくまで政策過程を認識するときの枠組みにとどまる点である。しかしそうした視点を設定することによって，分野間や各国を横断的に比較することができるようにもなる。

　そして，もう一つつけ加えるべきことは，日本を含めた民主主義体制のもとでは，公共政策も民主的に決定されることである。それゆえ，段階モデルの各局面でも，利害の異なる関係者の間で一定の合意を得ながら進めていかなければならない。しかし他方において，複雑な現代社会における公共政策も高度な専門知に基づいて立案し，実施されるべきという要請もある。本書では，後半の第11章から第15章において，これら民主性と専門性との緊張関係に注目し，公共政策がどのように形成され変化し得るのかを検討する。

（3）問題認識をめぐる対立

　関連して，ここで考えておきたいのは，「何が問題か」といったことからして人々の考えが大きく異なるという点である。複雑で変化も早い現代においては，不確実な事柄も多く，こうした問題認識をめぐる対立が顕在化しやすくなっていると考えられる。

　その代表的な例に，地球温暖化をはじめとする環境問題を挙げることができる。気候変動や遺伝子組み換え作物の影響などが完全にはわかっていない中で，持続可能性や生態系の保護と，人々の生活や経済成長とを，どのように両立させるのかという問題である。

　日本国内を見ても，東日本大震災以後，特に，エネルギーのあり方をめぐる根深い対立が指摘できよう。環境保護という視点に限ってみても，原子力発電所を再稼働させて事故が再度起きたときの放射性物質による深刻な環境破壊を重視する人々もいれば，逆に，原発の代わりに使うことになる火力発電所から排出される二酸化炭素や大気汚染などを訴える人々もいる。

　しかも，地球温暖化の原因とされる二酸化炭素の排出をめぐっては，気候変動のメカニズムが解明し切れておらず，二酸化炭素の排出が与える影響の大きさの認識に差異がある。加えて，既に産業構造が転換しつつある先進国と，今まさに工業化を進め二酸化炭素の排出を拡大しつつある途上国とでは状況が異なるため，国際的な合意を得るのは容易ではない。

　このように環境問題の難しさは，リスクの見積もり，つまり予測をめぐる対立となりやすいところにある。こうした不確実性がある中で，何らかの決定をしていかなければならないという構造があることをここでは確認しておきたい。

2.　資源交換としての「公共政策」

（1）公共政策の担い手

　次に，公共政策の第2の特徴，すなわち，公共政策を作り，実施する営みの中核を担うのが，「政府」であるという点を検討しよう。

　ここでの政府とは，国内でいえば，国はもちろんのこと，都道府県や市町村といった自治体が含まれる。前者を中央政府，後者を地方政府と呼ぶ場合もある。国の内部には，立法府（国会）・行政府（内閣や各府省）・司法府（裁判所）という各部門があるが，行政府が中心となるとはいえ，立法はもとより裁判も問題解決の機能を有することに留意しておく必要がある。加えて，EU（欧州連合）や国際連合といった国際機関も，加盟国の合意が得られる一定の範囲で「政府」として問題解決を行う。

　もっとも，政府だけが公共政策の担い手ではないことを忘れてはならない。そこで本書では，政府以外の人々や組織がどのように公共政策と関わっているのかを重視する。例えば，私たちの健康を守るのに必要な医療サービスの大きな割合を占めるのは，民間の病院である。また，介護サービスを提供する仕組みも，社会福祉法人やその他の非営利組織（Non-Profit Organization：NPO）との協力関係を前提に構築されているといえよう。多くの自治体では，ゴミの収集といった公共サービスの一部が民間事業者に委託して行われていることも広く知られている。

　また，政府が行うのは，人々や企業の合理的な行動を促すようなインセンティブ（誘因）を付与するにとどめ，あとは市場メカニズムによって問題解決を図る，という手法も幅広く観察される。

　これらの点については，本書の中盤第6章から第10章において，政府のみならず中間団体や市場を通じて公共政策がどのように実現しているかを取り上げる。

（2）資源の交換という視点

　そうはいっても，公共政策の形成と実施の中心を担うのは，やはり政府である。政府は，他の主体と比べて，政策を実現するのに必要なさまざまな強制力を保持しているところに特徴がある。究極的には軍や警察の実力によって人々を従わせることもできる。ただそれと同時に，強制力がありさえすれば問題が解決するわけではないことを忘れるべきではない。そこで重要となるのが，政策の実現に必要な政策資源に注目し，政府と社会との相互作用を精密にとらえるという見方である[3]。

　ここでいう政策資源には，政府が活動するのに不可欠な①情報資源，②金銭資源（財源），③人的資源（働く人≒公務員），④法的資源（権限）が含まれる。すなわち，政府が何をやるにしてもまずは現状を把握するためのデータといった「情報」が前提となる。その上で，なにがしか活動するにはそれを賄う「カネ」とそれをやる「人」が必要である。いずれにせよ，自由民主主義の政治体制のもとでは，議会の承認による「権限」が付与されてはじめて政府は活動できることになる。

　2020年に世界を震撼させた新型コロナウイルス感染症への対応でも，感染状況の把握や流行予測では情報資源が，各種の支援金や給付金等では金銭資源が関係した。人的資源に関しては，積極的疫学調査や入院調整などの最前線を担った自治体の保健所職員のマンパワーが問題となった。学校の休校や営業の短縮といった制約をめぐる法的資源も重要な論点だったことが思い出される。

　このように，資源に注目することによって，政府が政策を行う場合に，強制力を背景にできることがある反面，意のままにできるわけでもない

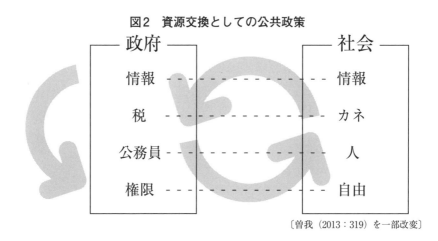

図2　資源交換としての公共政策

〔曽我（2013：319）を一部改変〕

ことが理解できるだろう。その根本にあるのは，政府は政府だけで存続することができないというあたり前ともいうべき事実である。例えば，人的資源でさえ，試験による選抜であれ徴用（徴兵）であれ，社会から採ってくるほかない。金銭資源も，税などの形で社会から徴収するか，借金するしかない。社会の中から獲得しなければならないのは情報資源も同様である。法的な権限であれば，議会を通じて私たちの代表が認めなければ自由を制約できないことはいうまでもない。

　以上をまとめると，政府は社会から情報・金銭・人・権限という四つの資源を調達し，それを変換して，逆に，社会に対しては四つの資源を組み合わせることで規制や公共サービスを提供する関係にある（図2）。すなわち，情報・金銭・人・権限という四つの資源を相互に移転しているととらえられる。具体的には，第2章から第5章において，こうした資源交換の内容について立ち入って検討する。

（3）政策の成果（アウトカム）

　公共政策が政府と社会との資源の交換によって成り立っている以上，およそ政府だけで完結するものではない。このとき，さらに社会との関係で重要となるのが，問題解決という政策目的がどのように達成されるのかである。いうなれば，政策を「やりたい」と「やる」と「やった」

図3　入力・出力・成果

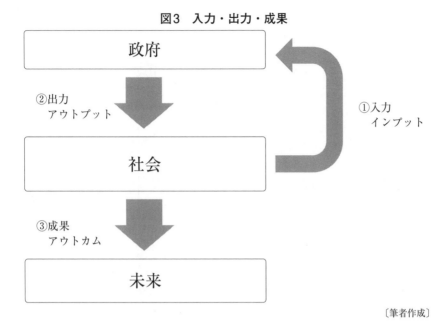

〔筆者作成〕

には大きな断絶があるように，「やった」こととそれが問題解決に結び
つくかはまた別なのである。

　この点については，入力（インプット）・出力（アウトプット）・成果
（アウトカム）の区別を明確にすることが重要となる（図3）。資源交換の
観点から公共政策のロジックを別の形で整理すると，まず①社会から政
府に対して，政府が活動するために必要な資源の入力（インプット）が
行われる。次に②この入力をもとに政府は政策対象に向けて何らかの活
動を出力（アウトプット）する。そして政策の目的は，③この出力が社
会の中で作用することにより，成果（アウトカム）が生じることで達成
されたりされなかったりするのである。

　例えば，渋滞を解消するために，バイパス道路を建設するという公共
政策の場合，工事にかかる予算（金銭）や人員が入力（インプット）で
あり，新しい道路が出力（アウトプット）である。しかし，道路ができ
たことと渋滞の解消は別であって，実際に，それまで市街地を通過して
いた車が，バイパス道路を使うという状況が生じてはじめて渋滞の解消

という成果（アウトカム）が生じると見るのである。

　したがって，公共政策の目的が問題解決である以上，アウトプットそのものだけではなく，アウトカムにも注意を向けなければならない。しかも，アウトカムを生じさせるのは，通常，私たち社会の側の行動であることを踏まえれば，この三つを峻別することによって，特に政策がうまくいかなかったときの原因を究明することにつながる。すなわち，失敗の原因が予算や人員が足りないことによるインプットの問題にあることもあれば，政府内で非効率に実施されたといったアウトプットの問題であることも，あるいは，政策が適切に設計されていない等により，アウトプットがアウトカムにつながらなかった可能性も考えられる。

3. 政府の問題解決能力

（1）構造的課題

　本章の最後に，公共政策の中核を担っている政府が，現代社会において直面している制約や限界について概観することにしよう。ますます困難な時代になっている中で，政府に期待されている役割が大きいのとは裏腹に，政府ができること，問題解決能力もこれまでとは異なる状況にあることを認識しておく必要がある。

　本書が立脚する，公共政策は政府と社会との相互作用だ，という観点からすると，必要な資源を社会から調達できない状況も，それとは逆に，社会への働きかけが十分にできない状況のいずれも，政府にとって大きな制約と考えられる。ここではそうした状況を引き起こす構造的な問題の例として，少子高齢化とグローバル化の影響について見ることとしたい。

① 少子高齢化

　日本で少子高齢化が叫ばれてから数十年が経過し，2008年をピークに総人口は減りはじめ，高齢化率の上昇も続くことが予測されている。今後問題となるのは，高齢者の増加というよりは，生産人口の急速な減少であることがわかるだろう（図4）。

　生産人口が減る中で，労働力をいかに確保するかは，公共政策を担う

図4　将来の人口予測

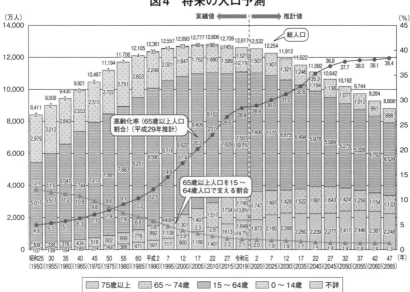

〔内閣府『令和2年版　高齢化白書』2020年，4頁〕

公務員をはじめ，公共サービスに従事する人員にとっても死活的に重要
である[4]。諸外国では，移民の受け入れを行うところもあるが，それに
は多様な文化や母国語を持つ人々が共存できる社会を作り上げることが
課題となる。

　加えて，経済成長にともなって敷設されてきた水道などの社会基盤が
老朽化し，その維持管理にかなりの費用がかかってくることも見過ごせ
ない。都心回帰が進む中で，空き家の増加といった新しい問題も出現し
ている。このように少子高齢化の問題は，これまでの社会の前提がさま
ざまな分野で崩れていくため，従来と異なる手法が求められよう。

② 　グローバル化

　自由化の進展により，ヒト・モノ，そしてカネがめまぐるしく世界中
をかけめぐるようになった。こうしたグローバル化は，さまざまな分野
で，国家単位での対処を難しくさせている。例えば，一国で規制を強化
しようとしても，ほかに規制の緩い国があれば，多国籍企業は拠点をそ
ちらに移す可能性が高まる。とりわけ深刻なのが，租税回避であり，大

企業や富裕層はこぞって，税のかからない国や地域に資産を移している（諸富 2020）。

　こうしたことを防ぐためには，国際的な協調が不可欠であるほか，政府も高度な技術を駆使して課税したり規制したりする必要に迫られている。もっとも，国際的な枠組みを構築するとしてもそれによる影響は国により有利不利がある。その中で，自国の利益をいかに図るか，熾烈な争いがなされているといってよい。国内の政策を考える上でも，こうした国際環境の変化と無関係ではないのである。

（2）問題解決能力の変化

　以上の例からもわかるように，社会との関わりの中で政府の問題解決能力は枠づけられる。そこで次に，その変化について四つの側面，すなわち，政府に求められる，①提供する能力，②規制する能力，③調整する能力，④分析する能力に分けて整理してみよう（Lodge and Wegrich 2014）。

①　提供する能力

　政府の重要な役割は，公共政策を通じて問題の解決を図ることにある。そのために，人々から税を徴収し，それを原資として，道路や水道といった社会基盤をはじめ，治安の維持，医療や年金，介護や生活保護などの福祉サービスといった公共サービスを提供している。提供する能力とは，これら資源調達や公共サービスを適切に行う能力のことである。

　こうした活動を実際に遂行してきたのは，税務職員，警察官，市町村の福祉職員，学校の教員といった，住民と実際に接する「第一線職員」である。第一線職員は，膨大で複雑な問題に対して，限りある資源を駆使しながらその都度対処しなければならない状況にある。それゆえ，組織の末端職員であっても，一定の裁量を行使する権力的な側面を持つため，主として正規の公務員によって担われてきた（畠山 1989）。

　しかしこうした第一線職員の領域にも，近年，パートタイム職員や任期つき職員などいわゆる非正規化や，民間委託による外部化が強まっている（上林 2021）。非正規職員にも正規の公務員と同じだけの裁量を認

めることができるのか，民間事業者が受託した場合の責任の所在といったことが問題となっている。

② 規制する能力

規制とは，危険であったり有害な行為を取り締まったり，資格を限定したり，許可制にしたりするなど政府の重要な活動の一つである。この点，規制する能力とは，社会で発生し得る複雑な問題を的確に把握し，合法か違法かの線引きを行うとともに，違法な行動を抑止するための効果的な仕組みを構築することにある。

近年，三つの限界が指摘されている。第1は，先に述べたようにグローバル化による大企業や富裕層の流出を防ぐため，国民生活を犠牲にしてでも，税率を下げたり，労働や環境の安全基準を下げたりする「底辺への競争」である。第2に，規制に必要な高度な技術を有する人材を獲得するためには，給与の高い事業者と競争しなければならないことである。第3として，監視費用を減らすため，規制の対象者自身で自己規律させるような仕組み（メタ規制）が普及しているが，平時では効果が出ても，危機状況では十分な抑止にならないともされる。

③ 調整する能力

政府は，同じような業務ごとに分業した，ピラミッド型の官僚制組織を作ることによって，効率的・合理的な組織運営を大規模で達成している。このとき，それぞれを所管する部局は，自らの所掌分野に応じて物事を切り取り，政策立案を行う。

その一方で，私たちの社会には，さまざまな業界や集団があり，それぞれ異なる利害を持っている。誰でも，自分の利益になるような政策を推進してほしい一方で，自分に不利になるような政策には反対することになろう。そしてこのような利害の状況は，それぞれを所管する担当部局を通じて，政府の活動に反映される。

したがって，社会の中の対立は，政府の部局間の対立として顕在化する。例えば，生産者と消費者の対立は，経済産業省や農林水産省と，環境省や消費者庁とが対立する構図として表れやすい。しかし逆に言えば，部局間の対立を調整することによって，社会の中の対立を収める役

割を政府は持っているともいえよう（牧原 2009）。

　ただ，複雑な問題であればあるほど，多くの利害とそして担当部局が絡み合うため，調整が困難となる。それを克服しようと，各部局を統合するリーダーシップの役割が問われる一方で，組織間の連携を模索する動きもある。例えば，児童福祉の分野では，児童虐待を受けた子どもへの対応がなされず，死亡させてしまう事件が相次いだことを教訓に，情報の共有を目的として，児童相談所のほか，各自治体や学校，保育所，警察などが連携するために要保護児童対策地域協議会が設けられている。こうした「多機関連携」と呼ばれる仕組みはいくつかの分野で実践されている（伊藤編 2019）。

④　分析する能力

　政府がどのような活動をするにせよ，その基盤には，正確な状況把握や堅固な論理による立案が不可欠である。こうした作業は従来，行政機関の行政官たちによってもっぱら行われてきた。それゆえ，ともすれば，一定の専門性と相場観により政策を形成することもあった。

　しかし，近年では，政策の帰結をより科学的に調査し，証拠（エビデンス）を集めてから政策を行うべきという「証拠に基づく政策」（Evidence-Based Policy Making：EBPM）の必要性が提唱され，分析能力の向上が求められている。その一方で，公共政策における分析や証拠の有り様にも独自の制約が見られる。

　まず，政治による外在的な制約がある。例えば政党が掲げる公約に反するような証拠は，無視されたり歪曲されたりする可能性がある。行政組織でも同様に，非難を浴びそうな問題については，消極的対応に終始したり，隠蔽したりすることがあり得る。

　このほかに，科学的な知識そのものが持つ限界もある。通常の科学では，結論を急がず，絶えず新しい知見が生み出され書き換えられていくという性質を持つ。これに対して，政策決定に必要な情報の測定や分析を目的とする規制科学では，期限がある中で何らかの結論を出さなければならないという困難さがある。だとすると，いくら証拠に基づいたといっても，ある意味暫定的な結論の上での決断であることに留意する必

要がある。

》注

(1) 公共政策を対象とする学問分野に「公共政策学」がある。本書でも，各章での議論において，これら公共政策学の知見に依拠するところが多い。全般的な参考文献として，秋吉・伊藤・北山（2021）を挙げておく。また，コンパクトに概説したものとして，秋吉（2017）がある。

(2) アメリカにおいて長らく版を重ねている公共政策の教科書の一つであるDye（2017）による。

(3) 代表的な議論としてHood and Margetts（2007）があり，本書でも参考にしている。

(4) あるべき未来から逆算して現在すべきことを検討するバックキャスティングの手法を明示的に用いた，総務省自治体戦略2040構想研究会「第一次報告（2018年4月）」において指摘されている。

引用文献

秋吉貴雄（2017）『入門・公共政策学』中公新書。

秋吉貴雄・伊藤修一郎・北山俊哉（2021）『公共政策学の基礎（第3版）』有斐閣。

伊藤正次編（2019）『多機関連携の行政学——事例研究によるアプローチ』有斐閣。

上林陽治（2021）『非正規公務員のリアル——欺瞞の会計年度任用職員』日本評論社。

曽我謙悟（2013）『行政学』有斐閣。

畠山弘文（1989）『官僚制支配の日常構造——善意による支配とは何か』三一書房。

牧原出（2009）『行政改革と調整のシステム』東京大学出版会。

松田憲忠・三田妃路佳編（2020）『対立軸でみる公共政策入門』法律文化社。

諸富徹（2020）『グローバル・タックス——国境を超える課税権力』岩波新書。

Dye, Thomas R.（2017）*Understanding Public Policy*, 15th ed., Peason.

Hood, Christopher C. and Helen Z. Margetts（2007）*The Tools of Government in the Digital Age*, Macmillan.

Lodge, Martin and Kai Wegrich eds.（2014）*The Problem‐solving Capacity of the Modern State：Governance Challenges and Administrative Capacities*, Oxford University Press.

🔊 研究課題

1. 公共政策の段階モデルを前提にしたとき，各段階においてどのような対立が発生しそうか，具体的な局面を考えてみよう。
2. 自分の関心のある政策分野では，公共政策の四つの資源にどのようなものがあるか，それぞれ考えてみよう。
3. 本章で取り上げたほかに現代政府が直面している構造的課題にはどのようなものがあるか考え，その課題と，本章で取り上げた政府の問題解決能力における四つの限界がどのように関係しているか考えてみよう。

2 | 社会との接点（1）－情報

砂原庸介

　本章で取り上げる資源は情報である。政府が調達し，利用する資源としての情報とは必ずしも馴染みのある考え方ではないだろう。しかし，政府が公共政策の意思決定を行うときには，さまざまな情報を事前に集めた上で，望ましいと考えるものを実現することになる。そのような検討なしに，政府の公共政策が人々に支持されることは難しい。

　これまで政府は人々が持つ情報を収集し，分析するという役割をほぼ独占的に担ってきた。しかし近年では，個人情報がそれ自体保護されるべきものという認識の強まりから，情報を収集するための調査が困難になっている。他方で，人々は自らの情報を，インターネットを通じて大量に生み出しており，個人情報保護のために政府に求められる役割は増大している。

1. 社会の状態を知る

（1）情報資源としての統計

　民主主義体制のもとで公共政策を決定するためには，その公共政策が必要であることを人々に向けて説明できなくてはならない。公共政策が必要とされているという「証拠」の重要性は増している。公共政策の決定に関わる政治家や公務員が，例えば自分が個人的に知っている人の意見のみに頼って政策を立案したり，「これまで行われてきたから」というように惰性で意思決定をしたりすることは難しくなりつつある。政府には，私たちの社会がどのような状態にあるのか，ということを示す情報を収集・分析した上で，それを利用して有効な対策（＝公共政策）を実施することが求められるのである。そして，その過程で政府が生み出し発出する情報は，人々の行動に影響を与える重要な手段ともなる。

　そのような情報資源として最も重要なものが，社会の状態を知るための統計である。統計は，情報を数値で客観的に表現することで，意思決

定に直接関わる政治家や公務員以外の外部者にとっても社会問題を議論することを助ける。民主主義体制のもとで，広く人々が政府の政策決定に関わるべきだという観念が強まると，公共政策の意思決定を政治家や公務員という限られた内部者によって独占するのは困難になっていく。内部者は外部者に対して「自分たちを信頼して欲しい」というだけでは不十分で，数値を用いて客観的に説明することが求められるのである[1]。

　例として，自治体で，予算を策定する段階で来年度の生活保護費がどの程度かかるか検討することを考えてみよう。そのときには地域の経済状況や失業率，貧困率といった情報が欠かせないだろう。そのような情報を得るためには，地域の企業がどの程度利益を上げているのか，家計はどの程度厳しいのか，ということについて企業や世帯を対象として調査を行ったり，失業保険の適用を受けた人数の推移を調べたりすることによって測定していくことが前提となっている。そのような情報を整理した上で，来年度は今年度に比べて生活保護の必要性が拡大するかどうか，どの程度予算が必要かを定量的に検討することができる。

　測定のために企業や個人に対して調査を行って作成する統計は「調査統計」と呼ばれ，調査が可能な範囲で必要な情報を自由に把握することができるが，調査のために多くの経費や作業量が必要とされる。全国民を対象とする「国勢調査」はその代表的なものであり，5年に一度膨大な費用をかけて実施される。ただし国勢調査のような全数調査は稀であり，多くの調査は企業や人々を無作為に抽出して行う標本調査となっている。日本の代表的な標本調査としては，総務省統計局が行う家計調査や労働力調査がある。標本調査は，相対的に短い期間・安い費用で調査を実施することが可能であるだけではなく，複雑な質問も行うことができるという利点もあるので，全数調査が常に望ましいというわけではない。

　調査統計に対して，失業保険の適用を受けた人数などは，既存の業務記録を集計して作成するので「業務統計」と呼ばれる。業務統計は，既存の業務記録をもとにして作られるので，調査統計と比べて費用がかからず，短期間で収集することができる。業務統計の例としては，出生や死亡，婚姻などの届け出を受けた市町村長が集めた記録に基づいて作成

される人口動態調査（厚生労働省）や，建築基準法に基づく建築工事届を集計する都道府県の記録に基づいて作成される建築動態統計（国土交通省）などがある。このような業務統計は，既存の記録から作成するものであるため，そのうち一部を標本として抽出するのではなく，全数を対象として作成されることが多い。

（2）統計が生み出す客観性と規範

　初期の統計調査の関心は，人口であった。さかのぼると，古代ローマでは成人男子とその財産を徴税や軍役負担，そして政治的な地位の決定のために登録する制度があり，その調査が国勢調査（「センサス」census）の語源となっている。初期の調査は，個人を登録することによって管理・監視することにもつながる社会コントロールの手段としても使われていたという[2]。

　社会の構成員としての成人男子に限定して行われていた古代の調査とは異なって，近代の国民国家が形成されていく中で制度化されていった統計調査は，特定地域に居住するすべての人々を対象に，定期的に実施されるようになっていった[3]。特定の個人を調査するという性格が薄れて，国力の基盤となる人口をはじめとして，国家を建設するために必要な情報を取得するという性格が強まっていくのである。その過程で，統計調査に関する専門的な部局が設立され，そしてそれまで多くの場合は秘密であった統計情報が公表されるようになっていった。

　政府が作成する統計は，社会の状態を客観的に知るための基盤となる。とはいえその統計は，必ずしも社会の姿を「ありのまま」に映し出すというものではない。例えば人口統計を考えてみても，民族をどのように分けるかという論点には多様な分類があり得る。職業統計などでも，「事務職」や「専門職」などといったカテゴリーを誰もが納得するように設定するのは難しい。社会の状態をどのように数値で表すかを決めるときには，一定の恣意性が入り込む余地が出てくるが，膨大な費用と時間を必要とする統計を政府以外に作成することがないと，政府が発表する数値が正しいもの，客観的なものとして使用されることになるので

ある。

　このように政府が関わることによって統計として作成された数値が信頼されるようになるだけではなく，その数値が規範を生み出すことになる。例えば，一人あたりの道路延長や，一人あたりの社会福祉費のように，自治体ごとに住民が受けている行政サービスに違いがあるとすれば，その平均がひとまず目指すべき「標準」と認識されるような場合である。あるいは，政府が作成する統計である国内総生産（GDP）や物価上昇率などを用いて，例えば「GDP600兆円」や「2％の物価上昇率」などを達成することが目的とされるような状況は，まさに統計として作成された数値が規範を生み出しているといえるだろう。統計が生み出す一定の数値を達成することが目標となるのである。

（3）統計収集のための機関

　このような統計を，政府がはじめから簡単に収集できたわけではなかった。近代初期の統計調査は，政府機関ではなくキリスト教会のような宗教組織を活用して行われることが少なくない（安元 2007）。日本でも，江戸時代の幕藩体制で人口を把握するために用いたのはいわゆる宗門人別改帳であり，地域に密着した宗教組織が人口を集計し，幕府がそれを収集していったのである。ただし，地域の宗教組織が集計するということは，人口の定義に地域ごとの違いが表れ，必ずしも統一的に作成されていたわけではない。

　近代国家が確立する過程で，政府が統計の収集を行うようになっていく。しかし一口に政府といっても，集権的に統計を収集するか，下位組織ごとに統計を収集するかでは大きく異なる。多くの場合，日本ならば省庁ごとのような，担当部局ごとに統計を収集するところから出発している。実際に政策立案を行う下位組織が，そのために必要な情報として統計を収集し，独自に公表する。このような場合，政策立案に必要な統計を集めることができるかもしれないが，反対に統計が政治的に利用される危険性も高まる（Starr 1987：26）。つまり，あらかじめ政策のほうが決まっていて，それを正当化するために統計が用いられてしまうこと

があり得るのである。

　それに対して，集権的に統計を収集する下位組織を設定すれば，政策立案と独立して数値が作成され，客観性という観点からはより望ましい。また，その下位組織が収集や分析にあたってより専門的・学術的な知識を活用することもできるようになるだろう。ただし，政策立案から離れすぎると，統計部局は誰からも顧みられることのない数値を生産するだけになってしまう恐れもある。

　世界的に見ると，トレンドとしては集計的に統計を収集する専門的な組織を設置するという方向にあり，逆向きは皆無である（川崎 2019）。学術的な知識を活かしながら，より正確で客観的な統計情報を集め，公開することで，証拠に基づく政策を議論することが重視されているからである。日本においては，伝統的に各省庁がそれぞれのニーズによって統計を収集する傾向が強かった。そのため，一つの特徴として，国家の形成期に作られた統計である農業統計が非常に充実し，中央省庁の統計業務に従事する職員の7割以上を占めている。それに対して，高度経済成長期を経て公務員の増加に歯止めがかかってから拡大したサービス業などの統計は相対的に貧弱で，特に質の計測が不十分であることから日本の経済成長や生産性が過少に推計されている危険が高いという指摘もある（深尾・池内 2019；西村・山澤・肥後 2020）。

　2000 年代には，省庁ごとに統計を作成するという分散的な状態は維持しながらも，このような偏った人員配置を是正し，必要な統計を作成するための「司令塔」である統計委員会を設置する統計制度改革が行われた（松井 2012；美添 2019）。「司令塔」という表現からもわかるように，どのような統計を作成するかという決定を集権的に行うことを狙いつつ，各省庁に配慮しながら漸進的に制度改革が行われたのである。このような漸進的な改革は，統計部局に必要な専門知や組織の独立性と，実際に政策立案を行う各省庁から見た統計の必要性のバランスをとった結果であると考えられるだろう。そして，実際に改革に携わった当事者からは，司令塔としての統計委員会が関わることで，しだいに各省庁の協力が得られるようになってきたことが評価されている（西村・山澤・肥

後 2020：19）。

2. 測定という難問

（1）何を測っているのか

　すでに説明したように，初期の統計は人口を数えるところから始まった。日本の場合，人口については5年に一度その時点の人口を調査する国勢調査[4] のほか，出生届や死亡届から作成される人口動態調査（厚生労働省），自治体への転入・転出届から作成される住民基本台帳人口移動報告（総務省），海外との人口移動を調べる出入国管理統計（法務省）などがある。国勢調査がある時点での静態的な人口を測定し，その他の調査は生死・自治体間・国家間での動態的な人口移動を測定している。どれか一つの統計では正確に人口を測ることはできないので，これらの情報を総合的に用いて，必要な時点での人口を推計しているのである。

　さらに現在では人口のみならず，就業者としての国民の労働・雇用の状態や，生活者としての国民の家計や消費の状態が測られている。日本の場合，労働や雇用については，どのように労働力が供給されているかを測る労働力調査や就業構造基本調査（ともに総務省）に加えて，受けている賃金について調べる賃金構造基本統計や毎月勤労統計調査（ともに厚生労働省）がある[5]。家計や消費については家計調査と全国消費実態調査（ともに総務省）が主なものだが，それ以外にも住宅の状況について調べる住宅・土地統計調査（国土交通省）や，生活実態について調べる国民生活基礎調査（厚生労働省），社会生活基本調査（総務省）があり，家計や消費の状況を多面的に検討できるようになっている。これらの調査を国勢調査と同様に全数調査で行うのは費用的・時間的にほぼ不可能であり，すべて標本調査で行われている。

　国民個人を対象としたものだけではなく，経済活動の基盤となる企業も重要な調査の対象である。総務省が行う経済センサス（2006年までは事業所・企業統計調査として実施）は，全国すべての事業所と企業を対象として，企業や事業所の数や種類，その従業員数などを把握するとともに，他の企業調査の母集団となる情報を整備している。企業の営利とい

う面に注目して，すべての営利法人を対象とした法人企業統計調査（財務省）や営利企業が収めた税金の情報から作成する業務統計である会社標本調査（国税庁）も基礎的な統計といえるだろう。

　それに加えて，産業ごとに見ると，すでに指摘したように農林水産業統計は5年に一度の農林業センサス・漁業センサス（ともに農林水産省）を中心に非常に充実していて，詳細な調査項目が設定されている。鉱工業や商業・サービス業は，基本的に全数調査で行われてきた工業統計調査・商業統計調査（経済産業省）とサービス業基本調査（総務省）[6] が中心であったが，2009年から経済センサスに統合された。このような大規模調査の統合は，統計委員会という「司令塔」を設置する統計制度改革と軌を一にするものではあるが，他方で農林水産業統計という非常に大きな部分の統合は当面の間行われず，分散的な状態が維持されることになっている。

（2）測れるものと測れないもの

　前節で述べたように，政府はさまざまな統計を収集している。しかし，政府が直接集めた統計だけで十分というわけではない。そこで行われるのが，必要に応じて収集した統計を加工して，よりわかりやすく社会の状態を知るという作業である。そのようにして得られる統計は「加工統計」といわれ，代表的なものとして国内総生産（GDP）などを算出する国民経済計算（System of National Accounts：SNA），物価の状態を表す消費者物価指数などが挙げられる。このような加工統計を用いることによって，他の統計では示されない社会の状態について理解しようというのである。

　とりわけ重要なのは，国民経済計算である。国民経済計算は，一国全体のマクロ経済の状況を明らかにしようとするものであり，即時的な経済状態を知るための四半期別GDP速報と，年ごとに詳細な内容が発表される確報で構成されている。例えば消費税の増税直後の四半期別GDP速報が発表されるときには，マスメディアが非常に注目して，政府の経済政策を評価するようなことがあり，その評価を踏まえて内閣が衆議院

の解散時期を探る，というような反応すらみられる。これはまさにGDP という統計が経済の状況全体を示し，政府としてもその数値を重視していることにほかならない。

　国民経済計算の算出にあたっては，日本だけが独自の統計を収集しているわけではない。国際連合が定めた統一した基準が存在し，国家間で経済状態を比較することが可能となっている。国連で最初に国民経済計算の基準が作成されて公表されたのは，第二次世界大戦後まもない1953年であり，日本でも1966年からこの基準に対応した統計が作成されている。さらに国連は1968年，1993年と新しい基準を公開し，統計の充実を図ってきた。そして最近では2008年に基準改定が行われていて，日本は2016年からこの基準を導入して統計を作成することとされている（多田2019）。

　国民経済計算は，経済に関する情報を幅広く網羅して作成される統計で，極めて有用なものであるが，すべてを測定することができているわけではない。経済的な交換に注目して統計が作られているのは，その一つの限界である。例えば，家事労働を専門の業者に依頼して報酬を支払うと国民経済計算の中に組み込まれるが，専業主婦がどんなに素晴らしい家事サービスを提供しても，報酬が支払われないとその評価は難しい。また，自分の持家を人に貸せばその分の家賃収入が計上されるが，自分で居住するときにはやはり評価が難しい。このような専業主婦の無報酬家事労働（アンペイドワーク）や帰属家賃収入は，他の統計（例えば社会生活基本調査や住宅・土地統計調査など）を用いて一部推計されているが，必ずしも十分ではない。さらに近年では，インターネット上のマッチング・プラットフォームを利用して，個人が持つスペース（住宅）や移動（車），モノ（中古品），スキルなどを「シェア」する仕組みが一般化しつつある。このようなシェアリング・エコノミーをどのように国民経済計算の中に取り込むかの検討は端緒に就いたばかりである（西村・山澤・肥後 2020）。

　測定しづらいものを測定する手法としては，加工統計以外にも，意識調査・世論調査のような手法が使われる。普通の調査統計や業務統計か

らは，政府に対する評価などが直接的にわかるわけではないが，世論調
査などの方法を用いれば，より直接的に政府の決定した政策に対する評
価を知ることができるため，次の政策を考えるときの参考にしやすい。
日本では世論調査は新聞などの報道機関が行っているという印象が強い
が，内閣府を中心とした中央省庁のほか，自治体もさまざまな調査を
行っており，その結果を政策立案に役立てている[7]。

（3）統計の質

　ここまで述べてきたように，現代では政府がさまざまな統計を作成し
ているが，その数値を客観的なものであるとして鵜呑みにしてよいとい
うわけではない。統計はあくまでも社会の状態を便宜的に数値で表して
いるものであり，それが絶対的なものというわけではないからである。
場合によっては質の悪い統計によって，人々が判断を誤ることもある。
　まずすべての基本となる人口統計からはじまって，関連する調査統
計・業務統計を正確に集めることが必要である。そのためには，統計の
収集にあたる組織の整備が不可欠であるとともに，そこで働く職員のモ
チベーションも高いものでなくてはならない。必要な数値を集めなかっ
たり，デタラメに数えたりするような職員ばかりで作った統計にはほと
んど意味がないが，きちんと仕事をする職員を雇って組織を作るために
はそれなりに財源が必要になる。政治的な紛争が激しい地域であれば，
影響力を拡大させるために人口や産業の統計を人工的に水増ししようと
いう誘惑があるかもしれない。また，統計調査から得られた数値が補助
金とリンクしているとすれば，やはり改ざんして利益を得ようとする者
も出るだろう。例えば官僚制の整備が遅れているアフリカ諸国では，世
界銀行の援助などにもかかわらず，正確な統計数値を収集することが困
難で，その結果として国民経済計算が「当て推量で」計算されることに
つながっていることが指摘されている（イェルウィン 2015）。そのよう
にして計算される数値は不正確で，国際比較のためのデータセット[8]
によって異なる数値が示されるということが生じているし，実際の開発
援助の意思決定の障害にもなる。

　日本のような先進国で集められている統計は常に質が高いかというと，必ずしもそうではない。架空の調査データを作成したり，不適切にデータを処理したりするといったような不正はしばしば発覚している。近年では，2018年末に厚生労働省が作成している基礎的な統計の一つである「毎月勤労統計」で，長期にわたって法令に従わない不適切な調査と計数処理が行われてきたことが発覚し，大きな問題となった。東京都の500人以上の事業所について法令で全数調査が定められていたにもかかわらず，独自に標本調査に移行し，しかもそれを補正するために必要な統計処理も行われていなかったのである。結果として，当該期間の賃金が正確に推定されておらず，雇用保険の給付額などが過少になるという影響も生じた。この問題では，厚生労働省の担当部局に適切な処理を行う技術や能力と統計の精度を確保することが重要である意識が欠けていたことが指摘されている（西村・山澤・肥後 2020）。

　自治体などが独自に実施する意識調査・世論調査などでも問題はある。大谷（2002）では，大阪府下44市町村で行っている市民意識調査の実態について検証し，民間の調査会社に依頼しながら多大な費用をかけて行っている市民意識調査が，学術的な社会調査の基本を理解せずに行われ，データとしての蓄積もなされていないことが指摘されている[9]。得られた統計の意義が薄く，しかもそれが蓄積されていないので時系列的な比較もできないのである。このような調査は，単に自治体としてあらかじめ望ましいと考える結果を数値として恣意的に示す以上のものではなく，公共政策形成のための証拠として使えるものではない。しかし，特に統計の専門家に乏しい自治体などではこのような調査がまかり通ってしまうのである。

3. 社会の変化と新しい課題

（1）対象の見直しとその困難

　近年では，社会の変化とともに従来の統計のあり方の見直しも行われている。まず挙げられる重要な課題が，統計のための調査の困難さである。特に調査統計について，一般の人々に調査票を配布し回収すること

が求めにくくなっている。その背景には，町内会などのつながりの希薄化に加えて，オートロックマンションの増加などによるアクセスの困難，そして個人情報を知らせることへの忌避感などが考えられる。全数調査である国勢調査についても，その未回収率は1995年までは1％未満であったとされるが，その後都市部を中心に急速に増加している。全数調査が建前とはいえ，未回収が多く，また誤記入も少なくないために，調査を行う総務省が欠損値や記入内容の矛盾を調査して必要な補足訂正を行っていることも明らかにされている。調査を行う総務省では，インターネット調査の導入や，大規模な啓発キャンペーンによって未回収率を下げることを狙うが，その効果が十分に発揮されるかどうかは未だ不明である。

　調査の困難は，国勢調査に限った問題ではない。むしろ，より詳細な項目を尋ねる他の調査で深刻な問題である。例えば消費について不可欠なデータを収集してきた総務省の家計調査では，調査対象となる家庭に対して詳細な情報の記入を求める家計簿を配布する。毎日の買い物や料金支払いなど一つ一つについて，品名と用途，金額，数量などの具体的な記入を求めるので，まず非常に手間が掛かるし，その情報が流出し悪用されるのではないかという不安感もある。対象となった家計には統計法のもとで報告義務が課されるが，そのような調査の負担が大きいために，事実上負担に耐えられる世帯だけが調査されるというバイアスも指摘されている（宇南山 2011；美添 2019）。

　このような問題を踏まえて，調査の対象や項目を変更しようという議論もあり得るが，それも容易ではない。それまでに蓄積されてきた統計が存在し，連続性を断ち切って新たな統計を作成することになると，これまでに集めてきた統計がその後の政策形成にいわば無駄になってしまう恐れがある。上述の家計調査などは，「繰り返しクロスセクション統計として見れば，国際的にも最高水準の統計」（宇南山 2011：26）とも評価され，改善しながら維持していくことが求められている。統計の収集に対して限られた財源しか与えられない中で，これまでのものを維持することを前提とすれば，新しい統計の収集は困難であるし，蓄積を重視

すればこれまでの統計を放棄できないという深刻なジレンマに陥ってしまうのである。

（2）ビッグデータと行政記録

　国勢調査に代表されるように，一般の人々に対する調査によって統計を作成することが容易ではない中で，注目されているのがいわゆるビッグデータと呼ばれるものである。ビッグデータという概念について確固とした定義が存在するわけではないが，情報がリアルタイムで更新される，多様で大量のデータのことを指し，例えば企業が保有する販売や在庫のデータ，ツイッターやフェイスブックのようなソーシャルメディアのテキスト，携帯電話の位置情報，あるいはSUICAやPASMOなど交通系ICカードの使用履歴などが代表的なものであろう。このようなデータの中には，以前から存在していたものもあるが，近年のコンピュータの性能向上や大量データの処理技術の発展などによって，情報資源としての使用可能性が大きく高まっている。

　ビッグデータを使用する意義は，単に現状の分析を行うにとどまらない。膨大なデータから有用なルールやパターンを発見し，それを用いて人々の将来の行動を予期して働きかけることもできるのである。例えば，ある顧客のこれまでの商品購入履歴やインターネットでのテキスト投稿などから，次に何を購入しやすいかを予測して，ピンポイントに広告を送る行動ターゲティング広告などが広がっている。さらには，膨大なデータを用いて望ましい行動を学習し，場合によっては人間よりも妥当な判断を行う人工知能（Artificial Intelligence：AI）の利用が現実のものとなっている。

　このようなビッグデータやAIの活用は，政府にとっても課題である。具体的には，統計を収集するにあたって，費用のかかる調査を行うのではなく，政府が保有する人々の個人情報や行動記録，すなわち行政記録を活用することが重視されるようになっているのである。行政記録であれば，基本的には対象となっている人々の全数調査であるし，調査のように対象者に対して負担をかけることも少ない。情報が必要だからと

いって，新しく調査をするのではなく，定期的に収集している既存の行政記録から利用できるデータがあるかどうかを検索・発見するほうが，効率的であるとみなされるようになっているのである。

　有望だと考えられている分野の一つに，医療分野がある。医療保険の審査支払機関が収集する大量のレセプト（診療報酬明細）を分析することによって，どのような治療方法や保健指導の費用対効果が高いか，どのような人に医療費がかかっているのか，といったことを理解し，対策を立てることが可能になる（井伊ほか 2019）。それによって，効果的な医療を提供しつつ，医療費を抑制するという，より望ましい公共政策の実現が可能になるかもしれない。もちろん医療だけではなく，日本でいえば住民基本台帳のように個人の居住や移動に関わる記録，あるいは納税に関わる記録なども利用可能性が高いと考えられる。

　日本でも，すでにいくつかの先進的な自治体が，民間事業者と協力しながらこのようなビッグデータやAIの利用を目指して事業を進めている。現在のところ，民間事業者が行政記録を用いる提案を行って，その優れたものを自治体が採用するという形式が目立っている。しかし，公共政策への活用を考えるのであれば，政府が独自に情報の分析を行う能力を蓄積する必要性も増していくだろう。

（3）ビッグデータ活用と個人情報保護

　ビッグデータやAIを活用して人々の将来について予期することができるようになるとすれば，公共政策への応用も当然重要な論点となる。まずは，前節でも例に出した医療のように，必要とする人々に対して，より安価で，より的確にニーズにあったサービスを提供することができるようになるだろう。医療のような対人サービスだけではなく，道路などの公共施設を建設する場合でも，移動情報のデータなどから誰がどの程度施設を使用するのか，ということをこれまでよりも精緻に予測した上で建設が進むことになるかもしれない。いずれにせよ，これまでの統計を基礎とした公共政策では，人々の属性などに応じて漠然と「みんなで使う」ようなサービスが提供されてきたが，より対象を明確に絞った

具体的なサービスの提供が可能になると考えられる。

　より難しいのは，データ分析によって得られた個人の行動予測をどのように利用するかという問題である。例えば，防犯カメラなどから得られた行動履歴に基づいて，犯罪を起こす可能性が高い個人を特定できるとすれば，政府はどのように対応すればよいか。もちろん，実際に犯罪を起こしていない人を逮捕するわけにはいかないが，だからといって無視するわけにもいかない。反対に，犯罪を起こす可能性があるとされる人にとっても，監視されることは非常に不愉快だし，人権侵害の恐れもある。

　今後，このように特定の個人の行動データに基づいた行動の予測をどのように扱うかという問題は重要になる（山本編 2019）。グーグル，アップル，フェイスブック，アマゾンといったプラットフォーマーをはじめとして，多くの企業がそれぞれ集めたデータをもとに人々の行動を予測し，自分たちのビジネスに用いるようになりつつある。その行動予測が個人に不利益――しかも当人の知らないところで――を与えないためには，データを通じて個人の特定化を行うことを抑制する必要があるだろう。名前などのそれだけで個人を特定する情報がなくても，例えばマイナンバーのような鍵を用いて複数の情報を突き合わせることができれば（名寄せ），個人の特定は可能になる。特定を困難にするために「匿名化」という手法が用いられるが，その示すところは曖昧であり，完全に特定できないようになるわけではない[10]。そこで，政府自身や企業が適切・合法的に個人情報を収集しているかどうかを確認し，また人々が自分の知らないところで大量の情報から個人を識別されるようなことを防ぐといったような個人情報保護が，政府の重要な役割となる。

　本章で見てきたように，統計は，社会の状態を理解し，公共政策を決定するための材料として極めて重要である。これまで政府は，人々の持つ情報を収集し，統計を作成するという役割をほぼ独占的に担い，さまざまな問題を抱えているとしても，人々に「客観的」な数値を提供してきた。近年では，統計を作成するための調査が困難になる一方で，人々は自らについての情報を生産し，その情報は主にインターネットを通じ

て大量に蓄積されている。そして，政府だけではなく多くの企業など
も，社会の状態どころか個人の将来の行動を予測するための情報を入手
することができるようになっている。その結果，政府は調査を通じて
人々から情報資源を引き出そうとするだけではなく，その歯止めも考え
なくてはならなくなっている。政府と公共政策のための情報との向き合
いかたが，変わりつつあるのである。

》注

(1)　数値化すればそれが真に「客観的」であることを担保するわけではなく，数
値にもさまざまな解釈があり得る。しかし，近代社会においては，さまざまな現
象が数値化され，それが客観的なものとして信頼されるようになってきた。その
ような数値化を通じた客観性と，特に専門家集団の判断の相剋について論じたも
のとして，ポーター（2013）がある。

(2)　"Census" の語源である "Censor" は，検閲 Censor という言葉にもつながる
（Starr 1987：10-11）。

(3)　このような調査が初めて行われたのは18世紀中頃のスウェーデンであり，19
世紀中にはほとんどのヨーロッパ諸国で調査が行われるようになったという（安元
2007）。

(4)　正確には，10年に一度の大規模調査と，その間に行われる簡易調査に分けられる。

(5)　特殊な職業の賃金についての調査として，地方公務員については地方公務員
給与実態調査（総務省）や船員労働統計調査（国土交通省）もある。

(6)　サービス業基本調査は1989年にはじめて行われたものであり，しかもその所
管は経済活動全般を担当する経済産業省ではなく総務省であった。この点からも
サービス業がまとまった産業として扱われにくかったことが伺われる。

(7)　具体的にどのような世論調査があるかについては，内閣府大臣官房政府広報
室で取りまとめを行っている。http://survey.gov-online.go.jp/

(8)　例えば世界銀行が発表している世界開発指標（World Development Indicators）
https://databank.worldbank.org/source/world-development-indicators やグ
ローニンゲン大学のペン・ワールド・テーブル（Penn World Table）https://
www.rug.nl/ggdc/productivity/pwt 経済学者のアンガス・マディソンが中心となっ
ているマディソン・プロジェクト（Maddison Project）https://www.rug.nl/ggdc/
historicaldevelopment/maddison が挙げられる。

(9)　問題点をまとめたものとして大谷（2003）。また，大谷（2015）では，国の
意識調査でも，統計法の制約によって「事実についての質問文」を聞くことがで
きないために，政策形成には役立ちにくいことが指摘されている。

(10)　「匿名化」の困難については，鈴木・高木・山本（2015）を参照。

引用文献

井伊雅子・五十嵐中・中村良太（2019）『新医療経済学──医療への費用と効果を考
える』日本評論社。

イェルウィン，モルテン（2015）『統計はウソをつく──アフリカ開発統計に隠さ
れた真実と現実』青土社。

宇南山卓（2011）「家計調査の課題と改善に向けて」『統計と日本経済』1（1）：
3-28頁。

大谷信介（2002）『これでいいのか市民意識調査──大阪府44市町村の実態が語る
課題と展望』ミネルヴァ書房。

大谷信介（2003）「地方自治体が実施する社会調査の深刻な問題──大阪府44市町
村意識調査の実態」『社会学評論』53巻4号，471-483頁。

大谷信介（2015）「政府・地方自治体の政策立案過程における〈社会調査〉の役割
──統計行政を踏まえた社会学からの問題提起」『社会学評論』66巻2号，278-
293頁。

川崎茂（2019）「統計制度の国際比較──日本の統計の特徴と課題」国友直人・山
本卓『統計と日本社会──データサイエンス時代の展開』東京大学出版会，所収。

鈴木正朝・高木浩光・山本一郎（2015）『ニッポンの個人情報──「個人を特定す
る情報が個人情報である」と信じている全ての方へ』翔泳社。

多田洋介（2019）「国民経済計算の平成23年基準改定──最新の国際基準への対応」
国友直人・山本卓『統計と日本社会──データサイエンス時代の展開』東京大学
出版会，所収。

深尾京司・池内健太（2019）「サービス産業における計測──価格と生産性の正し
い計測法」国友直人・山本卓『統計と日本社会──データサイエンス時代の展開』
東京大学出版会，所収。

ポーター，セオドア（2013）『数値と客観性──科学と社会における信頼の獲得』
みすず書房。

松井望（2012）「統計制度──「司令塔」の設計と「省庁共同体」の持続」森田朗・

金井利之編『政策変容と制度設計——政界・省庁再編前後の行政』ミネルヴァ書房，所収。

安元稔（2007）『近代統計制度の国際比較——ヨーロッパとアジアにおける社会統計の成立と展開』日本経済評論社。

山本龍彦編（2019）『AIと憲法』日本経済新聞出版社。

美添泰人（2019）「公的統計の課題と改革」国友直人・山本卓『統計と日本社会——データサイエンス時代の展開』東京大学出版会，所収。

Starr, Paul（1987）"The Sociology of Official Statistics," William Alonso and Paul Starr eds. *The Politics of Numbers*, Russel Sage Foundation.

🎤 研究課題

1. あなたが住む自治体で，独自に調査を行っているような統計はあるだろうか。またその統計はどのようにとられているだろうか。具体的に調べてみよう。

2. 政府はマイナンバーを導入して，個人の情報をより効率的に集約・利用することを目指している。自分が住む自治体で，マイナンバーを利用してオンラインで行うことができる申請について調べてみよう。

3. あなたは日常的にどの程度GAFA（Google, Apple, Facebook, Amazon）のサービスを利用しているだろうか。確認して，プラットフォーマーがどのくらい自分の情報を持ち得るのか考えてみよう。

3 | 社会との接点（2）－金銭

手塚洋輔

　資源の交換として公共政策をとらえるという観点から，本章では，2番目として，金銭資源を検討する。どのようなものであれ，政府が活動するにはカネが不可欠である。年金や医療などの社会保障給付，補助金の支給など金銭を配るのはもとより，人に仕事をさせれば人件費が，モノを調達すれば物件費が必要になる。

　しかしながら，金銭資源は，政府の側ではなく，社会の側，すなわち私たち個人や企業が保有していることを忘れてはならない。政府は決してそれを自由に使えるわけではないのである。ではどのようにして政府は，金銭資源を社会から調達できているのだろうか。そしてそのことは公共政策を行う政府の能力に直結するのである。

1. 金銭資源と財政

（1）金銭資源の調達をめぐる二つの問題

　金銭資源は，基本的に社会の側に存在し，政府は生産することができない。それゆえ，政府が金銭資源を調達することは，極めて権力的な作用といえる。太古の昔から，支配者たちは人々の財産である作物や金銭を取り立てて，自らの資源，すなわち「支配者の財布」に入れて活用してきた。

　この点，現代政府でも，確かに，強制的に国民から金銭資源を調達する仕組みが不可欠である。しかし，かつてと異なり，政府が調達した資源は国民全員のいわば「みんなの財布」という性格を持つ。だが，「みんなの財布」であるとしても，あるいはそうであるがゆえに，政府が金銭資源を調達することはそう簡単ではないことに留意する必要がある。

　その背景として第1に，民主主義ゆえの困難さが指摘できる。政府が調達する税や社会保険料は，人々や企業などが得た収入や蓄えている資

産から強制的に取り上げるという性格を持つため，基本的に利害が衝突
する。人々の支持を得つつ政府を運営しなければならない民主主義体制
においては，金銭資源のどこからどのように調達するのかも，社会の構
成員の合意があってはじめて可能となることを忘れるべきではない。

　加えて，人々や企業も決して一枚岩ではないという点も留意する必要
がある。所得格差をどこまで公的サービスによって是正するか（世代内
の不均衡），公債発行をめぐっては現役世代と将来世代との間での負担
のあり方（世代間の不均衡）が問題となる。

　第2に，金銭資源調達をめぐる技術的な困難さがある。先に述べたよ
うに，金銭資源は基本的に社会が保有するものであるがゆえに，そのま
までは政府はそのありかを検知することができない。となると，政府が
どのようにその情報を得て，人々から金銭資源を調達する仕組みを構築
するかは，政府の能力に強く依存するとともに，政府と社会との協働作
業という側面もある。そこで例えば，人々の自主的な協力を得やすくす
ることにより，より効率的に金銭資源を徴収することが試みられる。

　他方で，現代社会は，グローバル化の進展ともあいまって，国境を越
えて非常に複雑な経済活動が速いスピードで行われていることにより，
困難さが昂進している。多国籍企業や富裕層がタックスヘイブンに資産
を移すなどにより，大規模に租税回避を行っている状況がある。課税す
るという政府の根本的な権力すら揺らいでいるのである（諸富 2020）。

　以上のような諸々の論点について，まず，その前提となる金銭資源調
達の全体像，すなわち「みんなの財布」の構成とその役割を明らかにす
る。その上で，第1の民主主義との関連で，金銭資源調達の政治過程を
考察する。続いて，第2の論点である調達手法に関する公共政策的な論
点を検討するとともに，公共サービスの財政的な課題についてごく簡単
に扱いたい。

（2）財政の役割

　公共政策を「公共的に解決すべき課題の解決」ととらえたとき，「公
共的に解決すべき課題かどうか」と「みんなの財布（財政）を使うかど

うか」は密接に関連する。財政が拡大すれば，その分，さまざまな分野で政府が解決すべき課題として取り上げられることになろう。反対に，財政に余裕がなければ，ない袖は振れない，ということになる。もっとも，現代の政府は，巨大であり財政規模も大きいことから，個々の行政サービスを超え，政府の活動全体として国民経済を支えるという側面もある。実際，公的支出が国民経済に与える影響は大きく，GDPの約4分の1を占める（総務省 2020）。

　こうした財政の役割を，アメリカの財政学者マスグレイブ（R. A. Musgrave）は，三つの機能に定式化した。すなわち第1に，市場に任せていては十分に供給されない財やサービスについて，政府が供給する「資源配分機能」がある。警察・消防といった社会の維持をはじめ，道路や治水といった公共事業など，財政の基本的な機能といえよう。第2は，市場に任せたままでは，所得格差が拡大するという問題も生じることから，「所得再分配機能」によりその縮小が試みられる。高額所得者からより多くの税を徴収する一方で，低所得者に対して生活保護といった現金の給付や，義務教育や医療などの現物給付を行うことで，格差の是正を目指す。第3が，景気変動に対応する「経済安定化機能」である。不況時には財政支出を拡大して経済成長を支えるとともに，景気が過熱した場合には適切に課税や規制を行うことによって，景気変動の波の平準化を図ろうとする（Musgrave and Musgrave 1989）。

（3）日本の財政

　次に，日本における「みんなの財布」をその規模からつかまえてみよう。どこまでを政府の金銭資源の範疇ととらえるかについてもいくつかの指標があり得るが，さしあたりここでは国が公表している「国の財務書類」を手がかりに国の実態を概観する（財務省主計局 2020）。

　2018年度のデータによると，1年間に行ったさまざまな行政サービスや資金の給付を合計した「業務費用」として約145兆円を支出している（図1）。そのうち最も大きい割合が年金給付や医療費負担などからなる，合わせて86兆円にのぼる社会保障関係経費（補助金・交付金のうち社会保

障関係経費分を含む）である。国の収入については，租税64兆円と社会保険料54兆円が大半を占めるが，合計で130兆円弱にとどまり，15兆円程度の不足が生じている。公債については，900兆円を超える累積赤字があることから，借り換えを含めて174兆円を償還し，190兆円を新規に発行している。とはいえ，非常に低い水準に金利があるため，利払い費自体はおおよそ8兆円前後で推移する。

　自治体に目を転じると，個々の自治体を足し合わせた総体としては，おおむね収支が均衡している（歳入・歳出ともに約100兆円）。歳出では，児童手当を筆頭に，生活保護や介護といった社会福祉を支える民生費が

図1　国の業務費用と財源（2018年度）

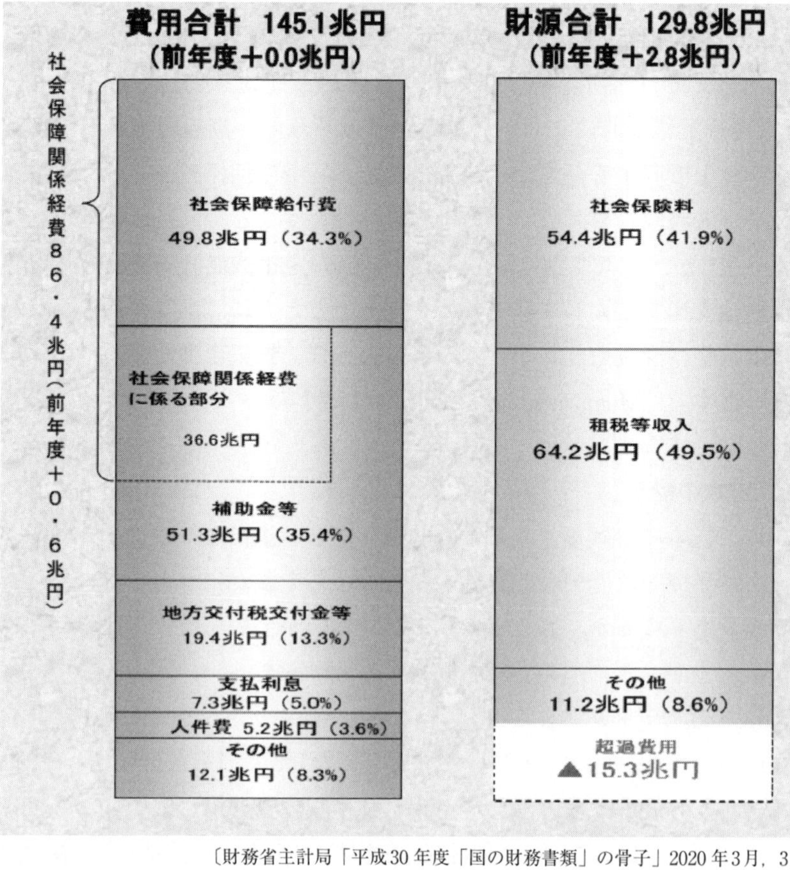

費用合計　145.1兆円
（前年度＋0.0兆円）

財源合計　129.8兆円
（前年度＋2.8兆円）

社会保障関係経費86・4兆円（前年度＋0・6兆円）

社会保障給付費
49.8兆円（34.3%）

社会保障関係経費
に係る部分
36.6兆円

補助金等
51.3兆円（35.4%）

地方交付税交付金等
19.4兆円（13.3%）

支払利息
7.3兆円（5.0%）

人件費　5.2兆円（3.6%）

その他
12.1兆円（8.3%）

社会保険料
54.4兆円（41.9%）

租税等収入
64.2兆円（49.5%）

その他
11.2兆円（8.6%）

超過費用
▲15.3兆円

〔財務省主計局「平成30年度「国の財務書類」の骨子」2020年3月，3頁〕

最大で，学校教育のための教育費がこれに続く。歳入では，地方税40兆円・公債（地方債）10兆円・その他15兆円で残りは国からの財政移転で賄う。地方債など将来世代が負担しなければならない額は，自治体全体では130兆円を超えるが，実態は個々の自治体で差がある（総務省2020）。

その要因の一つが，経済的に裕福な都市部（特に東京）とその他の地域では税収面でも大きな差があることである（図2），また支出を見ても高齢化が進んだ地域とそうではない地域では様相が異なる。本書では深

図2　人口一人あたりの税収額の指数（2018年度決算額）
〈全国平均を100とした場合〉

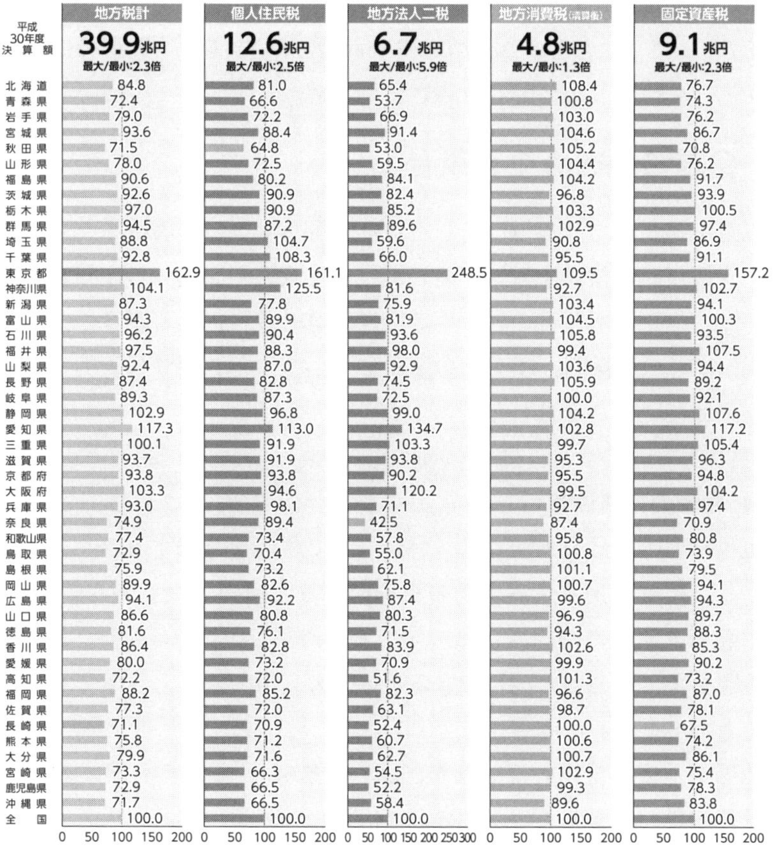
地方税計 / 個人住民税 / 地方法人二税 / 地方消費税（清算後） / 固定資産税
平成30年度決算額
39.9兆円 最大/最小:2.3倍
12.6兆円 最大/最小:2.5倍
6.7兆円 最大/最小:5.9倍
4.8兆円 最大/最小:1.3倍
9.1兆円 最大/最小:2.3倍
北海道 84.8 81.0 65.4 108.4 76.7
青森県 72.4 66.6 53.7 100.8 74.3
岩手県 79.0 72.2 66.9 103.0 76.2
宮城県 93.6 88.4 91.4 104.6 86.7
秋田県 71.5 64.8 53.0 105.2 70.8
山形県 78.0 72.5 59.5 104.4 76.2
福島県 90.6 80.2 84.1 104.2 91.7
茨城県 92.6 90.9 82.4 96.8 93.9
栃木県 97.0 90.9 85.2 103.3 100.5
群馬県 94.5 87.2 89.6 102.9 97.4
埼玉県 88.8 104.7 59.6 90.8 86.9
千葉県 92.8 108.3 66.0 95.5 91.1
東京都 162.9 161.1 248.5 109.5 157.2
神奈川県 104.1 125.5 81.6 92.7 102.7
新潟県 87.3 77.8 75.9 103.4 94.1
富山県 94.3 89.9 81.9 104.5 100.3
石川県 96.2 90.4 93.6 105.8 93.5
福井県 97.5 88.3 98.0 99.4 107.5
山梨県 92.4 87.0 92.9 103.6 94.4
長野県 87.4 82.8 74.5 105.9 89.2
岐阜県 89.3 87.3 72.5 100.0 92.1
静岡県 102.9 96.8 99.0 104.2 107.6
愛知県 117.3 113.0 134.7 102.8 117.2
三重県 100.1 91.9 103.3 99.7 105.4
滋賀県 93.7 91.9 93.8 95.3 96.3
京都府 93.8 93.8 90.2 95.5 94.8
大阪府 103.3 94.6 120.2 99.5 104.2
兵庫県 93.0 98.1 71.1 92.7 97.4
奈良県 74.9 89.4 42.5 87.4 70.9
和歌山県 77.4 73.4 57.8 95.8 80.8
鳥取県 72.9 70.4 55.0 100.8 73.9
島根県 75.9 73.2 62.1 101.1 79.5
岡山県 89.9 82.6 75.8 100.7 94.1
広島県 94.1 92.2 87.4 99.6 94.3
山口県 86.6 80.8 80.3 96.9 89.7
徳島県 81.6 76.1 71.5 94.3 88.3
香川県 86.4 82.8 83.9 102.6 85.3
愛媛県 80.0 73.2 70.9 99.9 90.2
高知県 72.2 72.0 51.6 101.3 73.2
福岡県 88.2 85.2 82.3 96.6 87.0
佐賀県 77.3 72.0 63.1 98.7 78.1
長崎県 71.1 70.9 52.4 100.0 67.5
熊本県 75.8 71.2 60.7 100.6 74.2
大分県 79.9 71.6 62.7 100.7 86.1
宮崎県 73.3 66.3 54.5 102.9 75.4
鹿児島県 72.9 66.5 52.2 99.3 78.3
沖縄県 71.7 66.5 58.4 89.6 83.8
全国 100.0 100.0 100.0 100.0 100.0
0 50 100 150 200
0 50 100 150 200
0 50 100 150 200 250 300
0 50 100 150 200
0 50 100 150 200

〔『令和2年版地方財政白書ビジュアル版』2020年，を一部改変〕

く立ち入らないが，こうした地域間の格差をどうするかは金銭資源を考える上で重要な論点となろう。

　さて，国と自治体とを問わず，政府への資金の入りの部分を見ると，資金の流れに応じて，①国民や企業から強制的に徴収する性格を強く持つ「租税」，②同じく強制的に徴収されるが年金や医療の受給と紐づく「社会保険料」，③国民や企業から徴収するもののサービスへの直接的な対価である「利用料」，④これらとは異なり，債権者から一定の利率で資金を調達する「公債」に分けることができる。

　こうして調達された金銭資源は，政府自身が課題解決のために活動する「直接行政サービス」のための人件費や物件費として使われるほか，社会保障給付や補助金といった国民や企業への「資金配分」（政府の業務は配分することにとどまる）の原資や経費，さらには，債権者への返済である「公債費」等に使われることになる。

2. 金銭資源をめぐる政治

　以上を踏まえて，第1の民主主義の側面，すなわち政治的な合意形成という観点から検討する。上述のように，政府が調達する金銭資源は，①〜④の経路があるものの，ここでは政府財政に占める割合の大きな①租税，②社会保険料，④公債の三つについて，それぞれ代表的な争点を取り上げていくことにしたい。

（1） 租税の経路依存

　租税をめぐる最大の難点は，いかにして税収を確保するか，である。しかし，それは民主主義体制の根幹にある原理の一つである，「租税法律主義」の原則に制約される。すなわち，議会（国では国会）で多数派の承認を得てはじめて課税できるという考え方であり，日本でも憲法で規定されている。

　他方で，公共支出の高い福祉国家（→第6章）であろうとすれば強固な財政基盤が必要となる。このとき，課税の対象に応じ，大きく所得課税，消費課税，資産課税がある点を確認しておこう。所得課税とは，所

得や利益に応じて累進的に（高収入にはより高い税率をかける）課税できるのが特徴である。所得税（国税）・住民税（地方税）のほか，企業に対する法人税（国税），事業税（都道府県）を挙げることができる。消費課税は，物品やサービスの購入に際して定率的にかけるもので，消費税（一般的には付加価値税と呼ばれる）をはじめ，酒税や自動車税など特定の物品を対象にしたものもある。資産課税は，資産価値に対して課税するもので，所有する不動産を対象にした固定資産税（市町村税）や相続税などがある。

　これらのうち福祉国家の屋台骨を支えるのが所得課税と消費課税（中でも付加価値税）である。ここではひとまず，我が国における代表的な税目である「所得税」と「消費税」を念頭に置いて議論を進めよう。

　所得税は，累進制によって再分配機能を発揮できる反面，景気動向によって税収が左右される欠点がある。不況時には税収も乏しくなり，十分な再分配や経済安定化の機能を果たせなくなる。これに対して，定率的に課税される消費税は，低所得者ほど税負担が重くなってしまう逆進性を持つ難点がある。他方で，景気の変動の影響が小さいという利点があり，高福祉の国の多くは，消費税（付加価値税）への依存が高い傾向に実はある。

　だが，消費税を増税し，北欧諸国など強固な財政基盤により充実した福祉サービスを行っている国がある一方で，消費税は導入できたとしても十分な税収を確保できず福祉サービスにつながらない国もあり，日本もそれに含まれる。その一因として，消費税の導入時期の早い・遅いが関係するのではないかという。すなわち，戦後の高度経済成長が終わる前に導入した早期導入国では，増税による歳入の拡大が公共サービスの拡大へとつながり，税金がサービスに返ってくるという国民の期待が形成できた。それゆえに，経済成長が終わった後も増税への政治的な抵抗が少なかったとされる。

　一方で，導入が遅れた国は，そもそも財政赤字を埋めるために消費税による税収確保を目指したため，増税しても公共サービスにつながらず，増税によって行政サービスが拡充するという期待が形成されない。それ

48

ゆえに増税への反対が強くなり，結果として十分に増税できず課税負担が低いままにとどまり，サービスも充実しないといういわば悪循環に陥るというのである（加藤 2019）。

　このように，歴史的にある時点での分岐がその後の選択肢を決定してしまう構造を「経路依存性」と政治学では呼ぶ（→第14章）。日本は1989年4月より消費税（3％）が導入された遅い国に数えられる。その後，1997年4月（5％）→2014年4月（8％）→2019年10月（10％）と税率の引き上げがなされたものの，図3に示されるように，諸国と比べて国民負担率は高くない。消費税の増税は，日本のような租税抵抗の大きい国にとって，ことのほか不人気な政策であり続けている（井手 2013）。実際，この30年の間，増税をめぐっては厳しい反対がある中で時の政権もなかなか踏み出せない政策課題であったといえる（清水 2013）。

　同じ税に関する政治過程でも，特定目的のために減税する税制特別措置をめぐって，毎年度の予算編成で政官業を巻き込んだ大陳情合戦が繰り広げられるのと対照的である。税収が不足しているという状況において，新しい施策を行う余地は限られる。日本は，租税政策における経路依存性の中で，金銭資源の調達が難しい国だとひとまず整理できるだろう。

図3　国民負担率の国際比較

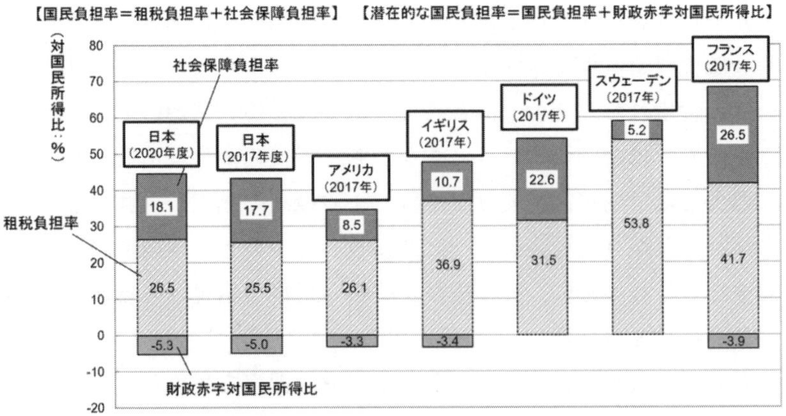

【国民負担率＝租税負担率＋社会保障負担率】　【潜在的な国民負担率＝国民負担率＋財政赤字対国民所得比】

〔財務省資料（https://www.mof.go.jp/budget/topics/futanritsu/sy202002b.pdf）〕

（2）社会保険料と給付水準

　増税が先送りされやすい理由の一つが，租税法律主義により，引き上げの度に，政治的争点となることにあった。これに対して，公的年金や公的医療保険の保険料は，保険料の水準と給付の水準を半自動的にバランスさせる仕組みを構築することにより政治的争点になるのを回避してきたところに特徴がある。

　まず年金では，自分自身のために積み立てるという積立方式ではなく，現役世代の保険料で引退世代の給付を行う賦課方式を基盤としているため，保険料と給付のバランスは重要な問題となる。少子高齢化が続くと，将来世代の負担がとても大きくなるからである。

　そのため，従来は5年に1度，給付をもとに保険料率の再計算を行う財政再計算を法律で義務づけることにより，保険料率の引き上げを行ってきた。2000年代に入ると，給付水準を保ったまま保険料だけが引き上げられるのに限界を迎え，2004年には次のような制度に変更した。すなわち，保険料率の上限を設定した上で，10年以上をかけて一定ずつそれに向けて料率を引き上げ，その範囲で給付を行うこととされたのである。

　この改正内容が表しているのは，第1に，年金保険料率の引き上げや給付の引き下げという抵抗が強そうな政策決定においては，決定基準を導入することで時々の政府を縛るとともに責任を負わない仕組みとしている点である。併せて第2に，中長期にわたって徐々に引き上げるなど，激変緩和措置を組み入れることによって，非難を起きにくくさせていると考えることができる（新川 2004）。

　次に，公的医療保険や介護保険の保険料については，強制であることは変わらないものの，職種や地域によって保険者（組合）が多数並立しているところに特徴がある。そのため，地域によって高齢化の度合いなども異なり，保険料にかなりの格差が生じている。しかしながら保険料率は，給付総額等をもとに法令で算定式が決まっていることから，政治的な争点になりにくい。

　むしろ，保険をめぐっては，給付水準をどう設定するかがより問題と

なりやすい。どこまでを保険でカバーするのかという線引きである。これについても，例えば医療保険については，保険者側の代表と医療者側の代表に学識経験者を加えた厚生労働省の会議体（中央社会保険医療協議会）で審議決定される仕組みをとっており，政党間の争点とせず，当事者間の合意により運営されているといえよう（森田 2016）。

（3）財政赤字と公債

　有権者の支持を得ることが必要な民主主義では，負担は少なくサービスは多くという誘惑に逆らえず，財政赤字に陥りやすい構造にある。それゆえ，財政規律を保持する何らかのルールを設けている。

　その中核に，独立した会計年度（日本では4月から翌年3月までの期間）の歳出はその年度の歳入で賄わなければならないという「均衡予算ルール」がある。実際，日本でも財政法において，公共事業に関するものを除いて，赤字国債の発行を明確に禁止し，税収によって賄うことを大原則としている。なお，公共事業に関しては例外的に国債（建設国債）をあてることが認められるのは，公共施設等将来世代も使えるものについては将来世代にも負担を分担してもらって建設を進めたほうが合理的という考え方による。

　しかしながら，この均衡予算ルールを貫徹することは現代政府にとってことのほか困難が生じる。先に触れた財政の機能と矛盾しかねないからである。すなわち第1に，経済安定化機能を果たそうとすれば，不景気で税収が不足するときにこそ財政支出を拡大する必要がある。第2に，高齢化に伴う社会保障経費が増大している中で均衡予算を貫徹しようとすると，福祉の切り下げが求められるが，そうすると所得再分配機能を損なうことにつながる。要するに，赤字国債を発行せざるを得ない構造があり，財政収支がマイナスになることは多かれ少なかれ先進諸国にも共通する（図4）。

　そのため，毎年度の予算編成の中で，財政法の効力を上書きする特例法を制定して膨大な赤字国債を発行している。その中にあって，財政赤字の拡大を抑止するために，中期的な財政計画を2000年代後半から策定し

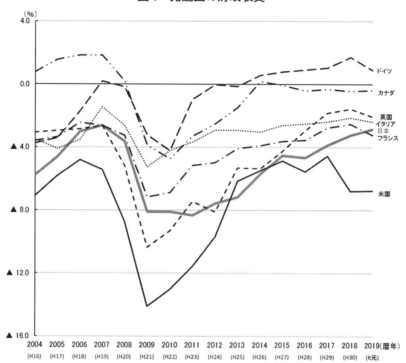

図4　先進国の財政収支

〔財務省資料　（https://www.mof.go.jp/budget/fiscal_condition/related_data/201910_01.pdf）〕

てはいる。しかし，東日本大震災や新型コロナウィルス感染症対策といった財政支出の拡大局面もあって，強い拘束力を持つには至っていない[1]。

3．調達技術と政策誘導

　次に第2の論点である，実際の金銭資源調達活動の工夫について考察する。強制的に徴収する権限を有していたとしても，人々の協力なしにそれを成し遂げようとすれば，大変な費用と手間がかかるからである。そこで，いかに簡便に，金銭資源を調達する仕組みを整えているのかに注目する必要がある。

（1）調達費用の低減──税と社会保障
　人々の所得を捕捉し，適正に課税することが重要なことはいうまでも

ない。だが他方において，所得を正確に調査することもまた，とても骨
の折れる作業であることも忘れるべきではないだろう。

　このため，国民や企業が自らの収入や売り上げを資料とともに税務当
局に対して申告し，それをもとに課税するという申告主義が基盤となっ
ている。税務調査を抜き打ちで行うことによって，一罰百戒的に不正を
防止する。

　日本における源泉徴収制度と住民税等の特別徴収制度は，調達にかか
る費用を雇用主に転嫁する。所得税については，支払う給与から天引き
することによって予定額を企業等が代わりに納税し，年末に社内で精算
（年末調整）することから，税務署職員が行うべき業務を肩代わりして
いるともいえる。自治体が徴収する住民税については，課税額が確定し
た後に，給与からの天引きで納税する仕組みがある。同様に，公的年金
や公的医療保険，介護保険の保険料も企業等に雇用されている被用者は
給与から天引きされて納付される。

　また政府から資金が配分される年金からも公的医療保険や介護保険の
保険料，さらに住民税などを特別徴収する仕組みが整備されている。こ
れらの特別徴収によってほぼ確実に納付がなされることから，収納管理
の費用を低減することができる。

　もっとも，こうした源泉徴収や特別徴収に依存した調達の仕組みは，
不公平感の温床ともなり得る。俗に「クロヨン」とも呼ばれ，給与所得
者の所得は税務署に9割方捕捉されるのに対して，自営業者は6割，農
林水産業だと4割ともいわれてきた。この種の不透明性は，マイナン
バーによる記録やキャッシュレス決済の普及などにより改善される可能
性がある。

（2）徴収管理の強化──公会計化と滞納整理

　税や社会保険の滞納は，公正性を害するだけでなく，税収確保の観点
からも見過ごすことはできない。そのため，特に国税を所管する国税庁
は滞納者に対して強制的に徴収する高いノウハウも有している（滞納処分）。
法律により，税務職員には，金融機関の口座や資産を調べ上げて，差し

押さえたり，強制的に競売にかけたりする権限が与えられている。

　これに対して，実際の人々の暮らしに密接している自治体の現場では
これまで必ずしも徴収のノウハウが十分に蓄積されてはこなかった。そ
こで，一部の自治体では，他の自治体と協力して，専門の滞納整理組織
を立ち上げているところもある。悪質な高額滞納者は巧妙に資産隠しを
しているため，より高度なプロ組織でないと太刀打ちできないためであ
る。また，こうしたケースでは往々にして国税も滞納していることから，
強制徴収のプロである国税庁を出し抜いて，少ない資産を先に囲い込ま
なければならないという事情も指摘される（日本都市センター 2012）。

　また自治体の現場では，税以外にサービスの直接的な対価を受け取る
ケースが多く，その扱いも問題となっている。例えば，公立学校の給食
費用について，学校単位で管理され，担任教諭や教頭など現場の教員が
徴収の管理を行っているところも多く，納付しない保護者への対応に苦
慮してきた。そのため，学校給食費の公会計化が進められ，学校ではな
く自治体が直接管理する方式に変更されつつある。これにより，未納や
滞納に自治体が直接対応できるようになり，実効性が期待される。（文
部科学省 2019）

　関連して，自治体の中で債権管理部門を集約するところが増えている
のも注目される。自治体が行政サービスの対価として受け取る利用料は
学校給食費のみならず，水道料金，公営住宅の賃料，公民館等の公共施
設の利用料など幅広い。これまではそれぞれの部局ごとに未納者に対応
してきたが，十分な成果を上げられない問題があった。そのため自治体
財政が逼迫する中で，収入増が目指され，債権管理部門にノウハウを集
めようとしているのである。

（3）税から見た日本の特質

　以上見てきたように，金銭資源の調達は一筋縄ではいかないことが理
解されるであろう。そもそも，国民負担率からして，日本の水準はそう
高くはない。膨大な赤字国債を発行することで何とか保っているもの
の，社会保障以外の支出は他国と比べても低水準にとどまるという問題

図5　各国の政府支出の状況

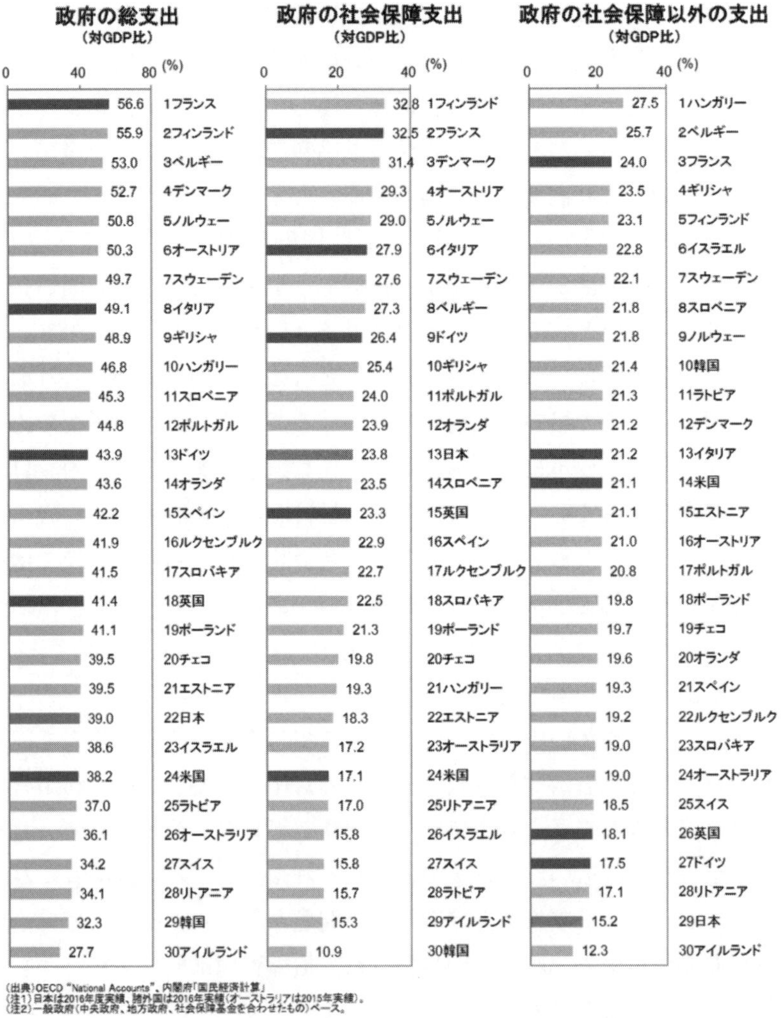

政府の総支出
（対GDP比）

順位・国名	(%)
1フランス	56.6
2フィンランド	55.9
3ベルギー	53.0
4デンマーク	52.7
5ノルウェー	50.8
6オーストリア	50.3
7スウェーデン	49.7
8イタリア	49.1
9ギリシャ	48.9
10ハンガリー	46.8
11スロベニア	45.3
12ポルトガル	44.8
13ドイツ	43.9
14オランダ	43.6
15スペイン	42.2
16ルクセンブルク	41.9
17スロバキア	41.5
18英国	41.4
19ポーランド	41.1
20チェコ	39.5
21エストニア	39.5
22日本	39.0
23イスラエル	38.6
24米国	38.2
25ラトビア	37.0
26オーストラリア	36.1
27スイス	34.2
28リトアニア	34.1
29韓国	32.3
30アイルランド	27.7

政府の社会保障支出
（対GDP比）

順位・国名	(%)
1フィンランド	32.8
2フランス	32.5
3デンマーク	31.4
4オーストリア	29.3
5ノルウェー	29.0
6イタリア	27.9
7スウェーデン	27.6
8ベルギー	27.3
9ドイツ	26.4
10ギリシャ	25.4
11ポルトガル	24.0
12オランダ	23.9
13日本	23.8
14スロベニア	23.5
15英国	23.3
16スペイン	22.9
17ルクセンブルク	22.7
18スロバキア	22.5
19ポーランド	21.3
20チェコ	19.8
21ハンガリー	19.3
22エストニア	18.3
23オーストラリア	17.2
24米国	17.1
25リトアニア	17.0
26イスラエル	15.8
27スイス	15.8
28ラトビア	15.7
29アイルランド	15.3
30韓国	10.9

政府の社会保障以外の支出
（対GDP比）

順位・国名	(%)
1ハンガリー	27.5
2ベルギー	25.7
3フランス	24.0
4ギリシャ	23.5
5フィンランド	23.1
6イスラエル	22.8
7スウェーデン	22.1
8スロベニア	21.8
9ノルウェー	21.8
10韓国	21.4
11ラトビア	21.3
12デンマーク	21.2
13イタリア	21.2
14米国	21.1
15エストニア	21.1
16オーストリア	21.0
17ポルトガル	20.8
18ポーランド	19.8
19チェコ	19.7
20オランダ	19.6
21スペイン	19.3
22ルクセンブルク	19.2
23スロバキア	19.0
24オーストラリア	19.0
25スイス	18.5
26英国	18.1
27ドイツ	17.5
28リトアニア	17.1
29日本	15.2
30アイルランド	12.3

(出典)OECD "National Accounts"、内閣府「国民経済計算」
(注1) 日本は2016年度実績、諸外国は2016年実績(オーストラリアは2015年実績)。
(注2) 一般政府(中央政府、地方政府、社会保障基金を合わせたもの)ベース。

〔財務省資料　（https://www.mof.go.jp/budget/fiscal_condition/related_data/201910_01.pdf）〕

もある（図5）。

　だとすると，国民負担率が低いことと引き換えに私たちの社会にはどのようなサービスが欠如しているのかを問うべきであろう。この点，やはり大きいのが，住宅と教育である。諸国では良質な公営住宅が整備され低廉な家賃で暮らしていくことができるのに対して，日本では新築持

ち家政策によって，戸建てやマンションを購入することが一般的であり，多大な債務（住宅ローン）を負う暮らしとなっている（砂原 2018）。

　また，教育についても，特に高等教育（大学）への公共支出が少なく，進学させようとするとかなりの教育資金を準備しなければならない（中澤 2014）。消費税増税の一部をあてる高等教育無償化政策が始まったとはいえ，あくまで低所得者層向けの援助にとどまっている。所得が伸び悩む中で，貧困の問題も深刻化しているのも見過ごせない。いずれにせよ，こうした問題に対処するためにも金銭資源をいかに調達するかは，重要な課題なのである。

》注
（1）　日本の財政に関する問題点を指摘するものとして，田中（2013）を参照。

引用文献

井手英策（2013）『日本財政──転換の指針』岩波新書。
加藤淳子（2019）「日本における財政・租税政策の比較分析と通時分析」佐々木毅編『比較議院内閣制論──政府立法・予算から見た先進民主国と日本』岩波書店，所収。
財務省主計局（2020）「平成30年度『国の財務諸表』のポイント」（https://www.mof.go.jp/policy/budget/report/public_finance_fact_sheet/fy2018/point.pdf）2021年5月31日最終閲覧。
清水真人（2013）『消費税──政と官との「十年戦争」』新潮社。
新川敏光（2004）「日本の年金改革政治──非難回避の成功と回避」新川敏光・ボーノーリ編『年金改革の比較政治学──経路依存性と非難回避』ミネルヴァ書房，所収。
砂原庸介（2018）『新築がお好きですか？──日本における住宅と政治』ミネルヴァ書房。
総務省（2020）『令和2年版地方財政白書』。
田中秀明（2013）『日本の財政──財政再建の道筋と予算制度』中公新書。

中澤渉（2014）『なぜ日本の公教育費は少ないのか──教育の公的役割を問い直す』勁草書房。

日本都市センター（2012）『徴税行政における人材育成と専門性』。

森田朗（2016）『会議の政治学3──中医協の実像』慈学社出版。

諸富徹（2020）『グローバル・タックス──国境を超える課税権力』岩波新書。

文部科学省（2019）「学校給食費徴収・管理に関するガイドライン」（https://www.mext.go.jp/a_menu/sports/syokuiku/__icsFiles/afieldfile/2019/07/31/1419091_1_1.pdf）2021年5月31日最終閲覧。

Musgrave, Richard A. and Peggy B. Musgrave（1989）*Public Finance in Theory and Practice*, 5th ed., McGraw‐Hill.

🎙 研究課題

1. 金銭資源における税と社会保険料の共通点と相違点について考えてみよう。
2. 金銭資源を調達する技術に関する近年の変化及び今後の展望について考えてみよう。
3. 日本社会における財政負担と使途に関する特徴について整理した上で，今後どのように推移する可能性があるか複数考え，あるべき方策について考えてみよう。

4 | 社会との接点（3）－人間

手塚洋輔

　政府が仕事をするということは，何らかの形でそれを人が行うということを意味する。もちろん，IT技術の発展によって，人の役割にも変化があるが，公共政策を形成し実施する上で，人でなければできない領域は今なお大きいといってよいだろう。しかも，金銭資源と異なり，人的資源は一人ひとりの「人間」であるがゆえに，いつでもどこでも調達できるものではない。そこで本章では，こうした制約に留意しつつ，これまで確立してきた公務員制を手がかりにして，現在抱えている問題や課題について考えていくことにしよう。

1. 人的資源と政府の活動

（1）内製と外注

　政府が質の高い活動を行うには，その仕事に従事する良質な人材が不可欠である。それゆえに，こうした人材の調達は，公共政策を考える上でも重要なテーマとなる。

　金銭資源（→第3章）の場合，例えば，税金として徴収したものであれ，国債で調達したものであれ，同一の価値がある。これに対し，人的資源は異なる。多様な人材を組み合わせて活用していかなければならないだけでなく，必要な技能を持つ人材がいつでもどこでも手に入るわけではない。それゆえ，政府に限らず，あらゆる組織はその構成メンバーに左右される。

　一般的に組織は，自分の組織の中で雇用していつでも使えるようにしておくか，あるいは，組織外部からその都度調達することによって，必要な人的資源を賄うことになる。例えば，ある企業が製品を作ろうとする場合に，工程を内製的に自社の中でやるか，あるいは他者に外注する

かという問題と類比的に考えることができよう。自社でやるのと他社から調達するのといずれが効率的なのかは，重要な経営判断の一つである。

　単純に考えれば，組織外部の市場で調達可能な技術や能力であれば，その都度，調達すればよいということになる。逆に，それが困難な技術や能力であれば組織の中に保持しておかなければ必要なときに使えない。このように正社員として無期雇用するか，それとも非正規のアルバイトで賄うかという問題も内製と外注の関係にある。

　内製する部分と外注する部分との使い分けが必要なのは，政府でも同じである。政府特有の技術や能力が必要であれば，公務員として組織内に抱え込まないとならない。民間企業や市場でも調達できるのであれば，非正規雇用や民間委託などにより，時々の需要に応じて活用することが考えられる。もっとも，政府であれば，強制力をもって，社会から人的資源を徴用することもできなくはない。実際に，徴兵制という形で人的資源の調達を行っている国もある。

　このように政府が取り得る方策には幅があることを踏まえつつも，以下では，まず，政府で働く職員の基本型として公務員の仕組みと全体像を概観する。次に，人材獲得の困難さに着目し，代表的な論点を取り上げて実情と対応を紹介する。その上で，公務員数が減っている現在の課題や問題について，急速に進展している非正規化や外部化の実態も含めて検討する。

（2）数から見た公務員

　公務員の仕組みについて取り上げる手がかりとして，現在，政府がどの程度の職員を雇用しているかを把握するところから始めよう。日本の政府は，国・47の都道府県・1700余りの市町村と特別区から構成されている。国の職員を国家公務員，都道府県や市区町村の自治体職員を総称して地方公務員と呼ぶが，併せておよそ330万人の公務員のうち，国家公務員は2割に満たず，圧倒的に地方公務員が多い（図1）。この点は，行政サービスのかなりの部分を自治体に依存する地方自治の仕組みをとっていることと整合的といえる。もっとも，国家公務員59万人のう

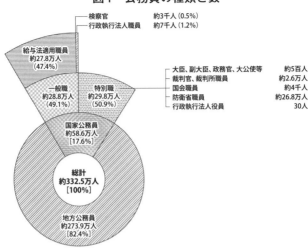

図1 公務員の種類と数

〔人事院『令和元年度人事院年次報告書（公務員白書）』〕

ち，実に半数近くの27万人弱は自衛官が占めていることにも注意が必要である。

　他方で，270万人を超える地方公務員のうち，かなりの部分を学校の教員（教育部門），警察官（警察部門），消防士（消防部門）などが占める。都道府県庁や市町村役場等で執務する一般行政部門の職員は，福祉関係も合わせて3割強にすぎない（図2）。

　このように，公務員として政府に雇用されている職員のうち，自衛官・教師・警察官・消防士など，実際に現場でサービス提供を行う人々が約7割を占める。その一方で，私たちがいわゆる「公務員」として思い浮かべるような役所で働く職員は3割程度にとどまり，しかも，その多くは自治体に雇用されているのである。

　次に，こうした公務員の数を国際比較の中で位置づけるとどうであろうか。国際比較を行うに際して，国による公務員の範囲の違いを統制するため，ここでは，国や自治体の職員に加えて公営企業部門の職員も「公共部門」として把握する経済協力開発機構（OECD）の統計に即して見てみることにしたい。図3は，2016年のデータをもとにした労働力全体に占める公共部門の割合を示している。福祉国家の典型である北欧

図2　地方公共団体の部門別職員数の状況

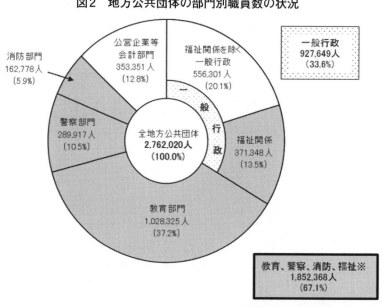

※国が定員に関する基準を幅広く定めている部門

〔総務省「令和2年地方公共団体定員管理調査結果の概要」〕

諸国では公共部門の割合が大きいことがうかがえるのに対して，我が国は，もっとも低いグループに属することがわかるだろう。つまり，端的に言って，日本は公務員の極めて少ない国なのである。

（3）公務員制

　次に，公務員を雇用する仕組み，すなわち公務員制について取り上げよう。現代公務員制の中核にあるのは，政府の職員を試験等によって採用する「資格任用制」と呼ばれる考え方である。こうした採用方法は，例えば，貴族階級が官職を独占するのとも，以下で見る猟官制のように，支援者に官職を配るのとも異なる。

　民主主義体制において，政府を運営するのは選挙で選出された政治家である。それゆえ，こうした政権に参画する政治家から見ると，個々の官職とは，政府を動かすツールであるだけでなく，自らの権力基盤を確立するツールでもある。例えば，アメリカでは，現在でも政権が変わる

図3　先進国における公共部門の労働力の割合

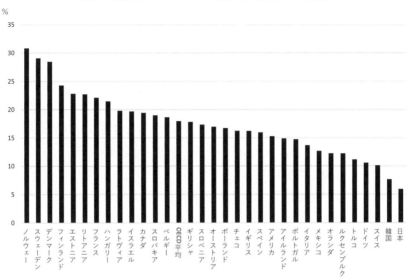

〔OECD Government at a Glance Database より筆者作成〕

と，連邦政府であれば数千名に及ぶ職員が交代する。つまり，能力だけ
でなく，政権への忠誠も重要といえる。かつてのアメリカは，さらに大
規模かつ徹底的に更迭が繰り返され，選挙の応援と引き換えに官職を配
ることが横行していた（猟官制）。猟官制は，民主主義の一つの形態と
して正当化される一方で，不正の温床になるだけでなく，政権交代の度
に担当者が変わることで能力が蓄積されないために政府の問題解決能力
が向上しないという問題もあった。

　こうした弊害を除去するため，政治と行政を分離し，雇える人間を能
力のある人に限定するという任用方法，すなわち資格任用制が確立する。
日本も，西欧諸国と比べてもそう遅くはない19世紀末には，資格任用
制を導入し，政党勢力による政治的な任用を制限する仕組みをとってき
た。その後，紆余曲折はあるものの，第二次世界大戦後に制定された公
務員法にも引き継がれ，現在でも公務員試験による採用が基本となって
いる。

　加えて，資格任用制のもう一つ重要な側面が，身分保障と政治的中立

性である。言い換えれば，「公務員はクビにならない」のはなぜか，という問題とも関連する。資格任用制では，政治が人事に介入できなくし，反対に公務員集団も特定の政治勢力に荷担させないことで政と官の距離を保つ。それゆえ，政治的な理由での免職や休職・降任を禁止することで身分を保障し，その一方でどの政権にも仕えるように政治的中立性を要求していると考えられる。これを裏返せば，例えば，大臣や副大臣などの政治家が通例就任する役職をはじめ，内閣官房の幹部や大使といった政治任用職では，政治的中立性が要求されない代わりに，身分保障もない，という関係になる。

　さらに日本の労働慣行では，学校を卒業してすぐに就職して，そのまま内部で定年まで働くという，新卒一括採用・終身雇用制が大企業を中心に見られる。また，職務を限定しないメンバーシップ型と呼ばれる雇用形態が一般的であり，公務員の場合もその例外ではない。実際，政府でも，国・自治体ともに，中途採用は限定的で，内部で職務横断的に昇進していくのが基本となっている。これに対して，職務を限定したジョブ型の要素が強い人事制度をとる国や，さらに民間事業者と公務員とを横断的に転職することが特別でない労働市場の国もある（濱口 2009；小田 2019）。

2. 人材獲得の困難さ

（1）公務員の魅力低下

　国家公務員試験の受験者数を見ると，大学卒業者を主な対象とする総合職や一般職の試験では減少傾向に，他方で，高校卒業者を対象とする一般職試験では増加傾向にある。公務員志願者の層は，民間事業者も含めた労働市場の状況に大きく左右される。

　先に述べたように，日本の公務員数は少ないこともあり，限られた人数で業務を回さなければならない状況にある。そのため，長時間労働といった「ブラック」な職場というイメージも広がっているほか，自治体財政が危機的となり，給与削減に踏み切る自治体も珍しくない。かつてのように「公務員は安定している」という理由だけで，優秀な志願者を

図4　小学校教員採用試験の推移

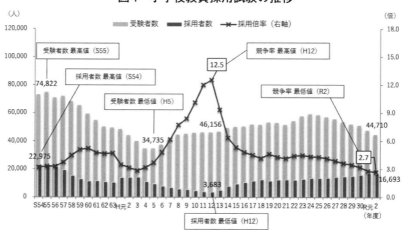

〔文部科学省「令和2年度（令和元年度実施）公立学校教員採用選考試験の実施状況のポイント」〕

集めることは難しくなっている。

　国のみならず自治体でもその影響は深刻である。教員採用試験には，それが顕著に表れている。図4からわかるように，2000（平成12）年前後の採用者が極めて少ないのに比べ，近年では，定年等で退職する職員も増えたことから，それに応じて採用者数も増えている。にもかかわらず，受験者数は減少傾向にあるため，倍率が低迷し，十分な選抜が難しい状況になりつつある。

　採用が困難であるだけでなく，途中で離職する職員も増加傾向にあることが懸念される。政策立案の中枢を担う中央府省のキャリア職員ですら若手の離職が増えているとされ，その理由として，長時間労働といった職場環境の厳しさや，数年おきの人事異動により専門知を高められないといったことが指摘されている（千正 2020）。

　加えて，管理職のなり手が不足しているということも問題となっている。昇任試験により昇進を行ってきた自治体では，昇任試験の受験者が減少しているため，昇任試験の要件を緩めたり，あるいは昇任試験を取りやめたりするところもある（出雲 2020）。

　いずれにせよ，労働環境としてもキャリア形成としても魅力がなけれ

64

ば組織の活力を維持することはできない。公務の世界も例外ではなく，「働き方改革」が模索されている。例えば，中央府省における長時間労働の元凶の一つとされる国会での質問の在り方など，政策形成プロセスの改革とも関係する。他方においては，人口減少社会に突入していく中では，良質な人材を公共部門だけに割り振ることが果たして良いのかどうかという論点もある。

（2）高度化する社会での人材争奪

　複雑化・高度化している現代社会では，何らかの問題が発生し，公共政策の課題となったとしても，その解決策がすぐに見つかるとは限らないし，高度な技能を持つ人材にも限りがある。例えば，新型コロナウイルス感染症への対応において，病床を増やそうとしても，医療従事者が足りない状況にあったことからも理解できよう。

　限られた人材を政府で使うことができないと，公共サービスの提供だけでなく，社会経済的な規制の局面でも難しい状況に陥る。なぜなら，民間の生産技術が複雑になればなるほど，規制手段もまた高度化・巧妙化を要請されるからである。例えば，食品安全を担保する規制を実効的に行おうとすれば，公衆衛生だけでなく，遺伝子組み換え技術などの生命科学をはじめ，飼料や農薬などに用いられる化学物質の知識，さらには工場生産技術に至る高度な知見を結集しなければならないだろう。

　近代社会が離陸した当時は，民間事業者の規模はまだまだ小さく，政府が有する資金と体制を背景に公務員が技術革新や産業振興を主導することもできた。しかしながら，グローバル化の進む昨今では，多国籍企業がその莫大な資金と世界中の英知を集めて技術開発を行っている状況にある。

　それゆえ，高度な技能を持つ人材をめぐっては，各国政府ともに高い報酬を約束できる民間との争奪を余儀なくされている。一流の人材が政府機関で働いてくれない，あるいは人材を育成しても外部に流出してしまう問題が生じている。

　高度な専門知識を導入するための方策として，第1に，中途採用・経

験者採用の増加が挙げられる。民間で一定の経験と技能を得た人を政府に取り入れることを意味する。第2は，人事交流によって，民間人材を一定期間政府で働いてもらうという方策で，近年拡大傾向にある[1]。第3は，参与のような形で民間や大学に籍を置きつつ，一定期間・権限を限って行政組織に参加してもらう方策も見られる。ただし，専業で終身雇用の公務員とは異なるために，それぞれの背景事情，例えば所属する業界の利益との切り分けを慎重に行わなければならない難しさもある。

　どのような方策であれ，政府が外部人材を即戦力として使おうと思えば，政府の中でしか通用しない特有の技能を減らしていく必要がある。この点，例えば，予算要求の方法といった行政内部の手続きに関する技能は果たして公務員として獲得すべきものかどうか，問題となり得る。反対に，最後まで残るような，民間にはない，公務員として長期にわたって習熟しなければならない技能とは何か，が問われなければならない。だとすると，公平な行政の仕組みに関する相場観といった，行政実務の中ではじめて蓄積され，継承されるような重要な価値をどのように育んでいくのかも課題といえよう。

（3）人材の喪失

　戦争や災害などにより，政府の人的資源が失われると，機能が麻痺してしまう。実際，2011年の東日本大震災の際に，三陸沿岸のいくつかの自治体において見られた状況である。庁舎自体が津波で流されてしまうなどし，多くの職員が犠牲になったためである。こうした自治体では，本来災害対応を行い，災害からの復興を担うべき人的資源が喪失するという事態に直面したといえるだろう。

　このような場合，失われた人員を社会から集めることは容易ではない。予算や法令を含めた行政管理に関する政府特有の技能に習熟していてはじめて，災害復旧・復興のための事業を運営していくことができるからである。

　そのため，これらの技能を持ち合わせている，国の職員や，他の自治体の職員の活用こそが鍵となる。こうしたことから，災害発生時に応援

職員として，被災した自治体に派遣される仕組みが整いつつある。とはいえ，派遣に際しては，どの分野で何名必要か，といったニーズを的確にとらえて被災自治体と応援自治体とを調整しなければならない。

　それを可能とする方策の一つとして注目されるのが，カウンターパート方式と呼ばれる仕組みである。東日本大震災のときには，関西広域連合がこの方法によることで，域内の各県と市町村が分担して，岩手・宮城・福島の三県と市町村に対して，長期にわたる継続的な支援を可能としたのである（大西編 2017）。

3. 公務員制の運用

（1）公務員人材の管理

　こうした限界がある中で，日本の中央府省や自治体では，公務員をどのように調達（採用）し，組織内で管理しているのか，その仕組みを概観しておこう。

　第1に，人事管理には個別の職（仕事）を起点に人をはめていく形態と，職員（人）を起点に職をあてていく形態があるが（Berman et al. 2019），日本では，国・自治体ともに，後者が主流である（大森 2006）。新卒で就職し，常勤職員として終身雇用されるという閉鎖型任用制をとり，大卒であれば22〜23歳で働きはじめ，定年まで約40年にわたって働くことが前提となっている。一時期，他の機関に出向することもあるが，公務員人生の大半は，採用された組織の中で異動や昇進し，退職まで過ごしていくことが基本である。

　第2に，国と自治体とで細かな違いはあるものの，組織や職種などで一定のまとまり（グループ）を構成し，そのまとまりごとに採用と管理を行っている。国であれば，府省別の採用と管理を基本として，さらに府省内部で総合職採用組と一般職採用組との別，事務系職員と技術系職員との別などを軸に複数のグループに分かれる。自治体では，学校教員，警察官，消防士，保健師など国に増して多様な職種を抱えているため，職種別に採用と管理がなされるものの，一般行政職員は組織全体で一括した採用と管理となっているところが多い。

　こうしたグループごとに，採用数や個々の役職を割りあてておくことで，グループ内だけで完結する効率的な人事管理を可能としている。その反面，グループを超えた適材適所の人材活用が難しいという問題もある。

　第3に，学力試験による選抜が基軸である。試験の区分や科目は国や自治体で多様であるものの，広い範囲を一定水準で学習する能力が求められる。もっとも，かつての学力試験偏重から，面接や集団討論などを導入する人物重視への変化もみられる。さらに近年では，志願者を増やすために，民間の就職活動に近い選考方法を用いるなど受験者負担軽減型採用試験の導入も広がっているが，情実を排せるかや質的向上につながっているかは明確ではない（大谷 2019）。

　第4に，幹部ポストに将来ついていく人材の選抜と育成については，いくつかのパターンが観察される。ここでは，有能な人材をいかに選抜するかと同時に，選抜されなかった人材のモチベーションをいかに持続させるのかという視点も重要となる。

　国家公務員のように総合職を設けて採用試験で選抜するケースでは，その合格者はキャリアと呼ばれ，2～3年ごとに異動を繰り返して早期に昇進していく。ただし，キャリア内での選抜は総じて入省後20年程度経過後に差がつく「遅い選抜」をとり，キャリア全員のモチベーションを維持させようとするとともに，生涯年収で見ればキャリアでない職員との差もそう大きくはない弱いエリート主義が特徴となっている（稲継 1996）。このほかに，厳格な昇任試験を通じて幹部候補生を選抜する組織もあれば，大卒者と高卒者の別なく幹部に登用していく組織などもみられ，それぞれ職員の能力観などに違いがあるという（林 2020）。

（2）公務員人材の削減

　先に触れたように，日本は公務員の数が極めて少ない。その一つの要因として，多くの先進国では，戦後の高度成長期に，福祉国家として行政サービスを拡充し，結果として公務員も増えたのに対して，日本では，この時期に公務員の割合が増えなかったことが指摘されている（前田 2014）。このため，行政サービスの拡張に伴って新しく必要となった人

員の一部は公務員によらず，社会の構成員が分担することで対応してきたともいえる（→第7章）。加えて，公務員が増えにくい仕組みの一つに，行政機関全体の定員が，国会による法律（総定員法）で規律されていることもある。

　このように，そもそも公務員数がそう多くはなかったところに，1970年代以降，財政悪化とそれに伴う行政改革の波が押し寄せることとなった。すなわち，二度にわたる石油危機を経て，経済成長が鈍化し，税収が伸び悩む一方，高齢化による社会保障経費が増大していくと，政府の財政状況が急速に悪化し，それへの対応に迫られることとなったのである。

　日本を含めた先進国の多くでは，肥大化した行政機構の非効率性が問題視され，公共部門を縮小するとともに，市場メカニズムを導入するような行政改革がさまざまな分野で進められたのである（→第8章）。典型例として，公営企業や行政組織の民営化や非公務員化を挙げることができる。大規模な改革としては，1980年代の国鉄等の三公社の民営化がまずある。その後も2000年代には，公務員のかなりの割合を占めていた国立大学と郵政事業が法人化や民営化によって非公務員化された。それぞれの改革の背景は異なるものの，いずれも効率化による人員削減という側面は否定できない。

　他方で，行政機関本体についても，新規採用を抑制することによって，職員数の削減が継続している。民間事業者と異なり，法律によって業務も定員も管理されているため，業務量の拡大縮小と人員の増減について，裁量をもって判断する余地に乏しい構造にある。それゆえ，業務量は変わらないのに人員だけが減らされている状況に陥りやすく，少ない職員でなんとかやりくりをしているというのが実態に近いと考えてよいだろう。

　自治体でも部門別に違いがあれども，概ね同様の傾向にある（図5）。地方分権改革により，自治体の果たす役割が大きくなっているにもかかわらず，自治体財政が厳しいこともあり，一般行政部門ではこの25年で，8割以下にまで減少していることが見てとれよう。2010年代に入り，減少傾向が鈍化し横ばいになっているのは，むしろ極限まで減らしている

図5　地方自治体の職員数の推移（1994年を100とした場合の指数）

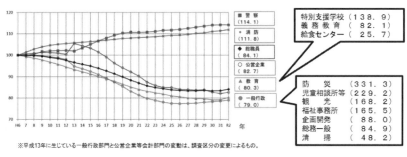

※平成13年に生じている一般行政部門と公営企業等会計部門の変動は、調査区分の変更によるもの。

〔総務省「令和2年地方公共団体定員管理調査結果の概要」〕

状況と考えることもできる。

（3）職員の外部化・非正規化

　そこで最後に，正規公務員以外に目を転じるとどうだろうか。現場を持つ自治体を念頭に考えると，先に触れたように，1980年代以降，自治体でも財政状況が悪化し，各種の行政改革が急務となった。実際，地方自治を所管する旧自治省や現在の総務省も，自治体に対する指針を繰り返し打ち出して人員削減の要請をしている。

　従来，自治体が行う行政サービスや図書館などの公共施設の管理を担っていたのは，常勤で終身雇用の正規職員であった。しかし，現在では，多くの業務を正規の職員以外が行っている実態が明らかになっている。正規の職員数を減らすため，ひいては人件費を下げるために，民間委託や非正規職員が増えていると考えられる。

　ゴミの収集や学校給食といった民間事業者が広く参入できる業務では，多くの自治体で民間委託が行われている。近年では，役所の窓口対応を大手の事務委託業者が担っているところも珍しくない。このように私たちの身近な行政サービスにも民間委託が浸透してきている。

　さらに指定管理者制度の導入によって施設管理の民間委託も進んでいる。公共施設の維持管理や運営の一切を委託できるというこの仕組みによって，広くNPOや企業が参入できるようになった。一例として，大

手の書店が指定管理者となって図書館を運営しているケースを挙げることができる。自治体直営でやるよりも，柔軟かつ効率的な運営が可能となるメリットもあるが，他方でどこまでが自治体の責任でどこからが委託された事業者の責任なのかが曖昧になるといった問題も指摘される。

　また，定員削減が続く中で，正規職員の代わりに非正規職員を雇用せざるを得ない状況もある。実際，非正規職員の数は増加の一途を辿っている。全国調査の結果を見ると，とりわけ基礎自治体である市町村で非正規職員の割合が高まる傾向があり，さらに非正規化された業務の多くは保育士や学校給食など女性の比率の高い職種が目立つ。その意味でもジェンダーによる差違が伏在していることに留意しなければならないだろう。しかも，実質的に正規職員と同一の業務をしているのに，待遇に大きな格差があることも問題である（上林 2015）。また，住民への相談支援など新しい行政分野は端から非正規職員主体で実務を担うケースもみられる（上林 2021）。

　このように非正規職員に依存せざるを得ないのは，財政が厳しいだけでなく，人口減少が進んでいくことが予想される中にあって，終身雇用に踏み切れない事情も確かにある。かといって，非正規職員の待遇を改善しようにもその原資もないのが実情であろう。結局は，行政サービスの割には，税収が増えていないことに帰着するとなると，人的資源の問題は金銭資源の問題と密接に関係する。

》注

(1) 中央府省の実態については，NHK取材班（2021）に詳しい。自治体の動向については，大谷（2017）を参照。

引用文献

出雲明子（2020）「都市自治体職員の確保と人材育成」日本都市センター編『人口減少時代の都市行政機構（第6次市役所事務機構研究会報告書)』所収。

稲継裕昭（1996）『日本の官僚人事システム』東洋経済新報社。

NHK取材班（2021）『霞が関のリアル』岩波書店。

大谷基道（2017）「都道府県における新たな政策に係る人材の確保——出向官僚と民間人材の活用」『公共政策研究』17号，69〜82頁。

大谷基道（2019）「ポスト分権時代における自治体の職員採用」大谷基道・河合晃一編『現代日本の公務員人事——政治・行政改革は人事システムをどう変えたか』第一法規，所収。

大西裕編（2017）『災害に立ち向かう自治体間連携——東日本大震災にみる協力的ガバナンスの実態』ミネルヴァ書房。

大森彌（2006）『官のシステム』東京大学出版会。

小田勇樹（2019）『国家公務員の中途採用——日英韓の人的資源管理システム』慶應義塾大学出版会。

上林陽治（2015）『非正規公務員の現在——深化する格差』日本評論社。

上林陽治（2021）『非正規公務員のリアル——欺瞞の会計年度任用職員』日本評論社。

千正康裕（2020）『ブラック霞が関』新潮新書。

濱口桂一郎（2009）『新しい労働社会——雇用システムの再構築へ』岩波新書。

林嶺那（2020）『学歴・試験・平等——自治体人事行政の3モデル』東京大学出版会。

前田健太郎（2014）『市民を雇わない国家——日本が公務員の少ない国へと至った道』東京大学出版会。

Berman, Evan M. et al.（2019）Human Resource Management in Public Service：Paradoxes, Processes, and Problems, 6th ed., CQ Press.

● 研究課題

1. 日本において，国や自治体は，どのような業務を内製化し，どのような業務を外注化しているか，具体的に考えてみよう。

2. 「課題1」を踏まえて，日本において公務員数が少ないことは，公共サービスの提供という点でどのような影響があるだろうか，考えてみよう。

3. 今後の公務をめぐる社会経済環境の変化を見据えたとき，政府の人的資源調達の手法として，どのような取組が求められるか，考えてみよう。

5 | 社会との接点（4）－法的権限

砂原庸介

　本章で扱う政府の資源は法的権限である。法的権限というと，一般には人々の自由を規制し，違反した場合に制裁が予定されているとしてとらえられがちだが，本章では，制裁の有無にかかわらず政府が人々の行動を変える力をまとめて法的権限としてとらえている。その背景には，政府が人々によって選ばれているという正統性や，場合によっては違反者に制裁を科す強制力がある。

　政府は法的権限を活用するとしても，必ずしも恣意的に人々の行動を変えることができるわけではない。あくまでも政府の指示や命令を，人々が受け入れることができるということが重要である。人々が従わない，あるいは人々に従わせることができないような指示や命令は，政府の正統性を損ない，利用可能な法的資源を縮小させてしまうのである。

1. 人々の行動を変える

（1）秩序の形成と公共政策

　人々が自由に行動する社会において，うまく他者と協力できれば個人では実現できないような成果を挙げることができるかもしれない。反対に，協力どころか他者の行為によって個人が害を与えられてしまうかもしれない。協力が行われるためには，他者がある割りあてられた役割を適切に果たすという期待が不可欠である。他者がある役割を確実に果たしてくれるということがあれば，私たちは自分に割りあてられた分担を行おうと考えるだろう。逆に，はじめから他者が役割を果たしてくれないことがわかっているのに，自分だけが他の人に協力するということは難しい。

　ある個人が他者の行動についての期待を持ち，他者がその期待通りに行動するような状態は，秩序の存在する状態であると考えられる。一般

に秩序というと，個人間の関係が安定している望ましい状態であるとされやすい。しかしこの定義に従うと，個人がお互いに相手の協力を期待して分業が可能な望ましい状態に秩序を確認できるだけではなく，お互いが協力しないことを期待して害を与え合うような状態も，ある秩序とみなすことになる。逆に，秩序がない（disorder）という状態は，他者がどのような行動をするかについて確固とした期待を持てない状態，何をしてくるかわからない状態を指す。

　秩序は，社会において人々が，それぞれの自由な意思に基づいて行動することによって生じてくる。秩序の中には，人々が他者と協力することによって生み出される望ましい秩序もあるし，反対に，常にお互いが出し抜くことを考え，警戒しあうような関係によって作られる秩序もあり得る。そのような中で，政府の公共政策は，人々に適切な期待を与えて行動を促し，望ましい秩序を生み出すためのものであると理解することができる。しかし，その場合，人々の自由の一部の制限を伴うことも少なくない。

　なぜ政府はそのようなことができるのだろうか。その背景には，政府が持つ正統性と強制力がある。まず正統性については，民主主義体制のもとでは人々があらかじめ決められた手続きのもとで自分たちの代表である政府を選び出し，政府の決定を自分たち自身の決定としてみなすことで生み出される。民主主義が存在しない社会においては，皇帝・王といった世襲君主が正統性を持つことや，カリスマ的なリーダーシップを持った指導者が正統性を持つこともあるだろう。いずれにしても，政府によって行われた決定が，社会において受け入れられるべきものとしてみなされること自体が一つの資源となるのである。

　次の強制力は，しばしば正統性を最終的に裏づけるものともなるが，政府によって行われた決定に人々が従わないときに，制裁を科す力である。近代の主権国家では，政府が強制力を独占するものとされ，政府が行った決定に従わないときだけでなく，社会における紛争を解決する最終的な手段としても強制力が用いられる。しかし，政府は何についても好きなだけ強制力を用いてもよいわけではなく，正統性を伴わないで強

制力を用いれば，そのような政府の行動は政府の正統性を傷つけてしまう。そうなると，十分に正統性を有しない政府が公共政策を決定しても，人々は適切な期待を持つことができず，そのために望ましい秩序を実現することは難しくなる。

（2）どのように人々の行動を変えるか

　望ましい秩序を実現するために，政府は公共政策によってどのように人々の行動に働きかけることができるだろうか。無力な人々とは非対称な権力を持つ政府が，人々を抑圧して無理やり行動を変える，言い換えれば，政府が望ましいと考える秩序を人々に押しつける，というようなことは実は難しい。「馬を水辺に連れて行くことはできても，水を飲ませることはできない（You can take a horse to the water, but you can't make him drink）」という英語のことわざがあるが，人間を最終的に動かすのはその人自身であり，政府を含めた他者が，個人が望まない行動を無理やりさせるということはできないからである。政府が個人に対して，行動を変えないと極めて過酷な制裁を加えると脅しても，個人の側が政府に異議申し立てをする目的で，制裁にもかかわらず徹底的に抵抗してくれば，行動は変えられない。

　多くの場合，政府は個人を抑圧するような公共政策を実現しようとするよりも，個人にある行動を促すような公共政策を実現しようとする。抵抗されてまでも無理に行動を変えることは難しく，政府にとっても費用がかかる。それよりも，人々が自らの自由な選択のもとで，一定の自由への制限を受け入れることによってある秩序を実現するほうが望ましい。そのためには，政府が行った決定が正しいものであるという感覚を人々が持つことが重要である。自分たちの代表であり正統性を持つと考えられる政府が，実際に妥当だと考えられる（正当性を持つ）方針を示すことで，多くの人々がそれを受け入れる。もし受け入れない人がいれば，政府はいわば脅しとして制裁の可能性を示し，その行動を変えようとする。もちろん，脅しがきかずに逸脱行動を行う人がいれば，実際に制裁を与える必要が出てくる。政府が資源として法的権限を利用すると

いうことは，強制力を背景としながらこのような正統性・正当性の感覚を人々に与え，動員していくということにほかならない。

政府が利用できる法的資源として，最も厳格に自由の範囲と逸脱への対応を定めたものが法（律）である。個人による解釈の余地がなるべく少なくなるように文書によって明示され，人々はそれを参照しながら行動することが期待される。法から逸脱すれば制裁を加えられる可能性があるため，人々はそれを順守すると考えられるのである。法以外にも，厳格さは緩くなるが，必ずしも制裁が伴わない行動指針，社会で共有されている明文化されていない規範，受け継がれてきた習慣，先例の蓄積，といったものも，政府が活用できる資源であるといえる。

（3）制裁の困難

人々の行動を変えるために，政府は強制力に基づいた制裁に頼ることがあるが，実際は非常に難しい。なぜなら，最終的に制裁を受け容れるかどうかということにも，違反者の意思が大きく関わってくるからである。罰金を支払え，と命令したとしても，実際に自ら進んで罰金を支払う違反者ばかりではないし，行為の中止を命令しても中止しない違反者もいるだろう。政府はそのような違反者に対して，制裁として定められた義務を履行させる手段を用意しなくてはならないのである[1]。

代表的な手段は，罰金を強制的に支払わせるものである。日本の場合では，強制徴収の手続きがそれにあたるが，督促を行った上で財産の差し押さえ，差し押さえた財産の競売を行うことで，必要な金銭を回収する方法である。何かを行う義務を課すような場合には，政府が代わりに執行して，その費用を請求するような方法もあるだろう（代執行）。また，悪質な違反の場合などには，罰金だけではなく，禁錮や拘留など身柄を拘束されるような刑罰もあり得る。

ところが，現実問題として，このような強制力を用いる手段を実行に移すのは簡単ではない。その理由は単純で，強制を行う側にとっても非常に費用がかかるからである。違反者から抵抗を受ける場合もあり得るので，自治体のように，それ自体が十分な強制力を持たない主体が制裁

を行おうとする場合には，違反者を納得させるだけの正しい手続きを経る必要が強くなる。そのような手続きには，専門知識やそれを扱う人員が必要であるために，自治体に大きな費用が求められることになり，及び腰となってしまうことがある。実際に執行に携わることが多い，警察・検察などとの協力・連携が考えられるが，警察・検察は通常の犯罪捜査などの司法警察業務もあり，必ずしも自治体との協力にまで手が回らない[2]。その結果として，自治体は，強制力の裏づけがない，「お願い」ベースの行政指導によって人々の行動を変えようとすることが少なくないのである。

　さらに，政府が強制的な手段を好まない理由として，対象者との関係が悪化することが挙げられる（→第9章）。特に，自治体が工場のように固定的な施設を対象として規制するような場合には，強制的な手段を使うことで，倒産など企業の存続を妨げるような結果になるのは自治体として望ましくないし，そうでなくとも強制的な手段を用いた後にも関係が続くことになる。そのような継続的・長期的な関係が前提となっていると，可能な限り強制的な手段を用いることなく，人々の自発的な判断によって違反を回避しようとするのである[3]。

　このような制裁の困難は，新型コロナウイルス感染症への対応で如実に示されたところでもある。危機が生じたときでさえ，政府が望ましい秩序を実現するため，企業や人々の意思を好きなようにコントロールすることができるわけではない。政府は，利用可能な資源を計算しながら実行可能な規制を行わなくてはならないし，場合によっては被規制者と協力することによって望ましい秩序を生み出すということが行われているのである。

2.　政府による規制

（1）個人の自由の保護

　政府が望ましい秩序を実現するために法的権限を活用するといっても，民主主義体制でまず求められるのは個人の自由の保護である。特に重要なものは，個人に固有の生命・身体・財産に対する権利を保障し，他者

の侵犯から保護することである。個人はそれぞれに固有の生命・身体を
持ち，「奴隷」の身分や隷属状態は認められるものではない。また，個
人が自らの労働や才覚によって獲得した財産は，その個人にのみ帰属す
るものであり，他者が勝手に権利を主張することは認められない。個人
に帰属するはずの生命・身体・財産に対する権利が脅かされそうになる
とき，政府はその権利を保護するために介入することも認められる。そ
して，このような個人の財産に対する所有権の保障は，権利の移転によ
る個人間の交換を可能とし，経済発展の前提となるとも考えられている
（ノース 1994）。

　政府は個人の自由を保護するために，さまざまな規制を行っている。
生命の安全のためには治安の維持が前提であり，他者の身体や財産を侵
害しようとする行為は犯罪とされ，違反すれば処罰される。人々が労働
者として，働いて賃金を得ようとするときでも，無理な条件で健康を害
さないように，働き方に基準が定められている。それ以外にも，人々が
消費者として，食品やレストラン，医療・介護，交通といった身体と直
接関わるサービスの提供を受けるときでも，サービスの提供によって身
体が侵害されないように，さまざまな安全基準が設けられている。設定
された安全基準をクリアできないサービスは人々に提供することができ
ないということになる。また，サービスの内容だけではなく，サービス
の提供者が一定の技能や能力を持っていることを保障することで，消費
者の権利を保障するという方法もとられている。医師や看護師，弁護
士，建築士などのように，資格がないと関係する仕事をしてはいけない
（業務独占）資格がその典型である。

　次に政府が保護すべき個人の自由として，精神的な自由の保障があ
る。思想・良心の自由や信仰の自由，学問の自由といった個人の内面に
ついての自由を保障することは，近代の政府にとって非常に大きな挑戦
であった。政府による基本的な規制として，雇用関係などにおいて，個
人が信仰する宗教や政治的な信念などを理由として，他者と差別的に取
り扱ってはいけないという規制が行われている。

　さらに，その内面が言論や出版，何らかの行動として個人の外に表出

するとき，その自由をどこまで保障するかは議論のある問題となる。個
人が自らの思想信条に基づいた言動を行うことは，多元的な社会の基盤
である。だからこそ，政府は，表現の自由や出版の自由を基本的な権利
として認め，検閲などそれを侵害するような行為を行ってはならないと
規制する。他方で，ある個人が自由に行った言論や行動が，他の個人の
権利を損なうものとなってしまう可能性があり，政府自身がそのような
表現の自由を規制することが求められることもある。しかし，そうして
表現の自由を規制された側からは，政府が望ましくない規制をしている
として批判される場面も出てくる。

（2）社会活動の促進

　政府は，社会における人々の何らかの活動を促進するために規制を用
いることもある。そのような規制には，さまざまな類型化が可能だと思
われるが，ここでは（1）望ましい行動を示す規制，（2）共有資源の管
理のための規制，という類型を示したい。まず挙げられるのは，望まし
い行動を示すための規制である。人々が社会活動を営むときには，他者
との相互関係が生じることになる。相手がどのように行動するかについ
て，適切な期待を持つことができれば，望ましい秩序を形成しやすくな
る。そこで政府は，社会生活や商業的な取り引きについての一般的な規
則を定めることがある。

　一般的な規則を定めるといっても，政府が好きなように規則を定めて
人々の行為を規制するわけではない。民法や商法といった法律は，もと
もと人々の間にある取り引きの慣行を見出して，それを明示的に規則と
して示すという性格を持つ。どのような取り引きの仕方であれば正しい
ものとして認められるかというようなことは，慣行に基づく部分が大き
いが，その取り引きの中に外から新しく参入するような人には，必ずし
もはじめから自明ではない。そのような慣行を政府が一般的な規則とし
て定めることで，人々は他者の行動に対して明確な期待を抱くことがで
きるようになり，望ましい秩序が生み出される。

　このような規則の場合，違反した場合に必ず政府が制裁を加えるとい

うわけではない。例えば商業的な契約関係において一方が代金の不払いや契約違反を行った，というときを考えよう。規則に基づいた正当に結ばれた契約で，予期せぬ経済状況の変化によって契約を履行することができないような場合は罪に問われるというわけではない。契約の不履行で損害を受けた側は，その賠償を求めることができるが，それはあくまでも個人間の関係である。政府は紛争解決のために裁判の仕組みを用意するが，どちらか一方に肩入れするようなことはない。もちろん契約に違反した側がはじめから契約を守るつもりがなく，相手をだまして利益を得ることが目的であれば詐欺罪のような犯罪に問われることがあるし，個人の生命や安全を侵害するような契約は無効とされることがある。

　似たようなものとして，財やサービスの互換性を高めたり，共通の認識を可能にしたりするための標準を政府が示すことがある。クギやネジのように，多くの人々が消費者として使う汎用的な財について，生産者ごとに規格が異なると非常に扱いが困難になる。そこで，日本産業規格（JIS規格）のような標準的な規格を定め，ある財やサービスがそれにあてはまっているかどうかについて認証を与えることで，消費者の利便性を向上させるということがある。これは，生産者が標準に違反したら制裁を受けるというようなものではないが，標準とは異なる財やサービスであれば消費者に受け入れられにくくなるということから，生産者の行動を変えることになると考えられる。

　共有資源を管理するための規制とは，限りある共有資源を持続的に利用するために，政府がその使い方について定める規制である。例えば漁業などを考えたとき，自己の利益に従って自由に魚を獲ることを許せば，人々が他者に出し抜かれることを恐れて漁獲量を増やし，乱獲が生じて漁業資源が失われるかもしれない。そのような望ましくない秩序に陥ることを防ぐために，政府が漁獲量についての規則を作り，違反があれば，場合によっては制裁を加えるようなことが考えられる。似たようなことは環境規制についてもいえるだろう。工業製品を作るときには，生産活動の副産物として汚染物質が作られる。処理に費用をかけるとライバルとの競争で不利になるとして，そのまま排出すれば大気汚染や水

質汚濁につながるかもしれない。そこで政府は，清浄な空気や水といった共有資源を守るために，汚染物質の排出についての規則を作り，それに違反した企業に制裁を与えることが行われるのである（→第6章）。

（3）規制の実効性

　既に述べたように，政府が一般的な規則を作り，それを規制するという方針を示したとしても，それに従って行動を変えるかどうかはあくまでも人々の側の問題である。規制がそのようなものである以上，政府にとって重要なのは，規制の実効性を高めることである。政府が誰も守らないような規則を作って，その状態を放置してしまうと，政府として規制する能力に疑いが生じて，正統性が損なわれてしまうかもしれない。

　規制を実効的なものにするためには，まず規則が明確であることが必要である。「何をすればよいのか」ということがわからない不明確な規則に人々が従うことは難しい。独裁的なリーダーが支配する国であれば，不明確な規則に従わなかった人々を罰することができるかもしれないが，民主主義体制のもとではそのようなことは許されないし，恣意的な罰を受けた人が裁判によって権利を回復することができる。実際，日本においても不明確な基準で制裁を受けた人々が，国家に対して賠償を求めて裁判を起こし，勝利することもある。不明確な規則はあくまでも例外的なものであるべきで，不明確な規則ばかりになってしまうと望ましい秩序の実現どころではない。

　規則が明確でなければならないために，規制を行うには，周知の期間が必要になる。法律が制定されたからといって，誰も知らないものがいきなり規則といわれてもそれに従うことは難しい。そこで，実際に規則が定められてから，適用されるまで時間を置くことではじめて，規則を明確なものとして適用することができるようになるのである。とりわけ，数多くの人々が影響を受けるような規制を行うにあたっては，かなり長い時間をかけて，事前に大規模に広報をしておくことが必要になるだろう。

　次に，確実に規制を行うことができる，ということも重要である。規

則を制定したとしても，規則に違反する可能性がある人々の行動を変えることができないとすれば意味がない。そのためには，まず違反者を発見しなくてはいけないが，広く一般の人々に対する規制の場合はこれが難しい。例えばすべての信号無視を取り締まる，というように極端なことを考えるとわかりやすいが，どこで発生するかわからない違反を探して巡回し，発生したところをとらえるには極めて大きな費用がかかる。すべての違反を間違いなく取り締まるということがないとしても，ある程度確実に違反が発見されて制裁が行われる，と思われないと，規制の実効性が失われてしまうのである。

　違反の発見だけでなく，規則を違反した場合には確実に制裁が与えられる，ということも規制の実効性を考える上で重要である。規則に違反しても，政府と関係の深い人であれば制裁を免除される，というようなことがあると，免除が期待できる人々は規則に従おうとはしないだろう。また，政府が手出しをできないような集団——武装勢力やギャング——がいたりすると，そういった集団に対して実効的な規制は困難となる。民主主義が確立した先進国ではそのようなことは少なくなっていると考えられるが，規制の恣意的な運用が可能な権威主義国では，制裁が確実に行われるかどうかわからないために，実効的な規制が成立しないということもあり得る。

3. 規制の変化

（1） 社会の変化と規制改革

　社会が複雑になり，それまでに行われてこなかったような現象が生まれるようになっても，政府による規制がすぐに変わるわけではない。それまでの慣行や法律に新しい現象をあてはめて処理が行われる。場合によっては，新しい技術の利用が禁じられることもあるかもしれない。しかし，それがしだいに難しくなってくると新しい規制が求められるようになるのである。

　例えば，インターネットのような新しい技術が広がったとき，当初はそれまでの法律に基づいて規制が行われるが，しだいにその規制では十

分ではなくなる。インターネットを多くの人が使うようになるにつれて，「メール」を「手紙」と同じようなものと考えてよいのか，インターネットでやり取りしている相手は本当に自分に名前を名乗っているその人なのか，というようなことが問題になっていく。対面での本人確認を行わないことで，「なりすまし」が横行すると，多くの人々の権利が侵害される恐れが生じるのである。そのようなとき，政府は新しい事態に合わせた一般的な規則を考えて，人々の行為を規制する必要に迫られる。

　しかし，規制の改革は一般に容易ではない。なぜなら，政府が決定する公共政策は社会に対して大きな影響を与えるものであり，それによって利益を受けたり損害を受けたりする人々がいるからである。規制に関わる利益や損害は，事業者にとって切実であるために，公共政策の決定過程に参加して，自らに有利な決定を引き出そうとすることがある。規制によって独占が認められている既存事業者であれば，その規制を維持することによって利益を維持しようとするだろうし，新規事業者であれば規制を撤廃させて自分たちも利益を獲得しようとするだろう。このように，企業などが公共政策の生み出す利益や損害を見越して政府に働きかけを行おうとする行動のことを，レント・シーキング行動という。

　企業などのレント・シーキング行動の結果，政府が本来必要のない規制を行ってしまうと，非効率が生じることになる。特に問題だと考えられるのが，既存事業者が政府と結託して，すでに不要になった規制を維持して新規事業者の参入を防ぐような行動である。新規参入が可能な状況であるにもかかわらず，それを認めないとすれば，本来はより安い価格で財・サービスを購入できた消費者が，規制によって守られた既存事業者から必要以上に高い価格で財・サービスを購入することを強いられる。不要な規制が存続するために，規制がないときと比べて社会的な損失が発生するというのである。

　政府がこのようなレント・シーキング行動の影響を受けて，既存事業者に不当に有利な規制を維持しているとき，政府は事業者の「虜」になっていると表現される（Stigler 1971）。政府の意思決定に携わる政治

家や公務員が民間の事業者と癒着して，社会にとって望ましい判断ができない状態である。日本を含む先進国において，とりわけ1990年代以降，規制緩和や規制改革が重要視されていたのは，それまでに定められてきた規制が必要以上に増えすぎて，社会の活力を低下させているという問題意識に基づくものであったといえる。規制を緩めたり，時代に応じて変更したりすることによって，新規事業者の参入を促し，競争を活発にして，結果として消費者に対して安い財・サービスを提供しようと考えられたのである。

　ただし，このように新規事業者の参入を促すような規制緩和や規制改革が，レント・シーキング行動とは無縁であるというわけではない。不当な利益を狙う新規事業者が，政治家や公務員と結託することで，本来必要なはずの規制を外すように働きかけて「虜」にするという新しいタイプの腐食性の「虜」（corrosive capture）の存在も指摘されている（Carpenter and Moss 2014）。このような「虜」によって本来必要な規制が失われることになると，人々は安い財・サービスを手に入れることができるかもしれないが，その分需要に十分に応えられなかったり，場合によっては健康被害が生じるような質の悪い財・サービスの購入を強いられたりすることになるのである。

（2）規制する能力の低下

　近年の政府にとって深刻なのは，規制する能力が低下していることである。その背景にはグローバル化の進展がある。第1章でも触れたように，一国で規制を強化しようとしても，多国籍企業などは拠点を他の国に移して規制を逃れてしまうということがあり得る。そこで，複数の国によって協力して規制を行うことが必要になるが，国同士で利害が錯綜しているとそのような協力は難しくなる。国際社会には主権を持つ国家と違って，正統性や強制力を独占する政府が存在しないため，グローバルに移動する人や企業の行動を変えることは極めて難しい。

　グローバル化とともに，情報通信技術が長足の進歩を遂げていることも，政府による規制を難しくしている。政府が技術についての知識を持

たず，事業者の「虜」になることを超えて，プラットフォーマーと呼ばれる巨大な事業者が，政府に代わって実質的に規制を行おうとする状況が生まれつつある。政府による法律が人々の行動に影響を与えるよりも，頻繁に利用するサービスの事業者が提供するプログラムの設計が，人々の行動を規定してしまうのである（レッシグ 2001）。

　民間の事業者であるプラットフォーマーが実質的に規制を担うとすると，いくつかの問題が生じる可能性がある。そもそもルールが作られないかもしれないし，規制が行われたとしても不公平で正統性に欠けたものになることも考えられる。例えば，政府による表現の自由の規制は極めて慎重に行われるべきものであると考えられているが，2021 年にアメリカ大統領選挙で敗北したトランプ前大統領のアカウントが，「暴力をさらに扇動する恐れがある」としてツイッター社によって凍結され，トランプ氏はそれまでと同じような言論活動を行うことが不可能になった。もちろん，トランプ氏の表現に大きな問題があるとしても，民主的な正統性を持たない民間事業者が前大統領の表現の自由を奪うという象徴的な出来事について，賛否両方の主張が行われた。

　政府が正統性と強制力をもとに人々の行動を変える規制が難しくなっていく中で，特定の目的を実現するために規制への違反に厳格な制裁を与えるよりも，人々の行動を変えることを目的として，行動に影響を与える程度に応じて制裁を強めたり弱めたりする「応答的規制」（Ayres and Braithwaite 1992）という考え方のもと，強制力の弱い自主規制から強制力の強い政府による規制まで段階をつけて規制を行う方法も注目されている。その中では，政府だけが強い制裁をかけるのではなく，自主規制を助けるような共同規制（生貝 2011）によって，より実効性が高い規制を行い，人々の行動に影響を与えることも模索されている。

》注

(1) 行政法の世界では，「行政上の義務履行確保」という論点として扱われている。
例えば大橋編（2011）を参照。
(2) ここに挙げたような困難について，例えば鈴木（2009）第2章・第3章を参照。
(3) 平田（2009）は，水質汚濁規制を対象に，ゲーム理論に基づいた分析を通じ
て，長期間の関係を持つ規制者と被規制者が協力的な関係を築くことを指摘して
いる。両者の協力的な関係については，北村（1997）も参照。

引用文献

生貝直人（2011）『情報社会と共同規制——インターネット政策の国際比較制度研究』
勁草書房。

大橋洋一編（2011）『政策実施』ミネルヴァ書房。

北村喜宣（1997）『行政執行過程と自治体』日本評論社。

鈴木潔（2009）『強制する法務・争う法務——行政上の義務履行確保と訴訟法務』
第一法規。

ノース，ダグラス（1994）『制度・制度変化・経済成果』晃洋書房。

平田彩子（2009）『行政法の実施過程——環境規制の動態と理論』木鐸社。

レッシグ，ローレンス（2001）『CODE——インターネットの合法・違法・プライ
バシー』翔泳社。

Ayres, Ian and Braithwaite, John（1992）*Responsive Regulation : Transcending the Deregulation Debate*, Oxford University Press.

Carpenter, Daniel, and David A. Moss, eds.（2014）*Preventing Regulatory Capture : Special Interest Influence and How to Limit It*, Cambridge Univ. Press.

Stigler, George J.（1971）"The Theory of Economic Regulation," *Bell Journal of Economics and Management Science*, 2 : 3-21.

● **研究課題** ─────────────────────────

1. 21世紀に入って，社会環境の変化によって新しく作られるように
   なった規制にはどのようなものがあるだろうか。調べてみよう。

2. 北米などで普及しているUberなどの「ライドシェア」は，日本の
   都市部では使うことができない。なぜ日本でライドシェアは認められ
   ていないのか，考えてみよう。

3. 国際的な規制を行うのは難しい一方で，さまざまな分野で民間事業
   者が主導して国際的な標準が作られている。身の回りにどのような国
   際規格があるかを調べてみよう。

6 | 公共政策の実現（1）－福祉国家

砂原庸介

　第二次世界大戦以降，いわゆる先進国の高度経済成長期にかけて，「福祉国家の黄金時代」と呼ばれる時代には，政府による財・サービスの提供が拡大していった。資本主義社会において，市場による交換が基本にある一方で，政府には市場の失敗を積極的に是正し，社会を豊かにしていくことが広く求められていたのである。本章では，前提としての市場の機能について説明した上で，福祉国家においてどのような論理で政府が市場に介入するのかを考察していく。

1. 政府の役割

（1）政府と市場

　社会において，人々が自分たちにとって必要な財やサービスを獲得するための基本的な手段は，他者との交換である。自分が持つ資源，具体的には金銭や労働力，あるいは情報などを用いて，他者が提供する財やサービスを獲得するのである。そのような交換を行う仮想的な「場」として市場という概念がある。人々が集まってそれぞれの資源を持ち寄り，合意できる範囲で自発的な交換が行われる，そのような「場」のイメージである。いうまでもなく，交換は一つの「場」で行われるわけではなく，実際には分散的・散発的に行われることになるが，そのような自発的な交換によって個人にとって望ましい財・サービスの獲得を可能にするメカニズムのことを市場と呼ぶのである。

　自発性に基づいて交換が行われ，それぞれが希望する財やサービスを獲得することができる市場があるのに，なぜ政府が必要になるのだろうか。一つの理由として挙げられることは，市場における交換の前提となる私的所有権の保障や，交換が成立するための契約制度の整備など，市

場が機能するための社会基盤の整備を政府が行うことにある。そのような社会基盤がなければ，人々は相手に騙されたり裏切られたりして損害を受ける危険を抱えることになり，安心して他者と交換を行うことができない。強制力を持った政府が所有権や契約を保護することによって，市場に参加する人々が自発的な交換を行うことができるのである（→第5章）。

　さらに，個人個人の自発的な希望だけではなく，市民の代表である政府によって民主的に決定される，財・サービスの提供が行われることもある。個人の自発性によるだけでは，すでに多くの資源を持っている人がさまざまな財やサービスを獲得できるのに対して，資源を持たない人たちは，必要とする財やサービスを獲得することが困難になる。そこで，強制力を背景にさまざまな資源を社会から調達する政府が，人々に対して必要な財やサービスを提供するのである。そのような財・サービスの提供は，個人個人の好みによって決められるのではなく，社会のイデオロギーを反映したものになる。つまり，人々が政府の支援を受けて，より充実した生活を送るべきだというイデオロギーが支配的であれば，政府が提供する財・サービスはより手厚いものになるし，反対に人々は政府の支援を受けずに自助努力によって自らの生活を改善すべきであるというイデオロギーが強ければ，政府による財・サービスの提供は縮小することになる。

（2）福祉国家の発展

　政府が，市場を機能させるための社会基盤を提供したり，資源を持たない人々のためにサービスを提供したりする，という発想は，福祉国家の発展とともに拡大していった。それ以前，近代初期の政府は，外国からの侵略を防ぐ安全保障や国内での安全を確保する治安維持をはじめとした，生命・身体や財産の安全を確保するような機能を担い，それ以外はなるべく人々の自由に任せることが強調されていた。その背景として，強大な君主権力や中世以来の貴族階級に対する改革を目指し，封建的な身分制秩序を否定する「自然権」の思想が近代の政治思想の出発点

とされることがある（田中 2020）。個人の生命・身体や財産についての権利，いわゆる自由権を尊重するということは，政府が個人の財産に介入して税を徴収したり，個人を労働力として徴用したりするようなことを否定的にとらえることにつながる。言い換えると，政府が社会から資源を調達するようなことは，なるべく少ないほうがよいと考えられていたのである。そして，このような古典的自由主義の発想は，人々が自分の希望を満たすために市場を通じて自由な交換を行うことが，社会全体の福祉を増大させることにつながるという古典派経済学の主張と重なりながら広がっていった。

　20世紀に入ると，個人の自由を何よりも尊重する古典的自由主義の発想に対する批判が強まる。自由主義のもとでは，はじめから資源を持つ人々は交換を通じて豊かな生活を実現することができるが，資源を持たない人たちにとっては必要な財・サービスを獲得することが困難であり，貧富の格差，社会的な不平等が広がるとされたからである。そのような不平等に対して，人々の代表である政府が介入して，資源を持つ人々からより多くの税（超過累進課税）を徴収して持たない人へと配分し，不利な立場にある人々を援助すべきだというリベラリズムの主張が強まった。この時期にはヨーロッパ諸国で男性の普通選挙が実施されるようになり，これまで自分たちの声を政府に届けることができなかった人々が，このような所得再分配の主張を支持したことも重なって，財・サービスの提供を含めた政府の役割が拡大していく（アセモグル・ロビンソン 2016）。政府の役割は，個人の自由を守るだけではなく，個人の自由や個性の発達を実現することにも拡張され，従来の自由権に加えて労働基本権や社会保障の権利，教育を受ける権利などを含めた社会権が強調されるようになった。

　政府が積極的に人々の自由を実現しようとする理念は，第二次世界大戦後，ヨーロッパの先進国を中心に広がっていった。戦後の高度経済成長による財政資源の増大とも重なって，多くの国では政府が提供する財・サービスは増え，人々の生活水準を上昇させるのに貢献したといえる。しかし，そのような政府のあり方に批判がないわけではない。福祉国家

の絶頂期でさえ，不平等の解消のために政府が介入することが，ある種
の生き方に人々をはめ込む強制的な均質化であり，最終的に個人の自由
を侵す集産主義につながる，というような批判は行われてきた（ハイエ
ク 2016）。さらに1980 年代以降，高度経済成長が終焉して各国が財政危
機に陥るようになると，福祉国家への批判はさらに強まっていく。具体
的には，政府による公共サービスの提供が個人の自助努力を阻害し，福
祉給付に依存することで個人の活動が低下することや，再分配を行う政
府が民間事業者と比べて非効率な運営を行っており，それがさらに財政
を圧迫していること，などである。

（3）争点としての政府の役割

　第二次世界大戦以降，福祉国家として政府の役割が拡大する一方で，
近年になって政府の役割の拡大に批判が強まっている。このように政府
の役割は，それ自体が政治的な争点となっているのである。そして，多
くの国において，人々の声を議会で代表するという重要な機能を果たす
政党が，政府の役割についての考え方に沿って形成される傾向があり，
公共政策の決定に大きな影響を与えてきた。政府の役割についての考え
方のまとまりがイデオロギーを構成し，イデオロギーの違いによる政治
的な対立は，経済的左右軸と呼ばれている。

　まず，なるべく政府が多くの仕事をしたほうがよいとか，所得の高い
人々から税を徴収して，不利な状況にある人々に対して財やサービスを
提供し，社会的な平等を実現すべきだ，というようなイデオロギーを持
つ人々は「左派」と呼ばれている。左派の特徴は，社会的な平等を目指
すというだけでなく，政府によって個人の自由を拡大することができる
という信念を持ち，社会はそれを実現することによってより良いものへ
と発展していくという進歩主義的な理念を持つ傾向がある。もちろん，
そのような信念は，すべての左派が同じように共有しているわけではな
く，似たような考え方を持つ人々が緩やかに集まっているにすぎない。
目指すべき理念やそれを実現するための手法において，左派の中で多様
性が存在するといえる。

　他方，政府ではなく，なるべく民間の事業者が多くの仕事をしたほうがよい，政府は社会に介入せず，市場の機能を可能な限り利用すべきであるというイデオロギーを持つ人々は「右派」と呼ばれている。右派は政府が個人の生活に介入してくることを嫌い，古典的自由主義のように，個人の自由を尊重し，市場を通じた交換の拡大で効率性を増すことが社会にとって望ましいと考えるのである。さらに，左派の進歩主義とは異なって，社会を人為的に変えるのが難しいと考え，伝統的な価値を維持することを強調する傾向がある。それとともに，個人個人が社会から独立して活動するというよりは，何らかの共同体の中に組み込まれてその中で自分の意思に基づいて役割を果たすということを重視するといえる。もちろん，左派と同様に，右派についても同じ考え方が常に共有されているわけではなく，幅を持った考え方のまとまりを右派と呼んでいるのである。

　このような右派と左派で構成する経済的左右軸に沿って，さまざまな政党やグループが存在し，それらが選挙を通して公共政策に影響を与えていくことになる。典型的に右派とみなされるのは企業の経営者などである。個人の自由を尊重し，市場の機能を重視する一方で，重い税を課されるのには抵抗する傾向がある。ほかにも，農業者や自営業者などは，伝統的な共同体に組み込まれやすいこともあり，右派とみなされることが多い。それに対して企業などで雇用され，賃金を受けて働くような人々は左派とされることが多い。所得再分配による受益を受けながら，社会の中で個人として自己実現を図ることを目指すのである。そのような人々をサポートする労働組合は，伝統的に左派の中核的な組織であった。日本の場合，経済的左右軸そのものよりも，アメリカとの関係や安全保障をめぐる争点が強調されてきたが，それでも右派・左派を構成するグループは他国と同じような傾向が続いてきた。このような対立を軸としながら，政府がより社会から調達した資源を利用して人々の生活に介入していくか，あるいは市場の機能をなるべく活用していくか，といったことが公共政策における争点となるのである。

2.　政府による財・サービスの提供

（1）公共財

　どのような場合に政府が財・サービスの提供を通じて社会に介入することが正当化されるのだろうか。典型的には「市場の失敗」と呼ばれるような，市場による交換だけでは望ましい状態が実現しないときである。市場に委ねるだけでは，適切な供給を促すようなインセンティブが存在せず，供給が過少になったり過剰になったりするのである。そこで，政府が税を用いて適切な水準の財・サービスを提供することが求められるのである。

　そのような財・サービスの類型として，はじめに挙げられるのが公共財 public goods である。公共財とは，（1）ある人がその財・サービスを使っても，他の人が使える量は減らない（消費の非競合性），（2）特定の人がその財・サービスを使うことを排除することが難しい（消費の非排除性）という二つの性格を持った財である[1]。このような性質を持った財・サービスの場合は，企業が中心となる市場を作りにくいために，政府の介入が求められるようになるのである。

　このような性質がどのような意味を持つのか，普通の財・サービスと比べてみよう。まず一つ目の性質について，普通の財・サービスの場合には，誰かが消費してしまうと他の人は使えなくなってしまうので，このような性質は成り立たない。食料品などを考えるとわかりやすいが，ある人の食べたものを，誰か他の人が同時に食べることはできない。次に消費の非排除性だが，普通の財・サービスの場合は，お金を出して購入した人がそれを独占的に使うことができるので，このような性質は成り立たない。人の持ち物を勝手に使ってしまうとトラブルになってしまうだろう。

　このような二つの性質を満たす公共財には，地域における治安の維持のようなものが挙げられる。ある地域に住んでいる人にとって，特定の誰かの治安が良くなると他の人にとっての治安が悪くなるというようなことはない（非競合性）。また，地域の治安を良くすれば，その地域に

住んでいる人みんなが恩恵を受けることになり，誰か特定の人だけが守られないということはない（非排除性）。

　なぜこのような性質があると市場が作りにくいのか。それは，社会に公共財を供給することへの対価を求めることが難しいからである。誰がお金を払ったとしても，一度作られてしまった公共財は，誰にとっても同じように使うことができるので，各自でお金を支払ってほしい，といってもなかなか支払ってくれる人はいないだろう。なぜなら，他の誰かが支払ってくれれば自分が使えるからである。そこで，政府が社会から金銭資源を調達し，公共財を提供することになるのである。

　このような公共財としては，治安の維持のほかに，典型的なものとして，国防・外交や，清浄な空気，美しい景観のような環境の維持が挙げられる。無料の公園や道路も公共財に近い性質を持つが，使用する人が多くなってくると競合性が生じるようになるし，混雑を避けるために使用料を取ると，今度は排除性が生じるようになるので，純粋な公共財とはいえない。しかし，「準公共財」として，政府による介入が正当化されることがある。

（2）大規模な社会基盤整備

　次に挙げられる類型は，大規模な社会基盤の整備に関わる事業である。このような事業に共通する特徴は，事業の初期に極めて大きな費用が必要になり，企業ではそのような費用を支払うことが難しいということである。そこで，人々から税金を徴収することで巨額の財政資金を有し，また，企業よりも高い信用力を持つために有利な条件で資金を借りることができる政府がこのような事業を担うことがある。

　このような事業として，近代初期の日本では，「富国強兵・殖産興業」の名のもとに，鉄鋼業や鉱業などが政府の事業として行われた。現在の新日鐵住金の源流の一つとなっている官営八幡製鉄所などはその代表的な例である。現在の日本では，鉄鋼業は企業によって運営されているが，明治期には巨額の資金と最先端の技術が必要で，一企業には難しい事業であった。他方で，軍備や社会基盤整備のために鉄は不可欠であ

り，政府が事業を行っていたのである。

　また，大規模なネットワークが必要となる事業もこの類型に該当する。電気や水を広く供給するための送電線や配水管，輸送のための鉄道路線，電信電話事業のための電話線や郵便事業を実施するための配送網などを整備するためには非常に大きな費用が必要になる。当初，これらの事業は，需要が集中する都市を中心に，比較的小規模な民間事業者によって整備されていることが少なくなかった。日本でも，鉄道は1900年代までに都市部を中心に私設鉄道が数多く作られていたし，電力事業も「五大電力」と呼ばれる企業が発電所や送電線の整備を行っていた。しかし，このようなネットワーク型の事業の多くは，政府による買収・統合，つまり「国有化」が行われることになった。

　このようなネットワーク型の事業が政府によって行われるのは大きく二つの理由があると考えられる。一つはいわゆる「自然独占」の問題である。大規模な費用を必要とする事業の場合，すでに事業を始めている事業者にとっては，事業の規模が拡大するほどに生産あたりの平均費用を下げることができるので（規模の経済），事業を拡大しやすいのに対して，新規参入者はまず巨額の費用を必要とする。そのような新規参入は困難なので，既存事業者の「独占」になり，企業の都合で消費者が高い価格を支払わされる可能性が生じてしまう。また，そのように初期に巨額の資金が必要な事業に敢えて多くの新規参入者が挑戦して，資金を回収できずに倒産する，ということが続くのも非効率である。そこで，政府が介入することで，独占の弊害を和らげながら財・サービスの提供が行われる。

　もう一つの理由は，財・サービスへの普遍的なアクセスである。企業だけが事業を行うと，採算がとれて初期の費用を回収可能な人口密集地域でしか財・サービスが提供されないかもしれない。しかし，こういったネットワーク型の事業は，誰の生活にとっても必要であり，政府にはそれだけで事業が成り立ちにくい過疎的な地域であっても，都市と同じような財・サービスを提供することが求められる。そこで，不採算地域で事業を行うこととセットで独占を認めながら財・サービスを提供する

ということが行われるのである。

（3）再分配

　最後に挙げる類型は，所得再分配に関するものである。ここで再分配とは，裕福な人々から税金を徴収し，それを原資として貧しい人々に対して財・サービスを給付することを指す。このような財・サービスの給付は，資金の給付（「現金給付」）と区別して，「現物給付」と呼ばれる。

　このような財・サービスの例として，保育サービスを考えてみよう。生まれたばかり，0歳の子どもを保育するというサービスは，非常に費用がかかる。常に目を離すことができないし，食事の世話などにもかかりきりで時間がかかるため，人件費が大きくなるのである。そのため，表1に示されるように，以前東京都板橋区が公開していた資料によれば，園児1人にかかる費用は40万円を超えてしまう。ほとんどの家庭では，40万円も支払うとその月の稼ぎが消えてしまい，預けることは不可能になるだろう。

　他方，シングルマザーであるといったような理由で，どうしても誰かに0歳の子どもを預けて働きに出なくてはならない，というような保護者も存在する。そのような保護者が，40万円を超えるお金を支払うことができないために自分で子どもの世話をすると，その代償として仕事を失い，そのため窮乏して生活ができないという事態に陥ってしまう。そこで，政府が費用を負担して，保育サービスを低額で給付し，保護者の就業を続けることを支援することがある。表1に示されているように，0歳児クラスでは区の負担額が40万円近くにのぼっており，保護者の負担は実際に園児の世話のためにかかっている費用には程遠い。政府は補助金でこの差額を埋めて保育サービスを提供しているのである。

　このような公共サービスは，もちろん保育のみではない。0歳児保育ほどに費用がかかるわけではないが，日本でも，小中学校の義務教育は保護者の負担なしで行われていることからわかるように，子どもに対する教育は同様の性質を持っていると考えられる。もちろん，高齢者に対する介護サービスや，障がい者のための介護や支援も同じである。ある

いは，病気を患って働けなくなった人に対する医療もあてはまるだろ
う。このように，誰かが他の人のケアを行うサービスのことを「対人社
会サービス」と呼び，多くが現物給付で行われている。

　保育・教育にしても，介護・医療にしても，最終的に受益があるのは
個人であり，この点は上述の公共財とは大きく異なる。個人に対してこ
のような現物給付が行われるかどうかは，貧困状態にあったり，障がい
を持っていたりして，支援が必要な人々に対して手を差し伸べるかどう
かという，政府としての意思決定に依存する。社会には，自分自身には
受益がないのに，自分の支払った税金が使われるのは好まないという人
もいるだろう。しかし，そういった人々の支払った税金も含めて現物給
付の費用になるために，それを正当化するための集団的な意思決定が必
要になるのである。

表1　園児一人にかかる費用と保護者の負担額（月額）

クラス	園児1人に かかる費用	板橋区が定 める保育料 （保護者の 最大負担）	保護者の 負担割合	費用と保育 料との差額 （区の負担 額）	《参考》 国が定める上 限の保育料
0歳児	421,437円	63,200円	15.00 %	392,240円	104,000円
1歳児	208,863円	63,200円	30.26 %	186,783円	104,000円
2歳児	187,151円	63,200円	33.77 %	161,391円	104,000円
3歳児	111,846円	28,700円	25.66 %	93,235円	101,000円
4・5歳児	101,682円	22,700円	22.32 %	84,427円	101,000円

〔地方自治研究機構（2013）〕

3. 政府による市場への介入

（1）独占の防止

　政府には，市場の失敗に対処して財・サービスの提供を行うことが求
められるが，それ以外にも市場をより機能させるために介入を行うこと

がある。そのような介入としてまず挙げられるのは，少数の企業による独占（寡占）の防止である。独占とは，少数の企業が他の競争者，特に新規参入者を市場から排除することで，消費者から不当に利益を上げる構造を指す。既に説明した自然独占は独占の一種だが，それ以外にもさまざまな独占の構造が存在する。

しばしば独占の例として指摘されるのがカルテルである。本来競争相手である複数の企業が協定（カルテル）を結び，競争があるときと比べて高い価格を維持することで，大きな利益を得ようとするものである。あるいは，競争相手を買収して一つの企業で市場を独占しようとするトラストや中核的な持株会社や金融機関が核となって複数の産業において垂直的な独占を行うコンツェルンといった形態がある。いずれも，少数の企業によって市場を支配して，価格をコントロールすることによって利益を得る一方，必要な財・サービスであっても独占価格では購入することができない消費者も出てくる。

政府に求められるのは，独占を防いで市場において複数の企業が競争的な状態を創り出すことである。そのために，独占禁止に関する規制として多くの国で独占禁止法が制定され，健全で公正な競争を維持するために，過度な市場支配を生み出すような合併を許さなかったり，カルテルを通じて不当な取り引きの制限を行うことを排除したりすることが行われている。日本では公正取引委員会にあたるような機関が設置され，違反のある企業に対してその行為をやめるように命令したり，違反行為で得た不当な利益を政府に納めるように命令したりするのである。このような独占の規制は，市場経済全体を規律する中核的な規制であるから，「経済憲法」と呼ばれることもある。

（2）外部性への対応

次に挙げるのが，外部性への対応である。外部性とは，ある事業者などの意思決定がその外部，例えば消費者や他の事業者などにとっての便益や費用を発生させることをいう。典型的な外部性の問題である公害のように，工場や事業所などにおいて化学製品を作るとき，その経済活動

の結果として汚染物質が外部に流出し，周辺に大気汚染や水質汚濁が発生して付近に住む人々に対する健康被害が発生するような問題である。このように，ある意思決定主体の活動が消費者などほかの意思決定主体に対して費用を押しつけるような効果を持つことを外部不経済という。通常，生産活動の利益を大きくしようとする工場や事業所は，健康被害という社会的費用について考慮することがないので，そのままにしておくと健康被害が拡大し，社会的費用が大きくなってしまう。

　政府はそのような場合，二つの方法で対応することができる。一つは社会的費用のもとになっているもの（公害の場合は汚染物質）を直接的に規制するという方法である。公害問題であれば，政府が工場などから排出される汚染物質の量や濃度の基準を決めて，それを測定し，違反があれば処罰を与えるということになる。ただし，政府は適切な汚染物質の基準についての情報を持っているとは限らないために，十分な規制ができなかったり，逆に経済活動を阻害するほどの規制をかけてしまったりすることもあり得る。また，企業の規制違反に対して処罰を与えるといっても，規制される企業の側が容易に従ってくれるかどうかはわからない。処罰を与えるということ自体が政府にとって一定の費用がかかる行為であり，政府としてはそれを忌避するようなことも考えられる（平田2009）。

　もう一つの方法は，工場のような意思決定主体に対して，汚染が発生する生産に対して税をかけることで生産量を減らしたり[2]，新しい技術を採用して汚染を減らすことに対して補助金を出したりして汚染を軽減させるという間接的な方法がある。いわば，費用や便益についての企業の認識を変えて，企業の自らの意思のもとで汚染が少ない，社会的に最適な水準での生産を行わせるのである。このような税や補助金は，ピグー税・ピグー補助金と呼ばれる。特にピグー税の場合には，生じた税収を使って汚染物質の除去に取り組むようなことができれば，課税と組み合わせてさらに高い効果が得られると考えられる。とはいえ，直接的な規制と同様に，政府は企業の活動や汚染物質について十分な知識を持っているとは限らず，最適な水準を実現するためには試行錯誤が必要

となる。

（3）経済安定化

　経済安定化とは，特に経済が不況に陥ったときに，政府が市場に介入して経済状況の回復を促すことを指す。不況に陥る原因として，人々がお金を使わず貯蓄に回して社会における有効な需要が不足し，失業が増大することでさらに人々が将来への不安から貯蓄を増やすというサイクルがある。それに対して，経済安定化を目指す政府は，政府自身が借金をしてでも財・サービスの需要を生み出して失業を減らし，経済を活性化しようとする財政政策を行ったり，社会における金利を低く誘導して人々がお金を借りやすくすることで将来への投資を促し，経済を活性化しようとする金融政策を採用したりする。つまり，不況を「異常」な状態としてとらえた上で，財政政策や金融政策を通じて市場に介入することで，市場の機能を「正常」に戻そうとするのである。第二次世界大戦前からケインズによって提唱されたマクロ経済学に基づいたこのような政策の提案は，雇用を通じた福祉水準の向上を目指す福祉国家を下支えするものともなっていた。

　しかし本来，経済安定化は，不況期だけでなく，景気が過熱しているような状況においても問題となる。景気が過熱しすぎると，物価や賃金が上昇するインフレーションが激しくなり，特に土地などの資産を持つ人と持たない人の格差が激しくなる。さらにインフレーションの結果として金利が上昇すると，景気の後退へとつながっていく。それを抑えるために，あらかじめ適切に経済を引き締めて，長期的な経済の拡大につなげることが求められるのである。そのために，政府は公共サービスの提供を縮小したり，不況期に作った借金を返すための増税を行ったり，予防的に金利を引き上げたりしようとする。しかし，長期を見据えた予防的な政策は，不況期の拡張的な政策とは異なって，しばしば不人気である。そのために，選挙を重視する政治家は，不況期と比べて好況期の経済安定政策を採用しにくい[3]。このようなバイアスが存在するために，経済安定化政策は長期的に大きな負債を抱えてしまうことになると批判

されるのである。

　さらに，高度経済成長期以降は，ケインズの考え方に批判的な新しいマクロ経済学の観点からも，福祉国家で重視される不況期の経済政策の効果が薄れてきたことも指摘された[4]。失業とインフレーションが同時に問題となるスタグフレーションが先進国で広く見られるようになり，対処のために財政政策を行っても一時的な効果しか上がらないようになった。効率の悪い財政政策には，長期的に財政赤字を増やすだけになるという批判も強い。それに加えて，不況期に金利を引き下げようとする裁量的な金融政策では将来のインフレーションに対する抑制が効かなくなることについても批判が強まった[5]。

　1990年代から2000年代にかけては，経済安定化における政府の役割を減らし，多くの先進国では，政府はなるべく市場に介入しないほうがよいという，どちらかと言えば右派的な発想を取り入れた経済政策が支配的であった（→第15章）。しかしながら，需要が飽和して，デフレーションが続くような先進国では，むしろ財政政策が必要になるという主張もあるし（クー 2019），2000年代後半の世界金融危機や，2020年の新型コロナウイルス感染症の蔓延による経済的な危機の局面においては，政府が市場に介入して経済安定化を図ることが強く求められているのも事実である。政府の市場への介入の程度をめぐる，経済的左右軸にそった政治的な争点は，依然として重要であり続けている。

》注

(1)　公共財については，さまざまなミクロ経済学・公共経済学の教科書で詳しく説明されている。ここでは基本的に神取（2014）の記述を参照した。

(2)　特に汚染物質を排出する企業が汚染防止費用を支払うべきという考え方を汚染者支払原則（Polluter‐Pays Principle）と呼ぶ。これはOECDが1972年に採択した原則であり，基本的に企業が支払うのは汚染防止のための予防的な費用であるとされるが，日本では汚染からの原状回復責任や被害者への救済責任が含まれることが強調されることが多い。

(3)　古典的にはブキャナンとワグナー（2014）の議論が有名である。
(4)　近年のマクロ経済学では，ケインズ経済学よりも，個人の経済活動に注目した
ミクロ的基礎付けを前提とした新しいマクロ経済学が主流となっている。たとえば齋藤ほか（2016）を参照。
(5)　理論的にはKydland and Prescott（1977）の動学的不整合の議論がある。近年の経済学の議論では，インフレを抑制することが困難な通常の政府に変わって，独立性の高い中央銀行に金融政策を委ねて，ルールに基づいた運営でインフレを抑制するべきという主張が強くなった。

引用文献

アセモグル，ダロン・ロビンソン，ジェイムズA（2016）『国家はなぜ衰退するのか——権力・繁栄・貧困の起源（上）（下）』早川書房。
神取道宏（2014）『ミクロ経済学の力』日本評論社。
クー，リチャード（2019）『「追われる国」の経済学——ポスト・グローバリズムの処方箋』東洋経済新報社。
ケインズ，ジョン M.（2012）『雇用，利子，お金の一般理論』講談社学術文庫。
齊藤誠・岩本康志・太田聰一・柴田章久（2016）『マクロ経済学（新版）』有斐閣。
田中拓道（2020）『リベラルとは何か—— 17世紀の自由主義から現代日本まで』中公新書。
地方自治研究機構（2013）「地域の自主性及び自立性の向上に向けた地方行財政制度の有り方に関する調査研究」
http://www.rilg.or.jp/htdocs/img/004/pdf/h24/h24_01.pdf
ハイエク，フリードリヒ（2016）『隷従への道』日経BP社。
ブキャナン，ジェームズ M. ・ワグナー，リチャード E.（2014）『赤字の民主主義——ケインズが残したもの』日経BP社。
Kydland, Finn E. and Edward C. Prescott（1977）"Rules rather than discretion；the inconsistency of optimal plans," *Journal of Political Economy,* 85：473-91.

🎸 研究課題

1. 福祉国家の批判者は，福祉国家のあり方が全体主義という政治体制につながるというかたちで問題視することがある。なぜだか考えてみよう。
2. 原則無料となっている義務教育は，実際のところ一人あたりでどのくらいの費用がかかっているのだろうか。調べてみよう。
3. 外部性には，本章で取り上げた社会的費用をもたらす外部不経済の反対に，社会的な便益をもたらす外部経済も存在しうる。どのような場合に外部経済が発生するかを考えてみよう。

7 | 公共政策の実現（2）
－中間団体・市民社会

手塚洋輔

　公共政策の中心的な担い手は確かに政府であり，本書でもそのことを一つの前提としている。しかし，公共政策は，政府を構成する政治家や職員だけで形成できるわけでも実施できるわけでもない。とりわけ，公務員の少ない日本では，資源の調達や活用において，政府以外の関係者の協力が欠かせないと考えられる。本章では，市民社会を構成するさまざまな団体や組織がどのように公共政策と関わっているのか考察していくことにしよう。

1.　市民社会の公共的役割

（1）社会の構成

　この章の取っかかりとして，まず図1を手がかりに，政府以外の関係者が公共的な役割をどのように果たしているのかを考えてみよう。

　この図は，私たちの社会を構成する主要な三つの要素である政府・市場・親密圏と，それとの対比において市民社会を示している。政府は，公権力すなわち強制力を背景にして政治的な権力を追求する活動領域である。市場は，営利企業によって利潤を追求する領域で，営利性を特徴に持つ。親密圏とは家族やコミュニティのことで，インフォーマルな人間関係が基盤となっていることから，非公式性が特徴である。

　これに対して，この章が注目する市民社会は，その中間形態・混合形態のさまざまな活動領域を指す。すなわち，（1）政府との対比で言えば，公権力の行使ではないという点で非政府性（non-government）が，（2）市場との対比では，非営利性（non-profit）が特徴となる。ただし，非営利性とは，収益を所有者，すなわち企業であれば株主に配分しないことにすぎず，サービスが「無償」であることを意味しないことに注意する

図1　市民社会を構成する要素

〔坂本編（2017：2）〕

必要がある。従業員に適正な賃金を支払うことはもちろんのこと，収益を自分たちの次の活動に使うことに何ら問題はない。(3) 親密圏との対比では，人間関係に公式性（formal）があること，すなわち，単に家族や友人を超えて，組織化されているという特徴を有する。

　市民社会における諸組織は，こうした非政府性・非営利性・公式性を兼ね備え，広義のNPOともいえるが，具体的には，図1に示してあるように，さまざまな活動形態があり得る。政府との境界領域には，政府の外郭団体（日本銀行やNHKなど），私立学校（学校法人），社会福祉法人などが存在する。同様に，市場との境界には，日本経済団体連合会（経団連）に代表されるような全国的な経済団体をはじめ，日本医師会や農協，労働組合といったさまざまな形で公的な影響力を持つ組織が含まれる。親密圏である地域コミュニティを担う組織の代表はやはり自治会や町内会などの地縁組織ということになろう。加えて，その中間的な存在である，特定非営利活動法人（特活法人，NPO法人ともいう）や公益法人なども市民社会の重要な担い手である。さらには差別の解消や環境保護など多様な価値の実現を主張する社会運動も忘れてはならない。

　以下では，これらを広く見据えつつ，まず，市民社会が果たす三つの

機能を説明し，多様な側面があることを理解する。このうち公共政策に関係のあるアドボカシー機能については，「圧力団体」や社会運動という観点から簡単に触れる。その上で，公共政策の実現において中心となるサービス供給機能を重点的に取り上げる。先に日本で見られる従来型の組織による実態と課題を自治会町内会といった地縁住民組織を中心に述べ，その後，新しい組織として特活法人と新公益法人制度の現状について検討する。

（2）市民社会の三機能

　広く市民社会には，アドボカシー機能，サービス供給機能，市民育成機能という三つの機能がある（坂本編 2017）。

　第1のアドボカシー機能とは，「公共政策や世論，人々，社会に対して行われる主体的な働きかけの総称」とも定義されるが，その一つに，政治家や行政職員への陳情や要望といった「直接的ロビイング」がある。アメリカではロビイングそれ自体が一つの職業（ロビイスト）にもなっていることが知られ，日本でも，陰に陽にそのような活動は行われている。

　これとは別に，デモをしたり署名活動をしたり，議員に手紙やメールを送ったりという，団体の会員や一般市民を動員して政府に間接的に働きかけるものもある。社会運動と連続線上に見ることもでき，「草の根ロビイング」とも呼ばれる。イデオロギーとしても，左派的な活動もあれば，右派的な活動もある。さらには，マスメディアでのアピール，講演会などでの啓発活動や出版，裁判闘争といったことも広くアドボカシー機能としてとらえることが可能である。

　政党との関係も影響する。政権与党を支持する団体は直接的なロビイングが効果を持ちやすいのとは対照的に，野党支持の団体は直接的なロビイングが難しいので，草の根ロビイングをとらざるを得ないといえよう。

　第2のサービス供給機能とは，市民社会の諸組織が，有償・無償の別を問わず，財やサービスの提供を行っている状況を指し示す。政府による

サービス提供は無償が中心で，市場における企業は有償でサービス提供を行う。これに比べて，市民社会組織によるサービスの提供は有償と無償が混在している点が特徴的である。同じ対人サービスであっても，例えばホームレスに対する炊き出しのように無償で行うものもあれば，介護や保育サービスのように一定の対価を取る有償型のものもある。

　政府や営利企業と比べたとき，市民社会組織によるサービス供給の利点はどこにあるだろうか。政府の場合，公平性や平等性を重視するために画一的になりがちなのに対して，市民社会組織では創意工夫により，少数の需要に対応できる点にある。また，営利企業では，消費者を食い物にするような不誠実なサービス供給の可能性があるのに対して，非営利であれば利益追求をしないため，相対的に誠実なサービス供給が期待される。

　最後に，第3の市民育成機能とは，市民社会組織に参加することにより，他者に対する信頼や互酬性の規範が生まれ，「善い」市民になり得るという考えである。

　このような信頼や互酬性協力と市民社会の水平的ネットワークからなる特性をソーシャル・キャピタル（人間関係資本，社会関係資本などとも訳される）としてとらえる見方も広まっている（パットナム 2001）。そこでは，ソーシャル・キャピタルが醸成されると，全体として社会が効率化し，統治のパフォーマンスも向上するというメカニズムがあるとされる。

　しかし，市民社会組織も万能ではなく，その逆機能にも目を向けておくべきだろう。すなわち，アドボカシー機能が高じれば，自分たちの特殊利益を追求するレント・シーキング行動が起きかねない。サービス供給でも，不安定な供給となったり，対象として把握できる範囲や関心が限られることから不平等になったりする可能性がある。さらに市民育成機能といっても，「善い」市民だけが生まれるとは限らない。同じメカニズムによって差別を助長されるようなこともある。

（3）政策形成におけるアドボカシー機能

　現代の民主主義体制では，社会の人々は多様な価値観や関心，利害を持っていることから，公共的な課題を解決するには，さまざまな利害が反映される必要がある。そのためにも，同じ利益や関心を共有する利益団体がそれぞれ多様に活動することで，全体としてバランスのとれた政策形成を行うことができると考えられている。

　このうち，アドボカシー活動を行う側面を持つ組織を政治学では「圧力団体」と呼び，その実態について注目してきた。戦後の自民党政権下においては，農政分野に対する農業団体（農協）の影響力や，医療政策に対する日本医師会の影響力，エネルギー政策に対する電力会社の影響力などが指摘されている。政治家に対する集票と政治資金の提供を資源にして，政治・行政に対する影響力を作り上げてきたのである（辻中編2016，宮本・山口編 2016）。

　さらにこれらの団体は，各府省が設置している審議会の委員の枠を確保して自らの意向を体現する人物を送り込むことにより，政策形成過程における制度的な影響力を保持してきた。実際，労働政策の政策決定過程で重要な役割を果たす厚生労働省の労働政策審議会の委員は，学識経験者（公益代表）・労働組合関係者（労働者代表）・財界関係者（使用者側代表）の三者で構成されることとなっており，その場で関係者間の合意を図っている。こうした所管業界ごとの審議会では多かれ少なかれ同様の仕組みが見られる。内閣レベルのものでも，小泉内閣期に特に注目された内閣府の経済財政諮問会議の民間議員の一部は，財界を代表する日本経済団体連合会（経団連）と経済同友会の代表が1名ずつ就任している。

　このように，それぞれの団体は，こうした審議会を通じて自らの利益を政府に伝達し，そのことを足がかりとして，日常的に行政機関との接触を行っている。円滑な政策実施のためには，政府の側も事前に代表的な業界団体との合意を形成しておくメリットがある。後で見るように，業界団体は政策実施の担い手でもあるため，実効性の高い政策にするべく，現場の情報を政府に提供するという意義も大きい。いずれにせよ，

近年の調査結果によると，こうした日常的な接触こそがアドボカシー活動においては重要だとされる（後・坂本 2019：112）。

　もっとも，利益団体の影響力は時々の状況に応じて変化する。労働組合のように近年，加入率が低下し，存在感の低下が叫ばれるものもあれば，選挙制度といった政治の仕組みが変わることにより，影響力を持つ団体が変わることもある。これらの動きは，既得権の打破ととらえることもできるが，他方で，そこで守られていたさまざまな利害が適切に政策に反映されているかどうかにも留意する必要があろう。

　さて，以上のような組織としての安定したまとまりをもって行われる活動のほかに，その時々で人々が集まって，主張を展開する社会運動もアドボカシーの機能を持つ（→第13章）。環境保護や人権擁護など，国を超えて活動が広がる運動もあれば，ゴミ処理場の建設やダム建設など生活環境に直結する問題について住民が反対運動を展開するといったことも含まれる。実際，住民運動を端緒に，公共施設の建設計画が見直されることもある。

　社会運動により，それまで必ずしも認められてこなかった価値が公共政策に活かされることにもつながり得る。とはいえ，日本の市民社会では，アドボカシー機能が全般的に弱いとされるほか，諸外国と比べてボイコットやデモ，ストライキといった運動を経験した人の割合が少ないことも指摘される（山田 2016）。

2.　中間団体によるサービス供給

（1）サービスの提供機能としての自治会町内会

　次に，公共政策を実現する際に欠かせないサービス供給機能を取り上げる。公務員の少ない日本にとって（→第4章），公共サービスの提供における各種市民社会組織の役割は，以前から重要な地位を占めてきたといってよい。

　そこでまずは，日本の市民社会において多様なサービスを提供している自治会や町内会と呼ばれる地縁住民組織から検討しよう。こうした地縁住民組織の淵源は，明治期やさらに昔の村落共同体に遡ることもでき

るが，1940年代に戦時体制を構築する中で行政の下部組織へと組み入れられることで，全国的に行政サービスを公的に担うようになった。戦後には一旦形式的に行政との関係は断絶するものの，その後も多くの地域では行政との緊密な関係を継続し，公的サービスにおいて欠かすことのできない存在となっている（日高 2018）。

地縁住民組織の特徴として，第1に，排他的独占（管轄地域が重複しない）と全国遍在性が指摘できる。ほとんどの地域に設置されており，しかも，住所地に応じて介入できる自治会町内会が一つに定まるのが通例である。

第2は，個人ではなく，世帯で加入する点である。住民を世帯単位で管理するというのは，日本の自治体の住民管理の特徴ともいえ，家族のうちの一部だけが加入するという形態は通常ない。

第3は，実質的に強制加入となっていることも見過ごせない。通常の組織では，自発的な加入が原則である。これに対して，自治会町内会の場合は，強制的な色彩が濃く，それゆえ加入率は他の市民社会組織と比べて段違いに高い。もちろん，加入しない・脱退することもできるが，不利益を被ることもあり，紛争の種ともなっている。

最後に第4として，組織活動の目的が多機能であるということも重要である。公園や道路の清掃，ゴミ収集場所や常夜灯の管理をはじめ，地域によっては盆踊り等のイベントを主催するところもある。構成員である地元住民のためのサービス提供を住民自身で行う形態をとる。加えて，自治体から業務委託を受けて実施しているサービスや自治体広報誌の配布など，自治体サービスを代行しているという側面もある（辻中ほか 2009）。

上記のサービスを行うため，自治会町内会の構成員はある種の互酬性を前提とした一定の責務を負う。その意味で，ソーシャル・キャピタルを構築する場ともみえる。もっとも，ソーシャル・キャピタルにも，外部との関係を築く外向きの「橋渡し型」と内部の結束を強める内向きの「結束型」という二つの側面が存在し（パットナム 2006），自治会町内会の場合は，結束型ととらえられる。そのため，一歩間違えると，いわば

村八分の可能性もあるといえよう。

　また，構造的な課題としては，住民が多様化し合意形成が困難となる中で，加入率が下落傾向にあるだけでなく，中核となるメンバーも高齢化が進み，担い手不足も深刻となっている点がある。これは住民だけでなく，自治会町内会に依存してきた自治体にとっても悩みとなっている。そこで，自治会町内会の公式度を高め，助成金を出したり，次節で見る新しい市民社会組織も加えた形で地域の課題を解決したりする仕組みが模索されている。

表1　主な行政委嘱員の例

委員種別	設置根拠	委嘱等
体育指導委員	法律	教育委員会
民生委員	法律	厚生労働大臣
児童委員	法律	（民生委員の宛て職）
人権擁護委員	法律	法務大臣
保護司	法律	法務大臣
行政相談委員	法律	総務大臣
身体障害者相談委員	法律	都道府県
知的障害者相談員	法律	都道府県
消費生活相談員	条例	市長
○○市青少年の健全な環境を守る協力員	条例	市長
介護サービス苦情調整委員	条例	市長
○○市消費者モニター	条例	市長
○○市社会福祉委員	規則	市長
青少年委員	規則	教育委員会
母子保健推進員	要綱	市長
法律相談員	要綱	市長
外国人相談員	要綱	市長

〔宮崎（2002）をもとに筆者作成〕

（2）行政委嘱員

　自治会町内会と関連して，政府が住民個人を名誉職的役職に委嘱して，政府の行政活動に対する協力を依頼する方策もさまざまな分野で見られ

る。こうした役職を総称して「行政委嘱員」と呼ぶ（西尾 2000）。やや古い資料ではあるが，表1はある市の行政委嘱員を示している。このように，青少年育成や社会福祉など，地域の活動と根深い分野を中心に多様な行政委嘱員が存在し，それぞれ担当する行政部局と連携しながら業務を行っている。

　こうした役職に就く地域の住民は，概ね自治会町内会やPTAといった地域組織の活動を通じて，推薦され選ばれるのが通例となっている。また，原則無給（一部実費支給）であるため，自営業や専業主婦，定年退職した年金生活の住民が主に担ってきた。

　とはいえ，やはりここでも，担い手不足の問題が深刻である。例えば福祉分野で住民と自治体をつなぐ役割を果たす民生委員は，独居の高齢者が増えたり，地域のつながりが希薄になっていたりする中において，ますます期待される役割が大きくなっている。しかしながら，自営業者の減少や共働き家庭の増加によって，働き盛りの世代がこうした地域活動に割くことのできる余力が失われつつあるとされる。

（3）業界団体による自主規制

　さて，自治会町内会が戦時体制の中で組織化されたことと同じく，それぞれの産業ごとに業界団体を作り，担当省庁と一体となってコントロールするような経済運営の方式も戦時下に構築された。戦後においてもその仕組みが継続され，現在でも主要産業ごとに業界団体のもとで組織化されているのが通例といえる（野口 2010）。

　こうした業界団体の活動を公共政策との関係で見ると，大きく二つの点が指摘できる。第1は，業界の利益を集約して，政党なり担当省庁なりに伝えるというアドボカシー機能である。特定の候補者や政党を選挙で応援する場合もある。第2が，政策実施機能である。担当部局からの情報を加盟各社に伝達することからはじまり，自主規制も含めて業界内を管理する機能をも持つ。

　業界内部において加盟する企業等が自分たちで定めたルールや基準を守ることで，政策的な価値を実現することを自主規制と呼ぶことができ

る。自主規制にとどめることで政府による規制を回避できる。政府にとっても，基準を設定したり規制を遵守させたりするのに必要な費用を省くことができるという利点もある。こうした方法は，多くの分野で活用されており，その意味で，政府のみならず業界団体等も含めて全体をとらえる必要がある（村上 2016）。

　もっとも，抜け駆けする企業が続出するようであれば，自主規制はうまく機能しないといった執行能力の問題があるほか，特定の大企業の意向ばかりが通るといったように団体内の意思決定プロセスも問題となり得る。

　このことを含めて，地縁住民組織や業界団体をはじめ，労働組合など公共政策の実現に一定の役割を果たしている各種の団体がどのように運営されるかも重要な論点である。

3．新しい非営利組織によるサービス供給

（1）非営利組織の制度

　個人で活動するよりも人が集まって組織で活動すれば，より複雑で高度な活動をすることができる。ここで注意しなければならないのは，組織であることと「法人」であることとは同じではないということである。事実，法人格を持たない組織も世の中には多数存在する。とはいえ，法人格を得れば，法人名義の銀行口座を開設できるなど，特に契約や売買など経済的な活動をする上でのメリットは大きい。より永続的な活動をするために法人格はとても重要なツールといえよう。

　この点について，かつては旧公益法人制度のもと，特定の分野に限定されない一般的な活動団体が法人格を得るには，主務官庁と呼ばれる所管省庁に公益性が認められ，公益法人（財団法人・社団法人）になるほかなかった。いわば公益の判断を政府が独占してきたといってよく，所管省庁の意向と異なる団体が法人格を取得できないとの批判が寄せられてきた。このほかに，特定の領域ごとに社会福祉法人や学校法人，医療法人といった法人格が130ほどにもなると指摘されるが（坂本編 2017：193），これらの多くも所管省庁の認可が必要であり，いずれにせよ法人

格取得のハードルが高かったのである。

　1990年代以降，旧公益法人の仕組みが変化し，法人格取得の裾野が広がっていくことになる。その契機となったのは，1995年の阪神・淡路大震災におけるボランティア活動の盛り上がりであり，これを受けて，自発的な市民の活動を支援するための仕組みの整備が課題となった。そして，社会運動の成果もあり，1998年には与野党を超えた議員立法により特定非営利活動促進法，いわゆるNPO法の成立に結実する（原田 2020）。

　こうして，一定の要件と情報公開さえすれば，国や自治体がそれを認証し，特活法人を簡便に設立できるようになった。現在では，5万を超える団体が認証され，福祉分野などを中心に，さまざまな形でサービス提供やアドボカシー機能を担っている（図2）。

　加えて，2000年代半ばより，先に述べた旧公益法人制度を抜本的に改革し，認可制から自由に設立できる仕組みが導入された。その背景の一つには，主に行政の業務を下請けする団体を行政主導で設立した法人（行政委託型公益法人）が多数存在し，さらにそこに補助金を投入して行

図2　特活法人と認定特活法人の推移

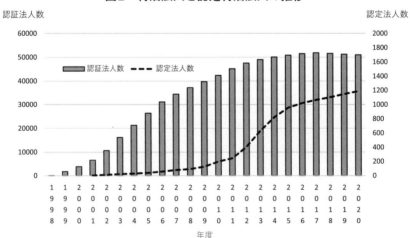

〔内閣府のデータを元に筆者作成〕
（2020年度は2020年12月現在）

政官の天下り先としていた構造が問題視されたことがある。そこで，政府が公益性判断を独占している状況を改め，法人設立と公益性判断を分離した。これにより，親睦団体や同窓会組織といった必ずしも不特定多数を対象としない共益的な団体も含めて幅広く，一般財団法人や一般社団法人として容易に設立できるようになった。

（2）特活法人と公益法人の支援

　このように多様な非営利組織が法人格を得ることができるようになったとしてもそれだけで非営利組織の活動が促進されるわけではない。むしろ，活動を経済的に支える税制優遇こそが死活的に重要となる。主要な優遇措置に，サービス提供や物品販売などで得た収益に対する税の減免と，寄付税制がある。寄付税制とは，寄付する側が政府に納める税額を寄付額に応じて低減させる仕組みである。要するに，税として政府に納付する代わりに，応援した団体に寄付できるようになるため，それだけ寄付金を集めやすくなるのである。

　しかし，簡単に設立できる特活法人や一般法人のすべてに優遇措置を認めるのも問題がある。公益性の低い団体に優遇を認めれば，脱税などに悪用されるだけでなく，国や自治体の税収が流出してしまうからである。それゆえ，どのように公益性を判断するかが重要となる。旧公益法人制度で批判されてきた政府の裁量判断を排除することは同じでも，特活法人と一般法人とでは，異なる考え方に基づいた公益性判断の仕組みが定められている。

　特活法人制度では，寄付金が一定程度以上集まっているかどうかというパブリックサポートテストが原則である。この要件を充たすことで，認定特活法人となり税制優遇を受けることができる。図2の点線で示したようにその数は順調に増えている。

　これに対して，一般財団法人や一般社団法人が税制優遇を受けることのできる公益財団法人あるいは公益社団法人になる場合，国や自治体に設置された公益認定等委員会といった場で基準にのっとり有識者が判断することになっている。特活法人が支援の量によるのに対し，公益法人

はいわば質を判断するということになろう。2016年の時点で，一般法人と公益法人をあわせて約55000法人あるとされるが（坂本編 2017：194），このうち公益法人は9470法人を占め，年による増減はさほどない。

（3）非営利組織の課題

　以上見てきたように，いくつかの制度改革により，さまざまな活動を行う組織が法人格を得るとともに，一定の条件のもとで税制優遇されるなど，活動を促進する仕組みが構築されてきた。そこで最後に課題について触れておこう。

　まず，団体の規模を見ると，特活法人の場合，零細的な団体が細々と事業を行うのが大半を占める。寄付税制があるとはいえ，寄付金はまだまだ不足しており，行政の外部委託を受けることで団体を運営しているところも少なくない。これが高じると，本来自発的な市民組織が「行政の下請け」となるとの批判もある（田中 2006）。

　他方で，行政の委託を得るなどして，ある程度まとまった活動の規模がないと十分なアドボカシー機能を果たすことは難しい。近年の調査[9]でも，行政からの委託が少なすぎても多すぎてもアドボカシー機能が阻

表2　地縁住民組織と非営利組織の比較

	地縁住民組織	非営利組織	（行政）
活動領域	居住地にかかわる課題全般	特定のテーマ	社会問題全般
構成員	全住民参加が建前	有志が参加	全住民
活動者	役員等に集中しがち	役員・会員（＋有給・無給スタッフ）	有給の専従者中心
意思決定	可能な限り「全員一致」	役員等の影響力が強い場合が多い	過半数以上の賛成（民主制）
財源	自治会費、行政補助	会費、寄付金、事業収入（＋行政補助・委託）	税金、社会保険料等

〔早瀬昇・松原明（2004：17）を一部改変〕

害されるという結果もある。要するに，実績があり規模の大きい団体はそれなりに影響力が出てくるが，かといって，行政からの資金に依存しすぎると物を言いにくくなるという構造である（坂本 2019）。

　とすると，安定的に事業を遂行できる態勢を整えることができるのかどうかがやはり重要となろう。そのためにも，世の中にあるニーズとそれを得意とする非営利組織を結びつけるマッチングが不可欠である。事実，これを専門に行う中間支援組織もある。例えば，東日本大震災後には，大量のニーズと，大量の寄付が集まったが，それらと個々の非営利組織を媒介し結びつける機能を果たした（阪本 2021）。

　本章で扱った自治会町内会にせよ，特活法人や公益法人などの非営利組織にせよ，政府以外のアクターが公共政策の実現に一定の役割を果たしている。それぞれの強みと弱みがあり（表2），それらを組み合わせることで公共的な課題を解決していくということが求められる。

引用文献

後房雄・坂本治也（2019）「サードセクター組織の政治・行政との関係性」後房雄・坂本治也編『現代日本の市民社会――サードセクター調査による実証分析』法律文化社，所収。

坂本治也編（2017）『市民社会論――理論と実証の最前線』法律文化社。

坂本治也（2019）「政府への財政的依存とサードセクター組織のアドボカシー」後房雄・坂本治也編『現代日本の市民社会――サードセクター調査による実証分析』法律文化社，所収。

阪本真由美（2021）「サードセクターによる被災者支援」ひょうご震災記念21世紀研究機構編『総合検証東日本大震災からの復興』岩波書店，所収。

田中弥生（2006）『NPOが自立する日――行政の下請け化に未来はない』日本評論社。

辻中豊ほか（2009）『現代日本の自治会・町内会――第1回全国調査にみる自治力・ネットワーク・ガバナンス』木鐸社。

辻中豊編（2016）『政治変動期の圧力団体』有斐閣。

西尾勝（2000）『行政の活動』有斐閣。

野口悠紀雄（2010）『1940年体制——さらば戦時経済（増補版)』東洋経済新報社。

原田峻（2020）『ロビイングの政治社会学—— NPO法制定・改正をめぐる政策過程と社会運動』有斐閣。

早瀬昇・松原明（2004）『NPOがわかるQ&A』岩波ブックレット。

日高昭夫（2018）『基礎的自治体と町内会自治会——「行政協力制度」の歴史・現状・行方』春風社。

宮崎伸光（2002）「行政委嘱員・関係団体再考」松下圭一・西尾勝・新藤宗幸編『自治体の構想〈5〉自治』岩波書店，所収。

宮本太郎・山口二郎編（2016）『リアル・デモクラシー——ポスト「日本型利益政治」の構想』岩波書店。

村上裕一『技術基準と官僚制——変容する規制空間の中で』岩波書店。

山田真裕（2016）『政治参加と民主政治』東京大学出版会。

パットナム，ロバート（2001）『哲学する民主主義——伝統と改革の市民的構造』NTT出版。

パットナム，ロバート（2006）『孤独なボウリング——米国コミュニティの崩壊と再生』柏書房。

ペッカネン，ロバート（2008）『日本における市民社会の二重構造——政策提言なきメンバー達』木鐸社。

🎤 研究課題

1. 関心のある政策領域を念頭に，そこでは「政府」・「市場」・「親密圏」・「市民社会」がそれぞれどのような役割を果たしているか具体的に整理してみよう。
2. 従来からある中間団体と新しい非営利組織では，公共政策において果たす役割にどのような違いがあるか，考えてみよう。
3. 今後，市民社会を活性化しようとする場合，政府が取り得る方策にはどのようなものがあるか，考えてみよう。

8 | 公共政策の実現（3）－市場の利用

| 砂原庸介

　多くの先進国では，福祉国家を担う政府による公共サービス提供の非効率性が批判され，財政難が社会問題になっている。その中で，サービス利用者の選択を重視し，サービスの提供をなるべく民間事業者に委ねて，政府の仕事を組み替えようとする主張が強くなっている。

　しかし，これまで政府が公共サービスの提供を行ってきた理由には，市場の失敗への対応がある。そのために，政府がうまく提供できないサービスをそのまま市場に委ねてもうまくいくことは考えにくい。そこで，新たに機能する市場を作り出して民間事業者がサービスの提供を行う方策が考えられている。そのとき求められている政府の役割は，サービスを直接提供することではなく，民間事業者を中心にサービスの提供が行われる条件を整備することなのである。

1. 財・サービス供給の市場化

（1）市場化とは何か(1)

　政府は規制によって民間事業者による財・サービスの供給をコントロールしたり，自ら財・サービスを提供したりすることによって，それなしでは実現できない秩序を作り出すことができると考えられる。しかし，政府が設定する望ましい秩序というのは，本当に社会的に望ましいのだろうか。政府がさまざまな統計や調査を駆使して決定を行ったとしても，人々のニーズを本当にとらえることができているかどうかはわからない。ひょっとすると，限られた資源を有効に使えていない可能性も存在する。

　そこで近年重要視されているのが，人々の選択をより重視して資源の配分を行う手法である。提供される財・サービスに価格をつけて，人々が価格に見合ったものであると考えれば，その財・サービスを購入す

る。人々の評価が高い財・サービスは需要が増えて価格が上昇し，多く
の新規参入が期待できる。他方で人々が不要だと考える財・サービスに
は買い手がつかず，供給も少なくなっていく。このような価格メカニズ
ムを用いて，市場を通じて資源を配分することができれば，政府が自分
たちで考えるよりも望ましい秩序を実現することができるだろうと考え
られているのである。

　そうはいっても，政府が規制を行ったり，直接に財・サービスを提供
したりするような事業では，何もしないで市場が機能するということは
考えにくい。第6章で見たように，市場が機能しないと考えられている
ときこそ，政府の役割が期待されるのである。そこで，普通の財・サー
ビスのような市場とは異なるものの，規制や補助の方法を工夫して利用
者の「選択」を導入し，あたかも市場のようなものとして機能する「準
市場」として扱うことで，より効率的な運営のもと，質が高く，利用者
の選択に応答的な，望ましい財・サービスを供給することが可能になる
と考えられるようになったのである[2]。

　このような市場化という発想は，1990年代に入って流行し，2000年
代に一般化していった，新しい公共経営（New Public Management：
NPM）の潮流とも親和的なものとなっている（→第9章）。初期のNPM
の理論では，従来の政府による規制や財・サービスの提供が抱えていた
非効率性を解消するために，意思決定とサービス供給を切り離した上
で，市場の資源配分機能を利用しながら政府に限らずさまざまな主体が
財・サービス供給を行うことが主張された[3]。その中で人々は給付の対
象ではなく「顧客」として位置づけられ，その満足度を高めることが重
要視されている。政府が法令に沿って，予算をつけて事業を行ったかと
いうことよりも，顧客である人々が満足したかどうかという成果が重要
であるとされたのである。

　政府以外に，財・サービスを提供する主体として考えられているのは，
企業やNPOなどである。基本的に利潤を追求する企業はもちろん，社
会的なミッションを重視するNPOにしても，継続的に事業を行うには
収益は欠かせない。それまで政府が行ってきた公的な事業であっても，

一定の収益を生み出すことができるような「準市場」が形成されない
と，企業・NPOの新規参入は発生しない。他方で，それらの主体がい
たずらに利益追求だけを行うと，人々が価格に見合わない財・サービス
の供給を受けることになりかねない。そこで，政府は人々から徴収する
税金を使いながら企業・NPOへのインセンティブを付与したり，提供
されるサービスの質についての規制をしたりするなど，従来とは異なる
関与が必要になるのである。

（2）市場を成立させるには？

　それでは市場化はどのように行われているのだろうか。日本において
「準市場」が形成されていると考えられる分野としては，まず医療が挙
げられる。医療については，社会保険が導入されており，人々は普段か
ら保険料を支払う一方で，病気になったときには医療サービスを受ける
ことができる。ただし，この医療サービスには価格がついており，保険
者である政府がその価格を決定して医療機関に提示する。医療機関は価
格を見ながらどのような医療サービスが適当かを検討して，患者に提供
するということになる（図1）。

　もし医療サービスに価格がついておらず，政府が一律に決めた特定の
医療サービスしかできない，ということになると，ほとんど医療として

図1　保険と医療サービス供給

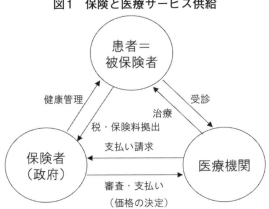

の意味をなさない。反対に，通常の財・サービスのようにそれぞれの事業者（この場合は医療者）が，独自に価格を決めてしまうと，貧しい人にとっては医療を受けることが難しくなる可能性が高い。そこで，被保険者となる人々から保険料を集めている保険者などが医療サービスの価格を設定して，医療機関や患者の選択を可能にするのである[4]。もちろん，集めている保険料には限度があるので，どんな医療サービスでも可能というわけではない。患者は，保険であらかじめ定められた範囲での医療サービスを受けることはできるが，定められていない医療サービスについては保険外で――つまり医療機関が提示する価格で――支払わなくてはならない。

　このように準市場を成立させる条件にはどのようなものがあるだろうか。一つは，財・サービスの利用者が自分の能力を超えて支払いが可能になることである。医療の場合は保険という仕組みを使っており，多くの人々から支払われる保険料がプールされることで，いざ病気になったときにはそこから診療のための費用が支払われる。保険がなければ購入できないような医療サービスでも，保険があることで多くの人が購入することができるのである。次に，利用者が自分にとって必要な選択を行うことができるということである。ただし，医療の場合，本当に必要なサービスが何かを知るためには専門知識が必要であり，そのような知識を専門家である医療者や，医療保険の保険者が補うことになる。また，多くの人が必要以上の医療サービスを受けることで保険が破綻してしまうことに対する歯止めも重要である。日本の場合は，医療サービスの現物給付を受けるときに，患者が一部負担金（多くは3割）を支払うことになっていて，これが一定の歯止めになっていると考えられる[5]。民間保険が中心のアメリカでは，医療サービスを受ける前に，その必要性について保険者の承認を得なくてはいけないことが少なくない。

　日本では，2000年代に入って介護保険法が施行され，介護についても医療と同様に保険の仕組みが導入されている。主な利用者である高齢者は，プールされた保険料をもとに介護サービスを購入することになる。また，介護サービスの選択についても基本的に自分の判断によるものと

され，ケアマネージャーの助言や，場合によっては後見人の助けを受けながら，サービスの提供者と契約することが求められている。医療と異なるのは，介護の必要性（要介護度）の認定によって利用できる資金に違いが生まれることである。より介護の必要性が高いと判断された高齢者は，保険から給付される資金でより多くの介護サービスを使うことができるが，介護の必要性が低い場合は，使用可能な介護サービスは限られて，それを超える利用には自己資金が必要となる。

（3）補助対象の変化

　医療や介護のように，保険の仕組みを利用することができれば，準市場の形成は比較的うまく行きやすいと考えられる。しかし，保険が利用できないとなると準市場を作るのは簡単ではない。なぜなら，利用者が十分な購買力を持たず，供給される財・サービスに見合った対価を払うことができない可能性が高いからである。

　福祉国家における政府による財・サービスの提供は，まさにそのようなときに正当化されてきた。政府がいわば採算を度外視して，必要とする人々に対して財・サービスを安く提供するということである。民間事業者がそのようなサービスを生産するためには，政府から補助を受け，それに利用者からの料金を足して，ようやく採算がとれるようになるのである。例えば生活のために就業せざるを得ない親のもとで「保育に欠ける」子どもを監護する保育サービスがそれにあたるし，安い住宅を供給する公営住宅などもそれに近い考え方で運営されてきた[6]。

　市場化を重視する観点からいえば，このような形でサービスが供給されることの問題は，「選択」を行うのが利用者ではなく政府であるという点にある。政府は限られた金銭資源を用いて財・サービスを提供しようとするが，それが必要な人々すべてに行き渡るわけではない。そこで，何らかの基準で線引きを行ったり，抽選を行ったりして対象となる利用者を政府が選び出す。そのとき利用者はその財・サービスに対して不満があっても文句を言うことは難しい。文句を言うとその財・サービスを必要とする他の誰かにとって代わられてしまうかもしれない。そこ

で，仮に質が悪くても甘受する，という行動が生まれてしまう。

　具体的に保育サービスを考えてみよう。従来の方法では，保育サービスの対象となるのは，「保育に欠ける」子どもであるとされた。つまり，シングルマザーであるなどの理由で，子どもを持っているが同時に収入が少なくて働くことが必要であり，さらに親戚などの援助を受けることができない場合，保育の部分を政府が提供する保育サービスを利用することができたのである。収入や同居親族などの観点から「保育に欠ける」という基準について線引きを行い，該当する家庭にのみ保育サービスを提供するために，政府からの補助金は全体として大きくはなりすぎないようにコントロールできる。

　しかしこのような方法では，「保育に欠ける」という基準に該当しないものの保育サービスを利用したい，という人にとっては厳しい。政府によるサービスを利用できないので，民間事業者のサービスを利用しなくてはいけないが，それは非常に高価なものになる。その結果，仮に僅かな差であっても線引きによって除外された人々は政府の援助を受けることができず，また，援助を受けることができた人も，文句を言って一度サービスを断ると他のサービスを受けることができるかどうかわからないために，質が悪いと感じてもそれを受け入れざるを得ない。利用者の選択が存在しないために，競争によるサービスの質の向上が生じないのである。

　市場化という発想のもとでは，政府が保育所を作るために使っていた補助金などを，保育の必要性に応じて保護者に直接給付することが重視される。保護者が場合によっては自己資金を加えて，政府によるもの，企業によるもの，NPOによるものを問わず，望ましい保育サービスの提供者を選択することを目指すのである。しかしこれは，従来の利用者にとって厳しいものになるかもしれない。仮に財源が増加しない中で，僅かな差で線引きの外に置かれた人々にも直接給付を拡大するとすれば，これまで政府による保育サービスを受けてきた人への給付の減少をもってその財源に充てられる可能性が高いからである。そう考えれば，従来の方法は，仮にサービスへの不満があったとしても，限定された人々を確実に支援する仕組みであり，市場化の発想ではより「広く薄く」

しか人々を支援することができないと評価することもできる。

2. 市場化の手法

（1）民間委託

　市場化が進められているのは，利用者による選択という場面だけではない。政府が規制を行ったり財・サービスを供給したりする事務を，企業などに任せるということがある。市場化を進めるにあたっては，どのような手法を用いて，どの程度民間事業者に委ねるかということを，財・サービスの性質と合わせて考える必要がある。

　まず挙げられる手法が民間委託である。本来政府が行うべき業務を，政府が委託料を払って民間事業者に行わせるものである。政府はなるべく安い費用で業務を行うために民間委託を考えるが，民間事業者の側から見ると，業務のために十分な委託料を受けることができれば受託することができるし，そうでなければ受けることはできないだろう。両者が提示する価格を通じて，民間委託が行われるかどうか，どのような事業者が選択されるかが決まるのである。

　このような民間委託を行うにあたっては，政府が自由に事業者を選ぶ随意契約が結ばれることもあるが，一般的には競争入札という仕組みが強調されることが多い。競争入札では，対象となる財・サービスの一定の規格などを政府が設定し，それを満たしたことを前提に，最も安い費用を提示した民間事業者を政府が選ぶことになる。競争入札を用いることで，政府が民間事業者と癒着して必要以上に高い委託料を払ったり，民間事業者が結託して委託料を吊り上げたりするようなことを防ごうとするのである。

　競争入札は，文房具の購入のように，定型的な財・サービスの購入であれば問題は少ないが，より複雑な業務の場合には，単に価格だけで決めてよいかという議論があり得る。事業者によって実際に行うサービスに違いはあるし，独自の創意工夫を活かすようなこともあるだろう。そこで，機械的に最低価格を提示した事業者を選び出すといったような画一的な運用にとらわれず，事業者側の提案を政府が審査して，価格とは

異なる評価要素として加味する「総合評価方式」と呼ばれるような手法も用いられている。このような手法を用いることで，単なる価格競争とは違って事業者側の提案が政府のサービスをより改善する可能性はある。しかし，その評価において「地元企業優先」という項目が追加されたり，評価が審査者によって変わったりする可能性があるため，価格のみで競争する入札と比べると，相対的に透明性に欠けることは否めない。

　このような民間委託は，保育所の委託運営のような，財・サービスの提供に限られるわけではない。政府が行う規制を部分的に代行するようなことも考えられる。規制に違反した場合の制裁のように，強制力を伴う業務は難しいが，人々が規則をきちんと守っているかどうかを監視するような業務は委託も可能である。例えば建物を建てるときの建築確認など，基本的には専門知識を持った事業者に対して，守秘義務など政府として守るべき規則を課しつつ，技術的な審査を行わせるようなものがある。民間委託の範囲は広がっており，駐車違反を発見して警察に通報する「駐車監視員」なども委託が行われている。駐車監視員は，一定の講習を受けた上で資格を付与され，業務にあたっては公務員とみなされて守秘義務を持ち，また，被規制者である運転者などの反抗から保護されることになっている。

（2）民営化

　次に挙げられる手法が民営化である。民営化とは，政府が行ってきた財・サービスを供給する事業の経営を，政府に代わって民間事業者に任せることを意味する。初期の公営（官営）事業であった鉄鋼業や鉱業，紡績業などが典型といえるが，生産物に対する需要が増えると，企業として安定的に利益が期待できるようになる。政府が経営する病院や介護施設のように再分配に関わる事業であっても，準市場の制度が整備されることによって継続的な利益を期待できるのであれば，それを運営することで利益を得ようとする民間事業者も出現するかもしれない。いずれにしても，政府が行う事業が一般の財・サービスの供給と同様に利益を上げていれば，その事業のために蓄積した資産を売り渡すことによって

（払い下げ），民間事業者による経営が行われるようになるのである。もちろん，政府の資産は国民の財産であり，なるべく高い値段で資産を売ることが求められるため，民間委託と同様に競争入札のような手法を用いて売却されてきた（表1）。

表1　民営化が行われた代表的な事業

産業	政府による事業	現在の企業
鉄鋼業	官営八幡製鐵所	新日鐵住金
紡績業	官営富岡製糸場	片倉工業
電力事業	日本発送電株式会社	東京電力など9社
石油業	帝国石油	国際石油開発帝石
運輸業	日本通運	日本通運
旅行業	日本交通公社	JTB
鉄道業	日本国有鉄道 帝都高速度交通営団	JR東日本など 東京メトロ
航空業	日本航空 新東京国際空港公団	日本航空（JAL） 成田国際空港株式会社
通信業	日本電話電信公社 国際電信電話株式会社	NTT東日本など KDDI
たばこ・塩	日本専売公社	JT
郵便事業	日本郵政公社	日本郵便株式会社など

　ただし，交通事業や水道事業のように自然独占の性格を持つ事業は，一般の財・サービスと同じように扱うことは難しい。単純に競争を行うと過大な資金が投下されることで，かえって非効率になる可能性があるからである。そこで，政府が行う事業に関わる資産を一挙に民間に売却するというのではなく，段階を踏んで売却したり，部分を切り取って売却したりすることで，適正な競争を促すという方法が行われる。

　その一つの方法は，「地域分割」（分割民営化）と呼ぶことができる。大規模な自然独占事業を複数に分割し，それぞれが企業のように経営を行うということを意味する。それぞれの企業だけでは独占企業として不当な利益を得ようとする可能性があるが，地域に分けることによって，その収益や費用の構造を比較することができる。このように，直接の競

争ではないにしても，他の地域の自然独占企業と効率化の競争を行わせることは，「ヤードスティック競争」と呼ばれており，日本では電力会社やJR各社，道路公団を民営化したNEXCO各社などで取り入れられている方法である。

　もう一つの重要な方法は，「上下分離」と呼ばれるものである。自然独占事業は，初期に大規模な費用がかかることを特徴としていた。この費用は鉄道事業であれば線路，有料道路事業であれば道路，航空事業であれば空港，といったように，主に基幹的な社会基盤の整備に用いられる。そこで，このような社会基盤（「下」部）を政府が保有しつつ，その運営（「上」部）を民間に任せることで民営化を行おうというものである。鉄道事業であれば，民間事業者は車両を買ったり借りたりして調達し，それを走らせることで収益を上げ，その中から線路の利用料を政府に支払う，といったようなことが考えられる。このような上下分離方式は，日本では地方鉄道の一部などで見られるくらいだが，アメリカやヨーロッパでは鉄道の民営化などで広く用いられる形式となっている（南 2010）。

　民営化を実現するにあたっては，このように，まず市場で供給される財・サービス化を考えた上で，必要に応じて地域分割や上下分離を組み合わせながら，競争環境を整備する必要がある[7]。さらに，政府が保有する資産を完全に売却してしまうか（完全民営化），財・サービス供給の意思決定に一定の影響を与えることができる程度の持ち分を残しておくか，といったような論点もある。さまざまな手法が考えられ，利害が錯綜するために，民営化をめぐってはしばしば関係者が激しく対立する政治過程が作り出されることになる[8]。

（3）バリュー・フォー・マネーの重視

　民営化について述べたように，現代では，政府が行っていた規制や財・サービスの提供を，そのまま民営化することは難しい。そこで「地域分割」や「上下分離」などの手法が用いられるわけだが，このような手法に通底する考え方としてバリュー・フォー・マネー（Value for Money：VfM）という概念がある。これは，政府が事業を実施する手法を選択す

るときに基準となる概念で，「支払いに対して最も価値の高いサービスを供給する」という考え方である。政府が行うよりも企業などの事業者が行ったほうが安くて質の高いサービスを提供できるならば，そちらを選択しようという発想である。

　そのような手法のうち，代表的なものがプライベート・ファイナンス・イニシアティブ（Private Finance Initiative：PFI）と呼ばれるものである。これは，従来政府が行ってきた道路や鉄道などの社会資本，庁舎や学校・病院といった公共施設の設計・建設・維持管理・運営などについて，政府がすべてを行うのではなく，一部を民間の事業者に委ねることで，VfMを生み出そうというものである。言い換えるならば，政府が自らそのような業務を行うのではなく，民間の事業者からより安くて質の高いサービスを購入する形式をとるということである。

　なぜそのようなVfMが生まれるかといえば，政府が事業を実施するにあたって法律などのさまざまな縛りがあったり，民間と比べて費用を節約しようとする意識が低いということがあったりするからだとされる。特に，政府は設計・建設・維持管理・運営のそれぞれの局面で，部局の縦割りで業務を進めなければならなかったり，違う事業者に委託を行ったりすることがあるが，このような進め方では費用が膨らみ工期は長引いてしまう。民間の事業者に包括的に委ねることができれば大きなVfMを生み出すことができると考えられている（内閣府 2008）。

　近年では，民間の事業者を活用して良いサービスを供給するというだけではなく，民間の事業者と政府を競争させることによって，政府自身のサービスを向上させる試みも行われている。市場化テストと呼ばれるこの手法は，財・サービスの提供について，政府と民間事業者が対等な立場で競争入札に参加し，質と価格を考慮して優れたものが事業を担う仕組みとなっている。能力の高い民間の事業者に業務を任せるか，そうでなければ政府自身が能力を高めて競争に勝つことが求められるのである。日本では，2006 年に公共サービス改革法が成立し，人々と直接的に接する窓口業務（国民年金保険料の収納事務や登記事項証明書の発行）や施設管理などについて，市場化テストが行われている。

　ここまで見てきた公共サービス提供の市場化は，包括的な性格を持つ政府が事業を行うよりも，専門知を蓄積した民間の事業者がそれぞれの事業を行うことで，より効率的で質の高いサービスが可能になるという発想に基づいている。事業者の側には，どこか一つの政府や自治体のみを対象にするのではなく，さまざまな取引相手にサービスを提供し，質を高める努力が求められている。反対に言えば，そのような事業者が少なければ公共サービスの市場化はなかなか成り立たないということになるのである[9]。

3. 考えられる問題点とその対応

（1）質の確保

　市場化を進めるだけで，利用者は効率的で質の良いサービスを享受できるとは限らない。市場化も進め方が悪ければ，利用者にとってむしろ望ましくない結果をもたらす。市場化を検討するにあたって，まず考えなくてはいけないのは，サービスの質を確保し，向上させるための取り組みである。民間事業者が，収益を重視するために質を犠牲にすることがあれば，市場化によって利用者が被害を受けることになるので，政府はそれを防ぐ努力をしなくてはならないのである。

　質の確保のために必要なのが，事業者がどのようなサービスを提供しているのかについての情報を収集・分析して評価することである（→第10章）。評価の手法としては，明確な目標のもとで，目標が正しく達成されたかどうかという成果（アウトカム）評価や，どのようにサービスが提供されたかという観点からサービスに従事する人々の行動や訓練のプロセスについての評価がある。市場化を進めるときに，しばしば重視されるのはアウトカム評価であり，3−5年程度の中期目標やそれを実現するための中期計画に基づいて実施された事業が，掲げられた目標に照らして実際にどの程度実現されたかについて，定量的な評価が行われる。しかし，市場化されるサービスの中には，教育や保育のような対人社会サービスがあり，このようなサービスについては明確な目標を立てることが難しく，プロセス評価が重視される必要もある（角谷 2016）。

　特にアウトカム評価が難しいような場合などは，評価者によって評価が変わる可能性がある。そのため，そのような評価は，政府も含めたさまざまな主体によって行われ，そして利用された情報も含めて公開されていく必要がある。どのような観点からの評価であるのかを明らかにした上で，その内容を公開することで，利用者の判断に役立てることができる。「格付け」は，そのような評価が制度化されたものの一つであり，政府から独立した格付け機関が，それぞれに独自の観点から評価し，事業者を比較可能な状態にすることで，利用者の選択を容易にするものである（武智 2001）。近年では例えば介護サービスについて実質的に「格付け」を行うような機関も出現している。問題は，そのような「格付け」が一元的に行われるのではなく，さまざまな観点から多元的に実施されるようにすることだろう。

（2）競争環境の整備

　次に，民間の事業者によって，競争的・安定的にサービスが提供されるかどうかということも重要な問題である。政府がサービスの提供を行うのであれば，基本的には安定的なサービスが期待できる。極端に言えば，政府は効率的に事業を行うよりも，安定して事業を続けることを目的としているからである。しかし，民間の事業者であれば，赤字が続くような事業を続けることは難しい。もし収益を上げることができないと，事業を続けることができずにサービスから撤退するようなことも考えられる。

　そこで重要になるのが，政府による競争環境の整備である。適切な競争がないとすれば，サービスの提供者が結局特定の事業者に偏り，利用者は十分に選択の機会を得ることができない。特に，もともと自然独占事業であったり，準市場を活用したりするような場合に，新しく参入する民間事業者がそれまで事業を行ってきた政府に近い事業者と公平な競争環境（イコール・フッティング）で財・サービスを提供できるように，政府は新たな規制や財政措置などを整備する必要がある。

　複数の事業者による競争が確保されていたとしても，事業者が赤字で

撤退を余儀なくされたり，競争入札によって交代したりするということになると，利用者はサービスの内容に変更が生じるという不安を抱えることになる。特に，保育や教育，介護のように，事業者と利用者の間に一定の信頼関係が必要となるサービスの場合は，利用者が望ましいと考えていた事業者が価格競争に敗れて，事業者の変更を余儀なくされるという可能性はある。そしてこのような撤退は，しばしば民間事業者が公的なサービスに対して責任を持たないものであるとして非難されることになる（狭間 2018）。撤退が生じるということは，市場化のメカニズムが機能していることの表れではあるが，だからこそそのような場合でも，一定の継続性を確保できるような移行措置を考える必要はあるだろう。

（3）サービス提供における偏り

　最後に，事業者側の「クリームスキミング」によるサービス提供における偏りを挙げる。クリームスキミングとは，牛乳から美味しいクリームだけをとることから転じて，事業者にとって利益を上げやすいところだけで事業を行うことを指す。例えば，戦前の電力事業が，人口の密集する都市を対象として民間の事業者によって行われていたように，大規模な社会資本に関する事業でも，人口密集地域だけを取り出せば収益を上げることができる可能性がある。しかし，それを認めてしまうと，人口が少ない地域では，サービスが供給されないか，あるいは政府が大きな赤字を抱えながらサービスを実施する必要が生まれてしまう。そこで政府が大きな赤字を抱えるくらいなら，都市部で事業を行う民間事業者に収益を譲らずに，それを赤字の補填にあてたほうが望ましいという反論も出る。

　準市場を活用するような分野でもクリームスキミングが発生する可能性はある。例えば医療では，収益が上がる診療科目を積極的に開設する一方で，救急や感染症など費用がかかる分野は避けられる傾向が強い。2020 年の新型コロナウイルス感染症の感染拡大において，しばしば医療崩壊の危険性が叫ばれたが，その背景には，民間病院中心の日本の医

療で感染症病床の設置に費用がかかるとして忌避され，病床数が不足していることがある。介護の分野でも，介護施設における被介護者の回復を金銭的に評価することで，かえって回復が困難な重度者の受け入れを割りに合わないとして拒否してしまうような事態が懸念される。

クリームスキミングの裏側には，政府がどこまで一律のサービスを提供するべきか，という問題がある。必ず赤字が出てしまうところでも，国や自治体として最低限度のサービスを保障しなくてはいけないとすれば，民間事業者にもそのようなサービスを維持することが求められる。そのために，現在では，利用者から一律の「ユニバーサルサービス料金」を徴収しつつ，不採算のサービスも維持されるというような規制が行われている。ただし，大規模なネットワークを利用する事業などでも，人々の集住を促すことで不採算地域でのサービスの必要性そのものをなくすという考え方もあり，ユニバーサルサービスをどの程度まで維持すべきかについては議論があるべきだろう。

》注

(1) 本章では，以下に述べているように，利用者の選択と供給者の競争という観点を重視し，「市場化」という用語を用いているが，行政法研究の場合には，同じような問題意識を持ちながらも，公的部門の担ってきた任務を私的部門へ動かしていくという意味で「私化」と呼び政府の役割の変容を議論している（板垣 2013）。

(2) ルグラン（2010），狭間（2018）。本章では主に医療福祉分野での準市場について扱うが，例えば二酸化炭素の排出権取引市場のように，汚染物質の排出について権利を設定して，それを取引するようなかたちでの準市場も考えられる（西條・草川 2013）。

(3) アメリカにおける初期のNPMの理論はこの点を最も重視していたと考えられる（オズボーン・ゲーブラー 1994）。ただし，フッドによれば，このような市場を重視する発想とヨーロッパにおける経営主義の重視が結びついてNPMの理論を形作っているとされる（Hood 1991，大住 1999）。

(4) 日本の場合は，保険者ではなく政府の中央社会保険医療協議会（中医協）が公的に医療サービスの価格を決定している。

(5)　ただし，一定以上の医療費については，高額医療費制度によって補填される。

(6)　公営住宅については，1996年以降，一応基本的な考え方が変わったことになっている。

(7)　例えば道路公団民営化では，「下」にあたる道路資産を日本高速道路保有・債務返済機構が所有し，「上」を東日本・中日本・西日本のNEXCO三社に分割するということが行われている。また，地域分割方式が注目されやすい国鉄民営化でも，当初の新幹線保有機構のみは上下分離方式であった。

(8)　包括的な分析例として，国鉄民営化について飯尾（1993），南（2010），専売公社について西村（2010），航空事業について秋吉（2007）などがある。近年話題になった道路公団民営化や郵政民営化も含めて，関係者の証言などは極めて多岐にわたる。

(9)　この点については，善教将大による，企業などを委託に資する存在として認知していない職員は民間委託を進めようとしていない，という自治体職員の意識調査の分析結果にも現れている（善教 2009）。当然ながら，そもそも委ねることができる事業者がいなければ民間委託は進むことはなく，日本の場合は「地方」でその不足が深刻なのである。

引用文献

秋吉貴雄（2007）『公共政策の変容と政策科学——日米航空輸送産業における2つの規制改革』有斐閣。

飯尾潤（1993）『民営化の政治過程——臨調型改革の成果と限界』東京大学出版会。

板垣勝彦（2013）『保障行政の法理論』弘文堂。

大住荘四郎（1999）『ニュー・パブリック・マネジメント——理念・ビジョン・戦略』日本評論社。

角谷快彦（2016）『介護市場の経済学——ヒューマン・サービス市場とは何か』名古屋大学出版会。

西條辰義・草川孝夫（2013）『排出権取引——理論と実験による制度設計』慶應義塾大学出版会。

善教将大（2009）「ローカル・ガバナンス論の中での民間委託——市職員意識調査を用いた実証分析」『政策科学』16号，55-73頁。

武智秀之（2001）『福祉行政学』中央大学出版部。

内閣府（2008）「VFM（Value For Money）に関するガイドライン」

南京兌（2010）『民営化の取引費用政治学——日本・英国・ドイツ・韓国4ヶ国における鉄道民営化の比較研究』慈学社。

西村弥（2010）『行政改革と議題設定——民営化にみる公共政策の変容』敬文堂。

狭間直樹（2018）『準市場の条件整備——社会福祉法人制度をめぐる政府民間関係論』福村出版。

ルグラン，ジュリアン（2010）『準市場　もう一つの見えざる手——選択と競争による公共サービス』法律文化社。

オズボーン，デビット・テッド・ゲーブラー（1994）『行政革命』日本能率協会マネジメントセンター。

Hood, Christopher C.（1991）"A Public Management for All Seasons ? " *Public Administration*, 69（1）: 3-19.

研究課題

1. 介護保険はどのようなかたちで市場メカニズムを利用しているだろうか。また，質を確保するためにどのような方法が用いられているだろうか。具体的な制度を調べてみよう。
2. 小泉政権における郵政民営化は，何をどの程度民間で行うことにしたのだろうか。民間事業者に委ねられた部分とそうでない部分を分けてみよう。
3. 新型コロナウイルス感染症への対応の中で，国や自治体はどのようにして民間病院に協力を求めているのだろうか。自分が住む都道府県での取り組みを調べてみよう。

9 | 公共政策の実現（4）
－政策の実施と連関

砂原庸介

　政府が社会の資源を調達して公共サービスを提供するとき，業務の目的
や対象ごとに下位組織を作って分業する。分業を行う組織は，それぞれが
専門知を蓄積し，上位者が持たない情報を持つようになる。上位者は，そ
のような下位組織を統制しながら公共サービスの提供を行うことになる。
　福祉国家が発展し，さらに新しい公共経営（NPM）という考え方が普及
する中で，人々は公共サービスの客体から，公共サービスの顧客，選択を
行う主体として位置づけられるようになってきた。そのような位置づけの
変化に合わせて，公共サービスを提供する組織や職員のあり方も変わって
いく。そして，デジタル化の進展は公共サービスに新たな革新をもたらそ
うとしている。

1. 実施のための組織

（1）分業と専門分化

　現代の政府が求められる公共サービスは多岐にわたる。限られた職員
がさまざまな分野において複雑な仕事をすることは現実的ではなく，業
務の目的や対象などが近いものごとに分業が行われ，それぞれの職員は
責任を持って特定の業務にあたることになる。
　公共サービスを提供するために，リーダーである政治家がなすべきこ
とは，分業を行う境界を定め，下位レベルの組織を作り，それぞれの分
野について分担して管理を委任することである。委任を受けた公務員の
側も，必要に応じてさらに細かく分業を定めていく。日本の国レベルの
政府であれば，最も大きな分業の境界は「府省」であり，リーダーであ
る内閣のもとで，政府の金銭管理を行う財務省，社会保障を扱う厚生労

働省，教育や科学技術に責任を持つ文部科学省というように大まかな業務に応じた分業が行われている。さらに各省においては，大臣・次官を長として業務のくくりごとに「局」が設定されて分業が行われ，その下には「課」や「係」といったより細かい分業の単位が存在する。呼び方こそ違うが，自治体においても同様の分業がなされている。

　このように上位者が下位組織に業務を分担させる一方で，下位組織に与えられた業務について直接責任を負う職位の系列を，ライン型の組織と呼ぶ。ライン型では，職位が上位にある者から下位にあるものまで単一の命令系統が構成されていて，より包括的な目的を持つ上位者が，その業務の一部を明確化して下位組織に担わせる。例えば，人々から公共の福祉という極めて包括的であいまいな目標を託された政治家が，そのうち医療や福祉など社会保障の実現を行政組織に委任し，その組織の長がさらに医療サービスの効率的な提供を下位組織に委ねる，といった形式である。下位に行くほど業務にあたる職員が多くなるため，全体としてはピラミッド型の官僚制組織が作られることになる。

　ラインに位置づけられる下位組織は，それぞれが持つ情報・金銭・職員・権限といった資源を組み合わせながら，与えられた目的を果たしていく。金銭資源を使って財・サービスを購入したり，必要な職員を雇ったり，職員を使ってサービス対象となる人々や社会のニーズについての情報を収集したりする。その際にはどのように金銭・職員を使ってよいか，人々からどのような情報を収集してよいか，といったことは持っている権限に依存して決まる。必要な資源がなければサービスを実現することができないので，不足する資源については組織の上位者や別の下位組織と交渉して獲得したり，市場から調達したり，場合によっては人々から直接提供を受けたりすることもあるだろう。

　それぞれの組織で保有する資源を管理することも重要である。そこでそれぞれの業務の責任者を補佐するように，情報，職員，金銭，権限などを管理するスタッフ部門が設置されることがある。これも日本の国レベルで考えれば，リーダーである内閣のもとで政府全体の金銭管理を行うのが財務省であり，スタッフ機能を果たしている。近年創設されて注

目を集めている内閣人事局は，政府全体で職員を管理するスタッフ部門といえるだろう。このようなスタッフ部門は，政府全体で作られるだけではなく，それぞれの府省や局といった下位組織にも置かれる。日本の各府省で情報，職員，金銭，権限の管理を行うのは「官房」と呼ばれる部局であり，しばしば人事課・会計課・総務課といった下位組織が省全体の資源管理にあたっている。さらに，局においては多くの場合，総務課と呼ばれる部局が局の資源管理を行っている。

　このように，職員がそれぞれに分業を行い，ある業務に特化することで専門分化が進む。分化した下位組織が，与えられた業務についての専門知を蓄え技術や能力を持つ職員を抱えたり（→第4章），必要に応じて自分たちで統計情報を作り出したりすることも珍しくない（→第2章）。結果として，上位者が持たないような情報を下位組織が持つことになる。上位者は，このような下位組織を統制しながら，自分たちが人々から委任されたと考える公共サービスを実現しなくてはならないのである。

（2）下位組織の統制

　分業して下位組織に対して委任を行うとき，上位者は，実現すべき目的や任務とその達成のために必要な資源を下位組織に対して与える。上位者から見れば，目的や任務を抽象的に定めるのみでやり方は任せることで，下位組織が自律的に専門知を蓄積し，適切に公共サービスの提供が行われれば，自分たちはリーダーにしかできない意思決定に集中することができる。しかし，担当する業務が広く，特定の業務について下位組織ほど情報を持たない上位者が，専門分化した下位組織がそれぞれ適切な行動を行っているかどうかを判断し，統制することは容易ではない。そこで，上位者は，個々の行動を統制するよりも，公共サービスを実施するために必要な資源の統制を通じて下位組織の統制を行うことになる。

　最もわかりやすい統制は，法律や命令，規則，要綱，ガイドライン，マニュアルなどを定めて下位組織の自由を制限する法的権限を行使する

ということである[1]。上位者は目的や任務だけを与えて，あとは下位組織の自由に任せてしまうこともある一方で，具体的に下位組織がどのような方法でその目的や任務を実現するかについての手段を詳細に定めることもできる（McNollgast 1999）。下位組織の行動を限定することで上位者の意思を実現しようとするのである。しかし，詳細に規則を決めれば，上位者が望む通りのやり方で公共サービスが実施されるかもしれないが，現実には不確実性が存在するため，規則を決める際には想定されていなかった問題が発生し，かえって望ましくない帰結につながるかもしれない。統制を強めすぎると，下位組織が自律的に専門知を蓄積して問題解決にあたることを妨げるという問題も生じる。

　次に，予算という金銭の使用を通じた統制がある。一定額の資金を下位組織に渡しきって自由に利用させることがある一方で，どのように資金を利用するかについて，あらかじめ詳細に上位者の承認を求めることで，下位組織の行動を制約することもできる。日本の場合，金銭管理を担当するスタッフ部門の部局が，予算査定を通じて事業を実施するラインの意思決定に介入することも少なくない。査定をする側が詳細な専門知を持っていれば妥当な判断を行うことができるが，そうでなければ必要な資金を利用することができなかったり，無駄な事業に資金が使われてしまったりすることもあるだろう。

　職員を通じた統制も重要な方法である。下位組織が与えられた権限や財源を用いて専門知や技術と能力を持つ職員を独自に雇用することもあるが，上位者が自らの目的を理解した職員を下位組織に配置して統制するのである。下位組織で採用されて，そこで特定の業務に従事する職員は，スペシャリストとしていかに割りあてられた業務を遂行するかを優先的に考え，知識や経験を蓄積することになるだろう。結果として，上位者からは，より包括的な目的の実現を目指す上で逸脱ととらえられるような行動が生じるかもしれない。それに対して，組織の上位で採用されジェネラリストとしてさまざまな業務をこなす職員は，専門知を蓄積することが難しいかもしれないが，上位者から見れば，一つの下位組織の業務にとらわれずにより包括的な目的の実現を目指すことが期待でき

る。そのような職員を配置することで，組織全体の目的を共有し，下位組織を統制することができると考えられる。

（3）業務の重複への対処

　権限・金銭・職員について，上位者から幅広く裁量を与えられた下位組織は，自ら情報を収集し，専門知を蓄積させて業務を行っていくだろう（→第11章）。下位組織に自律性を与えてさまざまな課題に対処させることで，上位者が業務の内容を決めて下位組織に実施させるよりも，現実に即した柔軟な公共サービスの実施が行われることが期待される。また，大量の情報の収集や判断を下位組織に委ねることで，上位者が社会にとって最も重要な課題に取り組むことに集中できるという利点を挙げることもできる。

　しかし，委任を受けた下位組織が専門化を進めるときに問題がないわけではない。専門知を有する下位組織同士で業務に重複が発生することで，下位組織間に深刻な紛争をもたらすことがある。上位者が分業を決めて委任する過程で，下位組織にはより明確な目的が与えられるが，それぞれの下位組織が与えられた目的を追求しようとする結果，相互に矛盾した目的のもとで似たような業務を行うことがあるからである。

　具体的な例として，ダムの管理を考えてみよう。一方で，国土を保全するという目的のもとで，洪水が起きないように，普段は水をためず，大雨のときに水をせき止めるような治水ダムを作ることがある。他方で，きれいな水道水を供給するとか，水力発電に使うとか，水を利用することを目的とするダムもある。そして，この両方の目的を含めた「多目的ダム」が作られている。治水を目的とする下位組織（国では国土交通省水管理・国土保全局）は，多目的ダムになるべく水を貯めないようにするが，利水を目的とする下位組織（農林水産省農村振興局など）は逆に水を貯めようとするだろう。つまり，多目的ダムは，下位組織によって異なる目的で用いられるのである[2]。

　多目的ダムほど極端に目的が異なることはなくても，例えば幼児教育を目的とする幼稚園と保護者がいない幼児の監護を目的とする保育所の

ように，別々の下位組織が，異なる目的で同じような業務を行うことは
少なくない。このような場合，下位組織同士で水平的に情報を共有し，
重複から生じる問題を合意によって解決し，組織全体の目的に資する活
動を行う調整が必要となる（牧原 2009）。それぞれの下位組織が，自ら
が担当する分野の利害を踏まえた上で，お互いに協力しながら解決の方
法をパターン化していくことで，下位組織を組み替えることなく効率的
に公共サービスの提供を行うことが期待できるのである。しかし，重複
を前提に業務を行うということは，上位者がその業務について専任する
特定の下位組織を割りあてていないことを意味するために，誰が責任を
担うのかが不明確になるという問題も生じる。

　外部環境が安定的で，下位組織が共通の目的を追求しやすい状況であ
れば，このように情報を共有し，協力しながら公共サービスを提供する
ことが期待できる。しかし，目的が共有されず協力が難しいような状況
では，それぞれの下位組織が自分たちの利害を主張するセクショナリズ
ムに陥ることがある。そのような場合，上位者には，組織を再編成して
業務の再割りあてを行うことが求められる。上位者が自分たちで情報を
収集し，必要な技術や能力がどのようなものであるかを理解した上で，
責任の所在を明確にして分業を再構築するのである。

2. 公共サービスの提供体制

（1）NPM と顧客志向の展開

　政府が提供する公共サービスは，決められた目的を実現するための手
段という性格がある。正統性を持つ政府が法律や規則などで決めたこと
を，制度や手続きについて専門的な知識を持った公務員が実施するため
に，人々は公共サービスの受け手，客体として，劣位に置かれてきた。
公共の利益に資する道路やダムなど社会基盤を建設するとして，政府が
その地域に住む人々を立ち退かせるようなことはしばしば行われてき
た。また，社会保障のように個人を対象とするものでも，初期の公的扶
助（生活保護）のように，資産に関する個人情報を包括的に求めて受給
資格を審査した上で，保護を行うとしても独立労働者の生活以下に抑え

る（劣等処遇）というような，個人の尊厳に十分な配慮がなく公共サービスが実施されることもあった。

福祉国家が発展し，人々の個人としての権利が確立されていく中で，政府と人々の関係はしだいに変わっていく。つまり，政府は決めたことをただ実施するというのではなく，権利を持つ人々に対して敬意をもって助けを与え，人々が満足するように生活を改善するサービスを提供することが求められるのである。さらに，第二次世界大戦後の高度経済成長が終焉して福祉国家が財政難に陥っていく中で，政府による公共サービスの提供が非効率で無駄が多いという批判も強まっていった（→第6章）。

人々の満足度を高めるように公共サービスの質を改善しようとするとき，しばしばとられてきた手法は，企業での経営の実践に学ぶということであった。企業の場合は，顧客の声を取り入れてサービスの改善を行うことで，競争相手に対して優位に立とうとする。それと同様に，政府でも公共サービスに顧客の声を取り入れて質を改善しようというのである。そのような一連の方法論がNPMであり，多くの先進国で広がっている。

NPMの中核的な要素としては，より少ない支出でより多くのサービスを提供する生産性，人々の選択を重視して市場を活用する市場化，顧客に対してより応答的な対応を行うサービス志向などが挙げられる（Kettle 2005）。政府は人々の要求を踏まえた上で，目的と優先順位を設定し，利用可能な資源を柔軟に用いて公共サービスを提供する。そして，公共サービスが何を実現したかを測定し，目的の達成につながっているかどうかについて分析と評価を行うのである。設定した目的を達成するためには，サービスの現場に近い下位組織が，顧客である人々の要求に応じてより柔軟に資金や職員を活用し，必ずしも従来の法律や規則に縛られずに人々に対応する裁量を有することが重視される。それに加えて第8章で示した市場化の発想は，人々の多様な選択を可能にし，選択を通じて公共サービスの質を改善していこうとするものであるといえる。

顧客である人々にとって望ましい公共サービスであるためには，対応が迅速である，十分な情報提供を行う，サービスへのアクセスを容易に

する，待ち時間をなくす，などのさまざまな要素が挙げられる。最も重要なのは，政府の都合で公共サービスを提供するのではなく，顧客である人々の必要に応じてサービスが提供されるということである。政府が制定し，下位組織を縛るような法律や規則は，柔軟なサービス提供の制約として理解され，下位組織への権限委譲を進めて大きな自由を与えた上で，生み出した成果や人々からの不満に応じてサービス提供の方法を常に見直すことが求められるのである。

（2）第一線職員とそのジレンマ

　提供される公共サービスの質について，その鍵を握るのは，現場で顧客である人々と直接関わる「第一線職員」である[3]。第一線職員とは，人々と実際に直面して規制にあたる警察官や，工場に立入検査を行う担当官，あるいは財・サービスを供給する担い手である教員や保育士，ケースワーカー，司書，そして役所の窓口で来訪者への対応にあたる職員などのことをいう。このような第一線職員は，自分たちが仕事を行うときに，その対象となる被規制者や財・サービスの受益者などと直接的に接することになる。顧客となる人々は非常に多様であり，また仕事を行う場所がそれぞれの対象によって規定されるために，公共政策の決定に関わった政治家や上位の職員が実際の業務を監視することが難しいと考えられる。

　第一線職員は，基本的に上位者が定めた法律や規則のもとで業務を行う。教育や保育などサービスの給付であれば，職員は，何を教えるか，どのように子どもを監護するかについて定めたガイドラインや業務マニュアルを参照しながら教育や保育の活動を行うことになる。また，警察などのように違反を取り締まる業務であれば，違反について定めた法律や規則を参照し，人々が作り出す現実の状態をその基準にあてはめて違反かどうかを判断することになる。しかし，法律や規則がすべてをあらかじめ想定できるわけではなく，実際には想定されていない例外が存在する。そのような場合，第一線職員は上位者の判断を仰ぎ，その判断に従って行動すると考えられるが，緊急事態などその場で自らが判断を

迫られることも少なくない。

　さらに，第一線職員は，業務を円滑に進めるために，対象となる被規制者や財・サービスの受益者が個別に抱える事情に配慮して裁量を行使することすらある。長期的により望ましい成果を上げることを意識しながら，曖昧な部分のある法律や規則をあてはめる際に，逸脱にもみえるような裁量を行使するのである（平田 2017）。特に，第一線職員が被規制者と長期的な協力関係を築くときにはそのような裁量が重要になると考えられる。例えば警察官による交通違反の取り締まりのように，被規制者と一回きりの関係であれば，第一線職員が制裁に対する反発を直接受けることは少ない。しかし工場の水質規制のように，ある第一線職員が同じ被規制者と継続的に関わるような場合，制裁に対する被規制者の反発が，将来の規制をより難しくしてしまうかもしれない。無理に制裁を行うより，被規制者が自発的に規制を守るような行動を促すのが望ましい場面もあるだろう。そのようなときに第一線職員の判断が求められることになる。

　第一線職員が，業務を通じて独自の方法論や専門知識を蓄積し，自律性を強めることは，上位者からすれば，職務権限を逸脱して設定した目的の実現を妨げることにつながると受け取ってしまう可能性もある。第一線職員の裁量が強すぎると，判断する上位者はその余地を減らすために，ガイドラインや業務マニュアルを策定して，それに厳格に従うことを求めるようになる。そして，もしそのガイドラインやマニュアルが詳細すぎると，第一線職員にとって自分たちが望ましいと考えるような裁量の行使が難しくなる。つまり，第一線職員の裁量が大きすぎると公共政策を決定者の意図の通りに実現することが困難になり，他方でその裁量を狭めようとすると円滑な実施が困難になる，という問題が生じるのである。

（3）サービス提供における連携

　政府は設定した目的を効率的に実現するために分業を行って公共サービスを提供するが，公共サービスによって利益を受ける人々からすれ

ば，そのような分業の存在が負担になることがある。なぜなら，恣意的に設定された政府の分業の区切りに合わせて，複数の下位組織から必要な公共サービスを受けなければならないからである。下位組織ごとに問題を認知したり解決を図ったりするときの標準的な対応は異なり，政府が提供するサービスと人々が求めるサービスがかみ合わないこともある。責任を持って対応する下位組織をうまく見つけることができず，人々が「たらい回し」のような状態に遭うこともあるだろう。

　このように複数の下位組織が関わる公共サービスの例として，少年非行への対応がある[4]。少年非行は，非行を起こさないような子どもを育てるという教育の問題でもあり，非行に陥る子どもたちの健康や福祉の問題でもあり，また社会秩序を脅かす重大な問題でもある。学校や教育委員会，児童相談所，警察，自治体の福祉部局・青少年部局，そして自治会・PTAなど地域住民組織などが関わっているが，それぞれの組織にはそれぞれの目的があり，もっぱら少年非行への対応にあたる組織があるわけではない。そのような中で，主流となっている少年非行の特徴に応じて，家庭環境など福祉的な背景に焦点をあてて福祉分野の専門家を中心とするケースワーク的なアプローチがとられたり，学校を中心に地域社会と連携しながら子どもを啓発するようなアプローチがとられたりすることがあった。

　少年非行に限らず，人々の求めに応じてすぐに組織を超えた公共サービスの提供がなされるというわけではなく，多機関連携を機能させるための準備が必要になる（伊藤 2019）。まず関係者が一堂に会する会議体が「場」として重要な役割を果たす。同じ空間で職員が相互に接することで連携が可能になる面もある。また，連携を実際に担う職員が相互に交流したり，組織同士で職員を融通し合ったりすることで関係を深めることができる。さらに，取得した情報を共有する取り決めなどを結ぶことで，複数の機関でサービスの対象となる人をケアすることができる。

　サービスを受ける人々からすれば，自分がアクセスした組織で，必要なすべてのサービスが完結するワンストップが望ましい。顧客としての人々にとっては，政府から受けた公共サービスが何かというだけでなく，

それを受けるまでのプロセスが重要である（Alford and O'Flynn 2019）。サービスを受ける人にとっては，提供する組織に合わせて別々の担当者とそれぞれに関係を築くのは簡単なことではなく，ストレスも大きくなる。それを防ぐには，「たらい回し」にするようなことはせず，確立されたやり方に基づいて，第一線の職員が一定の裁量をもって決定できることが重要である。

3. 新たな課題と組織改革

（1）社会のニーズの変化

　社会が発展し，複雑化する中で，それまでに分業を行ってきた下位組織が，適切に社会のニーズに対応できなくなることがある。それに対して，多くの国々で，社会のニーズの変化に合わせて公共サービスを提供する組織の再編が行われてきた（Pollitt and Bouckaert 2011）。

　人々に選ばれた政治家が，適切に社会のニーズを把握していたとすれば，そのニーズを下位組織に伝えて望ましい公共サービスを実現することができるかもしれない。政治家が資源の再配分を通じて行政組織を統制し，政府全体として設定された目的の実現を目指すということである。1990年代以降の日本の行政改革でしばしば強調される，政治主導や内閣主導というコンセプトは，このような観点から政府が戦略的・機動的に意思決定を行い，それを実現に移す組織を作るというものであったといえる[5]。

　政治家が行政組織への統制を行うといっても，すべての公共サービスについて適切な指示を出すことができるわけではない。そこで，多くの国における近年の改革では，人々から選ばれた政治家による統制に加えて，職員が専門家として公共サービスの質を高めることを目指すような文化や，市民参加などを通じて人々の意見を取り入れたり（→第13章），公共サービスの評価を行って成果を重視したり（→第10章）することが強調されている[6]。このような改革では，人々によって選ばれた政治家が実施を担う行政組織を統制して公共サービスを提供することを基礎としながら，公共サービスを担う職員が単に法律や規則を適用するだけで

はなく，人々の要求に応える専門家として機能することが重視されているのである。

　このような改革の背景には，NPMの考え方が広がり，政府の活動の成果を顧客である人々がどのようにとらえているかに焦点が当たるようになったことがある。NPMの考え方のもとでは，達成すべき目的を与えられた下位組織が自律的に課題に対応しやすくなるように，権限・金銭・職員について下位組織がより大きな裁量を持つことを強調することが多い。とりわけ重要なのは，選挙で選ばれているわけではない下位組織の長（マネージャー）が，より上位の政治家の指示に従うだけでなく，自ら社会や人々と関係を構築して，その要求に応答することを求められることである（Hughes 2018）。そのようなマネージャーは，特定の分野の専門家というよりも，定められた成果を挙げるために金銭や職員を柔軟に管理するスキルが必要とされるのである。そして上位者には，下位組織への制約を緩めるだけではなく，適切なスキルを持ったマネージャーを選任することが求められる。

（2）職員への影響

　日本も含めた多くの国において，近代の政府は政治と行政を分離し，能力のある人を公務員として雇う資格任用制が導入されてきた(→第4章)。採用された職員は，恣意的な解職をされないように法的に保護され，当初は組織の下位で働きながら法律や規則の知識を身に着けつつ，徐々に昇進していくことになる。賃金の上昇はそれほど早くはないが，退職後に比較的手厚い年金が支給され，そのような待遇が雇用者である政府への忠誠心とも結びついてきたとされる。業務においては，政治家が定めた法律や規則を正確に適用することが重視され，必ずしもその成果が問われてきたわけではなかった。

　NPMの考え方を背景として組織の改革が行われれば，そこで働く職員にも大きな影響がある。設定された目的のもとで成果を挙げることが重視されるようになれば，その成果に貢献できるような職員が求められるようになる。長く政府で働き忠誠心の高い職員が，新たな業務に必要

な能力を持つとは限らない。成果に貢献できる能力を持った人を新たに職員として雇い，貢献に応じて報酬を支払おうとする傾向が強まる。高度な技能を持つ人を雇おうとすると，それだけ高い待遇を用意することが必要になる。そして，このような職員については，行っていた業務が終わったり，十分な成果が上げられなかったりすると，従来の公務員とは違って解職されることも出てくる。

　このような変化は，政府での雇用を企業での雇用に近づけるような性格がある。財政が苦しい中で企業ほどに賃金が払えないとすると，公務員にとっては不利な変化となり，労働組合などを通じた抵抗が行われることも珍しくない。しかし，福祉国家化の進展とともに，政府がそれまでになかったさまざまな場面でサービスの提供を行うようになると，企業など民間事業者が行うサービスとの違いが薄まってくる。ヨーロッパやアメリカでは，NPMが普及する以前からこのような変化は始まっており，政府は身分保障を与える公務員を雇用するだけでなく，下位組織レベルで期間を区切ったような雇用が行われることも一般的である。日本では，第4章で見たように，財政危機で職員を増やすことが難しい中で，企業に近いサービスについては，民間委託や非正規職員に頼りながら業務が行われている傾向がある。

　政府による公共サービスの提供が企業によるサービスと重なり，やはり企業と同様に職員の貢献と報酬が結びつけられるようになる一方で，近年では政府で公共サービスに関わる職員のモチベーション（Public Service Motivation：PSM）への関心も強まっている（Perry and Wise 1990；Perry et al. 2010）。高い報酬を得ることよりも社会に役立ちたいという利他的な目的を重視する人々が，政府のような公的な組織で仕事をすることを選ぶ傾向があり，組織の中で高い成果を上げるとともに，そのような職員の多い組織が報酬による外的な動機づけに頼らずに運営しやすくなることが議論されてきた。公共サービスが企業のサービスに近づいているとしても，政府のような公的な機関に特有の性質は依然として存在し，それが職員の貢献や組織の成果に影響を与える可能性が指摘されているのである。

（3）デジタル化による革新

　近年の社会の変化の中でも，特に情報通信技術の発展による政府のデジタル化の進展は，公共サービスの提供に革新的な影響を与える。デジタル化によって，政府と人々の間でのコミュニケーションのあり方が変わることで，政府による公共サービス提供の方法が再編成される可能性があるからである。その過程では，公共サービスを提供する政府の組織編制についても見直しが迫られることになる。

　企業に比べて遅れがしばしば批判される政府のデジタル化だが[7]，政府における情報通信技術の利用が常に遅いわけではない。初期の電報・電話，FAX，電子メールといった通信技術や，タイプライター・コピー機・パソコンなど，政府はその時々の新しい技術を早い段階で摂取している。しかし，それらは基本的に紙を使いながら人力で行われてきた連絡や複製に関わる従来の業務を機械によって行うことで効率化・省力化するものであった。

　現在のデジタル化では，インターネットを利用した情報の収集と蓄積，さらにコンピュータの計算能力の向上による検索や分析，その即時的な共有などが可能となり，情報の使用可能性が広がっている（→第2章）。これは政府の業務自体を革新する可能性がある。まず政府と人々との関係では，供給側である政府の都合で公共サービスが提供されるのではなく，個人に対応したより応答的なサービスが模索される（Goldsmith and Crawford 2014）。人々は政府に自分の情報を提供し，それに基づいて政府から公的な情報やサービスを受けるのである。人々と政府の接点（インターフェース）が従来のような職員との対面だけではなく，インターネットのウェブサイトが中心となれば，そのようなサービスを大規模に行うことが容易になる。人々が自分自身で情報を入力することで，政府が情報を収集する費用を大きく引き下げ，その情報を蓄積し，分析することができるからである。

　大規模な情報が収集・蓄積されるだけでなく，それが容易に共有されることは，政府内部での情報の流れも変える。それまで下位組織で蓄積されてきた情報がより上位のレベルで共有され，他の下位組織での情報

と結合されて分析が行われれば，公共政策の方針に関する新たな知見が生み出されることもある。それは，上位者からの指示を伝えるとともに下位組織の情報を管理するという情報の結節点であった中間管理職の意義の低下につながる。また，第一線職員についても，情報通信技術の発展によって，上位者がその業務を効率的に管理できるようになる。このような変化は，上位者が人々のニーズに沿ってサービス提供の組織を再編成するとともに，組織の中間的な管理者を減らすフラット化を促すようになると考えられる。

　このように，デジタル化は，政府による公共サービスに革新をもたらし，組織編制を変えていく可能性がある。重要な点は，情報を提供しサービスを受ける人々を中心に公共サービスを再構築することである。内部で分業していても，人々から見れば政府は一つの組織であり，サービスの際はワンストップあるいはなるべく少ない窓口で完結することが利便性を向上させるだろう。しかし，それは政府のさまざまな下位組織が個人情報を共有することを意味する。適切に個人情報を保護する枠組みも同時に構築することが必要だろう。さらに，オンラインで政府にアクセスできる人とそうでない人の格差についても注意を払わなくてはならない。アクセスを禁じるのではなく，アクセスできない人に支援を行うことを中心にデジタル化の恩恵を広げることを検討する必要があるだろう。

》注

(1)　例えば秋吉（2017）では，生活保護の実施を例に，法律・政省令・通達・通知がどのように制定されているか説明している。

(2)　なおこの多目的ダムの場合，治水が最も重要な目的とされ，その業務を担う組織が「主管」となる。主管の組織が，上水道や発電のために水を用いる組織と協議しながら多目的ダムを運営している。

(3)　「第一線職員のジレンマ」についてはリプスキー（1986）が古典的な議論である。日本における実証研究の例として，畠山（1989）がある。

(4)　以下の記述は手塚（2019）を参照。

(5)　例えば近年の日本の行政改革に大きな影響をもたらした行政改革会議最終報告の冒頭部分では，肥大化・硬直化して社会の変化に対応できなくなった行政組織を改革することの重要性が訴えられている。また，最近の内閣法制局における人事慣行の変化や内閣人事局の設置は典型的に権限や職員を通じた統制を図るものだと考えられる。

(6)　このような一連の改革は，市場化やインセンティブを強調するNPMとは異なる新ウェーバー型国家（Neo-Weberian State：NWS）として類型化されることがある（Pollitt and Bouchaert 2011：118-122）。日本においても，例えば行政改革会議の最終報告の中には，NWSに近い発想がみられるところもある。

(7)　例えば日本では職員がデジタル化を進める能力が低く，「システム」の導入がしばしば失敗することが批判されている（日経コンピュータ2021）。

引用文献

秋吉貴雄（2017）『入門・公共政策学』中公新書。

伊藤正次（2019）『多機関連携の行政学――事例研究によるアプローチ』有斐閣。

手塚洋輔（2019）「少年非行防止」伊藤正次『多機関連携の行政学――事例研究によるアプローチ』有斐閣。

日経コンピュータ（2021）『なぜデジタル政府は失敗し続けるのか』日経BP。

畠山弘文（1989）『官僚制支配の日常構造――善意による支配とは何か』三一書房。

平田彩子（2017）『自治体現場の法適用――あいまいな法はいかに実施されるか』東京大学出版会。

牧原出（2009）『行政改革と調整のシステム』東京大学出版会。

リプスキー，マイケル（1986）『行政サービスのディレンマ——ストリートレベルの官僚制』木鐸社。

Alford, John and Janine O'Flynn（2019）*Rethinking Public Service Delivery*：*Managing with External Providers*, Red Globe Press.

Goldsmith, Stephen Goldsmith and Susan Crawford（2014）*The Responsive City*：*Engaging Communities Through Data-Smart Governance*, Jossey-Bass.

Hughes, Owen E.（2018）*Public Management&Administration*：*An Introduction, 5th* ed., Red Globe Press.

Kettle, Donald E.（2005）*The Global Public Management Revolution, second edition*, Brookings Institution Press.

McNollgast（1999）"The Political Origins of the Administrative Procedure Act," *Journal of Law, Economics, and Organization* 15：180-217.

Perry, James L.and Lois R. Wise（1990）"The Motivational Bases of Public Service," *Public Administration Review* 50（3）：367-73.

Perry, James L., Annie Hondeghem, and Lois R. Wise（2010）"Revisiting the Motivational Bases of Public Service：Twenty Years of Research and an Agenda for the Future," *Public Administration Review* 70（5）：681-90.

Pollitt, Christopher and Geert Bouckaert（2011）*Public Management Reform*：*A Comparative Analysis-New Public Management, Governance, and the Neo-Weberian State, Third Edition*, Oxford University Press.

🖱 研究課題

1. あなたが住む市町村はどのような組織編制で公共サービスの提供を行っているだろうか。調べてみよう。

2. 例えば児童相談所のケースワーカー（児童福祉司）という仕事は，第一線職員としてどのようなジレンマを抱えているだろうか。考えてみよう。

3. 現代の政府において，デジタル化は分業で任された特定の専門家だけが取り組む問題と考えてよいだろうか。考えてみよう。

10 | 公共政策の実現（5）
－政策の測定と評価

砂原庸介

　民主主義体制において，政府が社会における資源を利用して実施する公共政策について，それが有効なものであったかどうかの評価を行うことは重要である。政府は，人々が政府の活動を評価するのを助けるために，あるいは自らの決定が正しいものであると示すために，その活動の評価に関する情報を提供している。

　公共政策という，政府による社会への介入の効果を測定するのは容易ではない。成果となる指標を選定した上で，介入が行われない場合と行われる場合の比較によって効果を測定することが必要になる。日本では，このように効果を測定することを目指す政策評価は十分に浸透しておらず，政府の内部で業績を測定して予算に結びつけることが志向されてきた。人々が利用可能な評価情報を提供するためには，高い独立性と十分な専門知を備えた評価主体を育成していくことが重要になる。

1. 政策の評価

（1）なぜ評価が必要か？

　政府が行う公共政策は，社会からさまざまな資源を調達した上で実施される。しかし，本書でこれまで述べてきたように，政府は必ずしも社会から恣意的に資源を調達できるわけではない。社会にとって必要な公共政策を実施するということで，人々から合意を得て進めていくことが前提となっている。

　このときに重要になるのがアカウンタビリティという概念である。しばしば「説明責任」と訳されるアカウンタビリティとは，人々の求めに応じて行動の説明を行う義務のことである。社会から調達した資源を扱う政府は，その資源をどのように利用し，どのような結果を生み出した

かについて人々に対して説明しなければならない。そうでなければ人々は政府が資源を調達することに合意を与えることを拒むだろう。そして，アカウンタビリティという概念を考えるときに重要なのは，説明の結果として，公共政策の意思決定に関わった政治家の解任のような制裁が与えられるということである。これは，あくまでも規範に沿った行動を行ったかどうかという個人の内面の問題に関わるレスポンシビリティとは大きく異なる。

　政策の評価が求められるのは，政府が実施した政策とその結果を結びつけ，人々が自ら選んだ政治家の責任について認識できるようになることで，政府のアカウンタビリティを高めることを助けるからである。一般に，このような政治的な因果関係について，人々が共通の理解を持つことは難しい。専門的な知識が必要とされることもあるし，また原因である政策とその結果の間には何通りもの関係を設定することができるからである。そこで，仮に何もしなければ人々が政治家の責任を問うことが難しいとしても，適切に政策の評価が行われれば，人々が政治家の責任を考えるための基準を得ることができる。

　政府の側から見ても，社会から資源を無理やり調達するのではなく，合意を前提として調達するためには，政策の評価を通じてアカウンタビリティを確保することが重要である。腐敗した政府が資源を濫用している，と人々が理解すれば，人々は政府に対して反発し，政府は資源の調達が困難になると予想される。しかし，人々にとっても意味があるように資源が適切に使われていることが明らかにされれば，政府の正統性が高まり，人々に協力を求めやすくなるだろう。

　このように，評価は政府の責任を明らかにして，人々が政府の責任を問うことを助ける一方で，政府が自らの決定の正統性を高めることにも資する。前者の目的ばかりが強調されると，政治家たちは，自分たちを批判する材料を増やすような評価を好まないだろう。他方で，後者の目的ばかりが強調されると，人々はそのような評価の結果を有効なものととらえないだろう。評価を行うにあたっては，両者のバランスをとりながら適切な制度を構築することが求められるのである。

（2）誰が政策を評価するか？

　人々が政府の責任を理解するために利用可能な，政府の活動に関する評価の情報はどのように生み出されるのだろうか。それを考えるときに，まず重要になるのは誰が政府の活動を評価するかという点である。この点については，内部者による評価と外部者による評価という二つの考え方がある。

　まず内部者による評価とは，公共政策を実施する政府が自ら評価を行う形式である。日本においてはしばしば「行政評価」といったような呼び方がされるが，公共政策を実施した事業主体，あるいはそれに非常に近い機関が，自己評価を中心に公共政策の評価を行うことになる。他方で，外部者による評価では，そのような自己評価とは異なり，公共政策を実施した事業主体からある程度距離を置いた機関が，公共政策に関わる利害から離れて，より客観的に評価を行うことが期待されることになる。

　内部者による評価と外部者による評価の違いを考えるときに重要な点は，評価者を事業主体から独立した存在として位置づけることができるかどうかである。内部者による評価の場合は，公共政策に関する情報を入手する費用が低くなり，詳細な検討が可能になる一方で，評価に関する情報や判断基準を事業主体に依存しやすくなってしまう。実施した公共政策の評価が悪いことでその事業の存続が困難になるとすれば，事業を続けようとする実施機関は，公共政策が期待通りに実現したと主張しようとするだろう。また，評価が悪い公共政策を認めた政府自体が，マスメディアや野党など，その外部から非難されるかもしれない。そのため，内部の評価者が，事業主体から独立して，真に人々にとって必要な評価情報を提供することをためらってしまうかもしれない。

　外部者が評価を行う場合，評価者は，事業主体から独立して，客観的に，人々にとって必要な評価情報を提供することが期待される。しかし，外部者による評価の場合には，評価のために必要な公共政策に関する情報を入手するのが困難になる。特に日本の場合，政府の内側と外側では，政策の分析・評価に必要な情報へのアクセスが大きく異なっており，外

部の評価機関が政府や自治体の事業主体に対して詳細な政策に関する情報を求めるのは容易ではない。さらに，仮に情報を入手したとしても，それを分析して厳密な評価を行うための専門知識が不足していれば意味のある評価とはならない。結果として，政府から独立した判断を行うことができるとしても，事実から離れた政治的メッセージのような評価が提供されるとすれば，人々にとって意味のある評価情報になるとはいえない。

　ワイスは，評価者が内部か外部かということに付随する論点として，管理者の信認，評価の客観性，プログラムへの理解，評価が活用される可能性，評価者の自律性などを挙げている（ワイス2014）。もちろん実際は，内部者ほどプログラムへの理解が深く，外部者ほど評価の客観性が高まるというほど単純なものではない。ワイスもこれらの論点の比重によって評価の主体を考えるべきであるという。しかし，一般的には評価主体が内部であるほど，評価をするために必要な情報へのアクセスは容易であるだろうし，評価者が外部であれば評価の客観性が増すとともに評価者がより自律的になる傾向があると考えられる。

（3）どのように評価を行うか？

　誰が政策の評価を行うかと同様に重要なのは，何を基準としてどのように評価を行うか，というものである。まず伝統的な監査・監察といわれるタイプの評価においては，事業が正しく規則に則って行われているかどうかが評価の対象となる。会計検査のように，会計上の誤謬や不正が行われていないかどうかを確認するような評価はその典型といえるだろう。このようなタイプの評価では，一般に公表された客観的な法令・規則や会計基準などに即して，合法性や合規性を基準とした評価が行われる。もちろん，法律や規則に違反していると考えられるような場合には，その行動の是正が求められるし，場合によっては処分を受ける場合もあるだろう。

　近年の公共政策の評価で問題となっているのは，有効性や効率性，経済性などに関わる評価である[1]。効率性や経済性は最小の費用でできる

だけ大きい成果を引き出すことに主眼を置いているものであり，有効性は事業の実績を何らかの目標水準に照らして評価する基準である。法律や規則に従って仕事が行われているかどうかということも重要だが，政府が公共政策を通じてどのような成果を上げているか，それが効率的に実施されているか，ということは，人々が政府の活動を判断するために，より必要とされる評価情報といえるだろう。

　政府はさまざまな方法でこのような評価を行おうとしているが，現実には非常に多くの困難を抱えている。その困難はまず基準の問題である。有効性はもちろんのこと，効率性や経済性を測るときにも事業の成果，業績を測定しなくてはならない。しかしながら，現実に業績を測定しようとする際に，その方法があらかじめ客観的に決められているわけではない。何が最終的な成果なのか，そしてその成果に公共政策がどのように影響しているかについて明確に示すことは難しいのである。そのため，合法性や合規性を基準とした評価と異なって，その基準の客観性が曖昧になりがちであると考えられる。とりわけ評価主体と公共政策の事業主体とが協調的な関係を持たないとき，有効性についての評価を行うことが組織間の争いにつながり，評価の妥当性にも疑義をもたらすことにもなりかねない（田辺 1993）。

　このような中で政府にまず求められるのは，適正に業務を執行しているかどうかを示す合法性や合規性に注目した評価である。内部で自己点検するということが求められるし，さらにその信頼性を高めるためには外部監査などを通じて，第三者が合法性や合規性を確認することができる。有効性や経済性・効率性などに注目した評価については，内部において評価を行い，その結果を人々に対して説明したり，将来の政策形成に活用したりすることが基本となる。しかし，それだけでは人々にとって十分な情報とならない――説明責任を果たしているとはいえない――とみなされる中で，外部者による有効性や経済性・効率性の評価が重視されるようになっている。日本においても，しばしばその重要な実践とされるアメリカの連邦議会による評価制度が参照されながら（山谷 1997；南島 2020），外部者による有効性や経済性・効率性の評価が模索

されてきた。しかし，現状の評価制度は，基本的に内部評価が中心となっており，外部評価による牽制を含めても，行われている評価に十分な実効性があるとはいえないという指摘もなされている（西出 2020）。

2. 政策の測定

（1）政策のロジック

前節で述べたように，政策の有効性を確認するのは容易ではない。しかし，困難が大きいからといって政策の有効性を評価することを放棄すべきではない。では，そもそも政策が有効かどうかとはどのように理解されるのだろうか。

有効性を評価するためにまず必要になるのは，政策が社会的な成果につながるというロジック（論理）である。政策は，政府による社会への介入であり，この介入が行われることによって，人々が行動の変容を起こし，社会において何らかの反応が生まれて成果となる。そうであれば，ある政策（＝介入）が人々の行動の変容，さらには社会における変化にどのようにつながるのかについて，論理的に説明することができるはずである。このようなロジックがなければ，そもそも政策が有効なのかどうかがわからない，評価することができないのである。

政策の有効性を議論するロジックを考えるときに，まず重要なのは最終的な成果（最終アウトカム）として何を想定するかという点である。どのような問題を解決したいかということを考え，課題の解決という結果をもたらし得る要因について検討する。さまざまな要因が考えられる中で，政府として介入が可能な要因に焦点を当てて，その原因を生み出すように資源を投入していくのである。そのような介入によって，最終的な成果として，予想された社会の変化をもたらすことができていれば，政策が有効であったと評価することができるだろう。さらに，もたらされた成果を，政策を実施するために必要とされた資源の量と比較することで，政策の経済性や効率性についても考えることができる。

2020 年以降大きな問題となった新型コロナウイルス感染症の蔓延という問題について考えるならば，新規感染者の減少といった成果が最終

アウトカムとなるだろう。新規感染者の減少をもたらす要因には，ワクチン接種の普及，人々の外出自粛，早期の発見・隔離，さらには気候の変化やウイルスの性質変化も含めてさまざまなものが考えられるが，比較的政府が介入しやすいのはワクチンの接種だろう。そこで，政府はワクチンの接種を行うプログラムを作り，そのために必要な資源を投入していくのである。本書で説明している四つの資源に即していえば，ワクチンを購入するための金銭，接種を行う職員，接種対象を識別する情報，政府が人々にワクチン接種を行うことを求める法的権限，といったものが考えられる[2]。

このように最終アウトカムに向かって，中間的な成果（中間アウトカム）や政府が行った活動の結果（アウトプット），そしてそのために投入された資源をインプットとして整理したものは，ロジック・モデルと呼ばれている。このような因果関係を基礎とするロジック・モデルを設定した上で，それぞれにおいて予想された原因と結果の関係が成り立っているかどうか，さらには介入の効果としてどの程度成果が生まれたかを評価していくのである。

図1 感染症対策におけるロジック・モデルの例

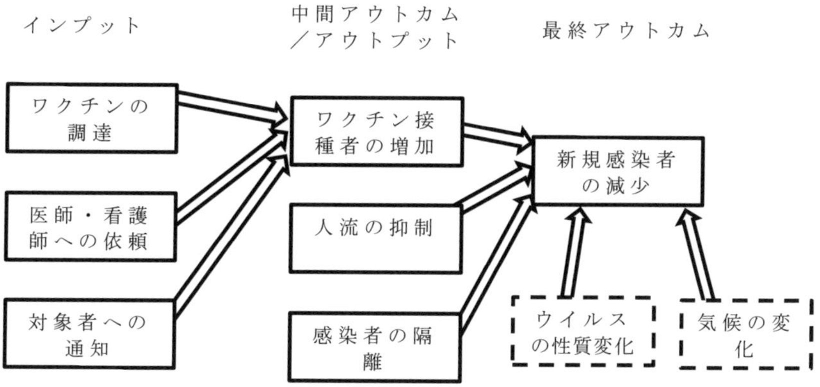

インプット　　　　　　中間アウトカム
　　　　　　　　　　／アウトプット　　　最終アウトカム

ワクチンの調達 / 医師・看護師への依頼 / 対象者への通知 → ワクチン接種者の増加 / 人流の抑制 / 感染者の隔離 → 新規感染者の減少 ← ウイルスの性質変化 / 気候の変化

（2）検証の困難

ロジック・モデルによって，原因と結果の関係を設定したとしても，

実際に想定される要因が最終アウトカムに対して効果を持つかどうかを検証するのは容易ではない。その理由として，ここでは大きく三つを挙げる。

　まず挙げられるのは，最終アウトカムを測定することの困難である。例に挙げている感染症対策における新規感染者の減少という最終アウトカムは比較的測定しやすいものだが，一般的には最終アウトカムを測定することは難しい。例えば人々の生活に対する満足度や幸福度などは，成果として政府が強い関心を寄せるところではあるが，それを測定しようとしても決まった尺度があるわけではない。アンケート調査を用いた測定が試みられることもあるし，既に存在する何らかの指標を組み合わせることで満足度や幸福度が測られることもある。しかしどのような指標を使っても，直接満足度や幸福度を測定することは難しく，常にその指標の妥当性について問われることになる（→第2章）。

　次に挙げられるのが，最終アウトカムに対して，一つではない多様な要因が考えられるということである。感染症の例の場合でも，ワクチン接種以外に，ウイルスの性質変化や気候の変化といった，介入が難しい要因や，人流の抑制・感染者の隔離という一定の介入が可能な要因が存在する。これらの要因が，最終アウトカムである新規感染者の数に対してそれぞれに影響することが考えられるのである。しかも，それぞれが独立して最終アウトカムに影響を与えるわけではなく，お互いに影響し合う部分も少なくない。そのため，例えば感染者の増加を受けて政府が人々に外出の自粛を要請し，その後感染者が減っていったとしても，それぞれの要因が結果である新規感染者数に対してどの程度の効果を持っているかを識別することは簡単ではない。そして，中間アウトカムと最終アウトカムのように想定される原因と結果が比較的近いところにある場合よりも，政府のインプットと最終アウトカムのように関係が遠くなってしまうと，さらにさまざまな要因が複雑に影響し合うことになり，効果の識別が難しくなる[3]。

　最後に挙げられるのが，そもそも政策による介入の効果を測定することができるのかという問題である。効果を議論するためには，本来は政

策の対象が介入を受けたときと受けなかったときの比較を行わなければ
ならないはずだが，実際には対象が介入を受けた場合か受けなかった場
合かのどちらかしか存在せず，反実仮想が必要になるのである（因果推
論の根本問題）。そこで，ある対象が介入を受ける前と後を比較したり，
想定される原因と結果の両方に影響を与える交絡要因を考えず，単純に
介入を受けた対象と介入を受けていない別の対象を比べてみたりする，
ということがしばしば行われる。しかし，これは適切な方法とはいえな
い。なぜなら，時間が経過したり対象が異なったりすると，二点目に指
摘したように，政策による介入以外のさまざまな要因が影響し，それぞ
れの原因がどの程度結果に影響しているか識別できないとき，効果を正
しく測定することが難しくなるからである。

（3）どのように検証するか？

　以上の問題を踏まえた上で，政策による介入の効果をどのように検証
したらよいのだろうか。一つ目の問題については，最終アウトカムに関
する決定的な指標はないとしても，誰の立場で指標を選定するかを考慮
しながら選択する必要がある。考えられるすべての指標を使うことも一
つの方法だが，データを集めるのにも費用がかかる上，矛盾する評価が
示されたときに解釈が難しい。政策に関係する利害関係者を集めて，関
係者が納得できる指標を作る手続きが重要になる（ハトリー 2004）。

　次に，検証の方法として重要になるのは，政策による介入を受けたグ
ループ（処置群）と受けなかった類似のグループ（対照群）とを比較す
ることで，平均的な効果を測定することである（デュフロほか 2019）。
既に述べたように，特定の個人や集団などを対象にして，介入の効果の
有無を直接測定することは不可能である。つまり，三点目の問題を完全
に解決することはできない。しかし，多数を観測し，比較することに
よって，政策による介入がその特定の対象が属する母集団に対して与え
る平均的な効果については推定できると考えられるのである。

　このとき重要になるのは，処置群と対照群が無作為に割りあてられた
上で介入が行われていることである。最も望ましいとされる方法は，無

作為化比較試験（Randomized Controlled Trial：RCT）と呼ばれる方法で，政策の対象となる集団を無作為に処置群と対照群に分けて，処置群のみに介入を行った結果として最終アウトカムにどの程度差が生じるかを観察するものである。無作為に割りあてることで，介入以外の要因はほぼ等しい複数のグループを生み出し，それらを利用することで他の要因を統制して介入による効果を測定しようとするのである。無作為ではなく，例えば対象者が自分自身で選択して介入を受けるかどうかを決めるとすると，その自己選択と介入が交絡し（選択バイアス），政策の効果が正確に測定されない恐れが出てくる。無作為の割りあては，それを防ぐ方法なのである。

　とはいえ，政府が実施する公共政策を，そのような「実験」で評価することは簡単ではない。多くの政策は対象者の必要に応じて行われているし，仮に事前に周到な実験計画を用意して介入の効果を測定しようとしても，そこで無作為化することに倫理的な観点からの批判も生まれる（木山 2015）。そこで，最も望ましいとされるRCTが行われないとしても，それに近い実験的な状況を「準実験」として扱って，他の要因を統制することで公共政策の効果を評価することが妥当であると考えられている。具体的な準実験として用いられている代表的な方法として，操作変数法（Instrumental Variable methods）や回帰不連続デザイン（Regression Discontinuity Design），傾向スコア分析（Propensity Score Analysis），差

図2　無作為化比較試験の考え方

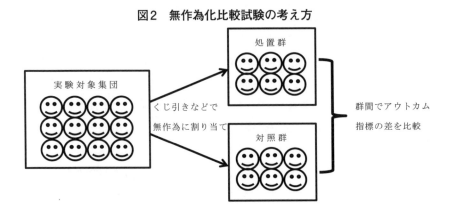

分の差分法（Difference-in-Difference Analysis）などが挙げられるが[4]，これらはいずれも単純な比較では扱うことが困難な他の要因の効果を統制して，介入の効果を測定しようとするものになっている。

　RCTによって得られた分析結果は，効果の測定について確証性の高いものとして理解され，準実験による手法はそれに次ぐようなものとして扱われることが多い。交絡要因を統制しない単純な個体間の比較や介入前後の比較は，仮に効果があるように見えても介入とは異なる観察されない要因が効果を持つ可能性を常に念頭に置いておく必要がある。なるべく他の要因を統制した上で比較を行うことは，政策の効果を考えるにあたって欠かすことができない試みである。

3. 評価制度とその利用

（1）日本における評価

　前節で述べたように，政策の効果を科学的に検証しようとするのであれば，本来は実験的な手法を使って交絡要因をコントロールし，比較を通じて政策による介入の効果を分析する必要がある。しかしながら，日本においてはこのような政策の評価が行われることは残念ながら稀であると言わざるを得ない。他方で，国や自治体を通じて，監察や監査という枠組みのもとで，定性的に政策について記述し，改善点を指摘する評価は以前から行われてきた。

　評価という観点から制度が再編されるようになったのは1990年代のことである。財政資源の制約が強まる中で，不要な事業の縮減・見直しを念頭に，自治体が先行する形で評価制度が導入されるようになった。初期の著名な事例は，三重県の事務事業評価や北海道の「時のアセスメント」といったものがある。特に北海道の事例に顕著だが，政策による介入の効果を図るというよりも，時間がたって膠着状態に陥ってしまった事業などを終わらせるための仕組みという性格も無視できない。

　他方，国においても1990年代後半からしばしば「無駄」と批判された大規模公共事業の見直しという文脈と結びつきながら評価制度が導入されていく。1997年の行政改革会議最終報告で政策評価の導入が謳われ，

2001年に導入された政策評価法では，それまでの行政監察を発展させ，総務省行政評価局（旧総務庁行政監察局）が所管する政策評価制度が創設された。この制度のもとでは，事業費が10億円以上の研究開発・公共事業・政府開発援助と，規制及び租税特別措置について事前評価を行うこと，そして「主要な行政目的に係る政策」と未着手・未了の政策について事後評価を行うことを定めている。このような要請からも，政策評価が政策による介入の効果を測ろうとするものというよりは，非効率な事業を廃止する予算編成へのフィードバックを重視したものといえるだろう。

　実際に行われている評価の方法は，前節で述べたような効果の測定ではなく，政策の内容を示すアウトカムに関する指標が設定された評価基準に妥当しているかどうかを確認する，業績評価（業績測定）が行われることが多い（南島 2017）。基準については，事業を行う主体が自ら決めるだけではなく，他の機関における優れた実績などをベンチマークとして用いて，業績の思わしくない事業を洗い出したり，業績の向上・改善を図ったりすることになる。予算編成との連動は意識されるが，それを強調すると，予算には単年度という縛りがあるために，最終アウトカムを測ることが難しくなるという問題もある（南島 2017）。

　近年では，予算へのフィードバックを強調するだけではなく，政策による介入の効果をより適切に測定し，有効とされる政策を実施すべきだという主張が強まっている。特に，政府が人々から情報という資源を調達するための統計制度の改革とともに，証拠に基づく政策が強調され，2017年以降政府の行政改革における重要方針に組み込まれている。そこで想定される証拠とは，まさにRCTや準実験を活用して測定された介入効果の大きさのようなものである。そのため，政策評価との親和性が考えられないわけではないが，証拠に基づく政策をどのように運用していくかについては，現在のところさまざまな事業主体が模索している段階であり，実践では，ロジック・モデルの活用が中心となっている（大橋編 2020；小西 2021）。

（2）評価を通じた政策の廃止・変更

　本章のはじめに述べたように，政府の意思決定である政策への評価は，人々が現在の政府を継続させることが妥当かどうかを判断するときの重要な根拠となる。多くの人が政府を継続させることが妥当でないと判断すれば，選挙によって政府を交代させ，新しく作られた政府がそれ以前の政策を変更するということが考えられる。実際，先行研究でも，選挙を通じた政府の交代に伴って，それまでに行われていた政策が廃止されやすくなることが指摘されてきた（Lewis 2002；2003；Berry et al. 2010；砂原 2011）。

　それでは政府が交代しない中で，政策への評価を通じた政策の廃止や変更はどの程度起こり得るのだろうか。それまでに実施されていた政策が廃止されたり変更されたりすることは，いわば政策の失敗を認めるものだとみなされることもある。そのために，同じ政府が続いている限りでは，政策の廃止や変更が起こりにくい。特に，日本の政府組織のように，職員がジェネラリストとして育成され，評価を行う下位組織が十分な専門知や高い独立性を保持することが難しいような場合には，評価者が組織全体として都合のよい評価結果を示すような行動をとる傾向にあり，政策を検証して廃止や変更につなげることは難しくなる（西出 2020）。しかし他方で，自治体では，社会経済環境の変化や人々の態度変化を背景として廃止を提案された政策が，行政改革の担当部局や有識者によって政策の存在理由がなくなっていると示されることで，実際に廃止が決められていることも観察されている[(5)]。

　ロジック・モデルを設定し，実験的手法を用いて政策の効果を図る，というと，政策評価は極めて技術的なものにみえる。有効でない政策や効率が悪い政策であれば変更が求められることになる，というのは自然な発想だろう。しかし，そのような政策においても利益を得る利害関係者は少なからず存在する。そのような利害関係者は，評価によって政策の廃止や変更が必要だとされても，それに抵抗して政治家を動員し，廃止や変更を行う政治的な決定を阻もうとするだろう（→第5章）。政策担当者も，過去の自分たちの誤りを認めることにつながったり，自分たち

が非難されることにつながったりすると，政策を廃止・変更することに反対する[6]。さらに，政策を決定する政治家と，その背後にある人々の支持が重要である。仮に有効でなかったり，効率が悪かったりしても，人々が現状の政策を支持しているとすれば，その政策の廃止・変更は困難である。柳（2018）による自治体における政策廃止の研究が示すように，土地開発公社やダム事業の廃止が決まることはあっても，人々が望まない自治体病院の廃止は提案すらほとんどされていないというのは示唆的であろう。

　評価は技術的であるとしても，その利用は政治的な意思決定に関わるものであるといえる。この点を踏まえながら，結果として政治的に利用されなかったとしても，人々にとって客観的に利用可能な評価情報をいかに生み出すかが重要になる。内部者による評価によって，政策の存続という政治的な意思決定を前提とした，作為的な評価が生み出されたとしても，それが人々にとって有用な情報になるとは言い難い。そのためには，仮に内部者であっても，可能な限り事業主体からの独立性を保ち，十分な専門知を備えた評価主体を育成することが重要である。そして，そのような評価主体が作り出した情報を，政府の決定を正当化したり批判したりするためだけに使うのではなく，行った政策がどのような効果を持ったかについて，社会として受け止めるための公共的な情報として利用することが求められる。

》注
(1)　古典的な議論としては西尾（1990）を参照。
(2)　図1は非常に簡略化して書かれているが，アウトプットと初期・中間のアウトカムを厳密に分けたり，インプットについて資源（Resource）と具体的な活動（Activity）を分けたりすることで，より精緻なロジック・モデルの構築が図られる。例えば次のリンクを参照。

　　　http://www.pointk.org/client_docs/File/logic_model_workbook.pdf

（3）　例えば，新型コロナウイルス感染症の流行を抑制するために，2020年2月に当時の安倍政権は小中学校・高校の一斉休校を要請したが，これが新規感染者の抑制にどのような効果を持ったかはさまざまな議論がある。

（4）　これらの手法の意義と具体的な分析のやり方については，例えば安井（2020）を参照して欲しい。

（5）　柳は，土地開発公社・自治体病院・ダム事業という三つの政策について分析を行い，土地開発公社とダム事業については社会経済環境の変化と人々の態度変化で政策の廃止が提案され，政策の存在理由がないと示されたものについては廃止につながっていることを示している（柳 2018）。

（6）　特に非難回避については手塚（2010）を参照。行政組織にとって非難回避は容易ではなく，それゆえに現状維持に陥りがちとなることを明らかに示している。

引用文献

大橋弘編（2020）『EBPMの経済学――エビデンスを重視した政策立案』東京大学出版会。

木山幸輔（2015）「社会実験とリバタリアン・パターナリズムは世界の貧困を救う？――援助の新潮流に関する政治理論的一考察」『年報政治学』66巻1号，170-190頁。

小西敦（2021）「政策評価と証拠に基づく政策立案（EBPM）の比較」『政策科学』27巻4号，59-78頁。

砂原庸介（2011）『地方政府の民主主義――財政資源の制約と地方政府の政策選択』有斐閣。

デュフロ，エステル・グレナスター，レイチェル・クレーマー，マイケル（2019）『政策評価のための因果関係の見つけ方――ランダム化比較試験入門』日本評論社。

南島和久（2017）「行政管理と政策評価の交錯――プログラムの観念とその意義」『公共政策究』17号，83-95頁。

南島和久（2020）『政策評価の行政学――制度運用の理論と分析』晃洋書房。

西尾勝（1990）『行政学の基礎概念』東京大学出版会。

西出順郎（2020）『政策はなぜ検証できないのか――政策評価制度の研究』勁草書房。

ハトリー，ハリー（2004）『政策評価入門――結果重視の業績測定』東洋経済新報社。

安井翔太（2020）『効果検証入門——正しい比較のための因果推論／計量経済学の基礎』技術評論社。

山谷清志（1997）『政策評価の理論とその展開——政府のアカウンタビリティ』晃洋書房。

柳至（2018）『不利益分配の政治学——地方自治体における政策廃止』有斐閣。

ワイス，キャロル（2014）『入門　評価学』日本評論社。

Berry, Christopher R., Barry C. Burden and William G. Howell（2010）"After Enactment : The Lives and Deaths of Federal Programs" *American Journal of Political Science*, 54（1）: 1-17.

Lewis, David E.（2002）"The Politics of Agency Termination : Confronting the Myth of Agency Immortality," *Journal of Politics*, 64（1）: 89-107.

Lewis, David E.（2003）*Presidents and the Politics of Agency Design : Political Insulation in the United States Government Bureaucracy, 1946-1997*, Stanford University Press.

🖱 研究課題

1. 無作為化比較試験によって効果を測定すべき政策としてどのようなものがあるだろうか，具体的な事例を考えてみよう。
2. 首相や政権与党が，積極的に独立性の高い評価主体を育成しようとするのはどのようなときだろうか，考えてみよう。
3. 「教育の国際化」を目指すとして，最終アウトカムにはどのような指標が適切だろうか，考えてみよう。

11 | 公共政策の形成（1）
－基盤としての専門知

手塚洋輔

　公共政策を形成する上で，「知」の活用は重要な基盤である。なぜなら，問題の全体像を的確に把握するにも，その解決に向けた政策を立案するにも，さらに円滑に実施することで現実に作用させるにも高い専門性が必要だからである。いくら民主主義であったとしても，素人が思いつきで公共政策を形成してもうまくいかないことが多いだろう。

　しかしながら，高度に発展した現代において高い専門知を保持することは容易ではない。だとすれば，政府はどのようにして専門知を得て，活用しようとしているのだろうか。ともすれば，専門家の知見が導入されないまま不合理な政策決定がなされたり，あるいは逆に専門家の判断に過度に依存することにより政策決定の責任が不明確になったりする危険もある。

　そこで本章では，専門家と政策決定者の間で適切な役割分担のもと，協働を図る仕組みについて検討することにしたい。

1. 専門知の構成

（1）二つの専門知

　まず，公共政策に必要な「知」の在り方から考えることにしよう。民主主義体制では，どのような政策をとるにしても，一定の根拠を示す必要があることが前提となる。感染症対策や環境規制のような，科学や技術に関することであればもちろんのこと，経済政策や産業政策であっても，その政策がどのような効果を生むのかといったメカニズムを説明することになろう。また，土地を強制的に収用して行うこともある大規模公共事業をはじめ，いわゆる迷惑施設の建設に際しても，その必要性や立地（なぜここに建てなければならないのか）の正当性を根拠づける必要が本来はある。このような公共政策において活用される「知」は，私た

ちが日常的な生活で使う一般的な意味での知識とは異なり，広く「専門知」と呼ぶことができる。そしてこの専門知は，政策資源の使い方や組み合わせ方を考案し，意味づけるという重要な役割を果たす。

　では，どのような「専門知」があるのだろうか。政策形成における，社会の問題を正しく把握し，解決の方向性を導く過程においては，まずもって個別の政策領域に対応する専門知が必要となろう。例えば，健康政策であれば医学や栄養学などが挙げられるし，防災政策であれば気象学や地震学といった自然科学の知識とともに，人間集団に関する心理学や社会学などの知見が不可欠である。また，分野横断的に公共政策の分析に用いられる専門知もある。統計学・経済学・工学などを基盤とする知識がこれにあたる。

　これら政策領域に関する専門知に加えて，政策形成においては関係者の合意を調達し，政策を実現していくために活用される政策過程に関する専門知が必要となることも忘れてはならない。政策案の立案のためには，過去の成功や失敗なども含めて，利害を調整する必要があるため，関係者の選好，決定制度，実施体制に関する知識が欠かせないからである。また，公共政策に必要な資源についての知見があってはじめて実行可能な政策を作り上げることができよう。

　いずれにしても，政策過程において異なる複数の専門知が関係する点が重要である。これらを適切に組み合わせることが，公共政策を形成する上でも，また公共政策を研究する上でも必要となることについては概ね共有されている[1]。

（2）専門知の担い手

　政策領域に関する専門知と政策過程に関する専門知は完全に区別されるものでもないが，単純化して述べれば，以下の通り社会における所在の差異としても表れる。

　前者の政策領域に関する専門知は，大学や企業の研究者をはじめ，法曹や医師といった専門職，あるいは実際に活動する実践者たちが保有する。すなわち，政府の外部で産出され保有されるという特性を持つ。そ

のため，こうした専門知を政策過程に取り入れるための仕組みが必要となる。軍事技術や公衆衛生など公的色彩の強い領域では，政府内で研究機関を設置し，最前線の研究者を雇用し専門知を産出することもなくはない。

　これに対して，後者の政策過程に関する専門知は，実際に政策過程の中核的な活動を担う行政官たちによって産出され行政組織内で蓄積される。国レベルの政策過程においてそれに習熟しているのは中央府省の所管部局ということになる。この意味で，先とは対照的に，主に政府内に存在するところに特徴がある。

　つまり，両方に通暁することはとても難しく，どこかの誰かが決定的な知識を独占的に保有しているわけではないといえよう。このことを裏返せば，研究者や実務家といった政府外の関係者と政府内部の行政官たちが協働することが，良い政策を形成する上では欠かせない。反対に，いくら専門領域に長けていても，政策過程の知識なくしては政策に結実させることができないし，同様に，利害調整を達成しても，政策領域の知識に裏打ちされない政策では大きな効果を上げることは難しい。

（3）評価と管理

　専門知が政策過程においてどのように活用されるのかに着目すると，大きく二つの局面に分けて考えることができる。その足がかりとして，ここでは，リスク研究における「リスク評価」と「リスク管理」の区別を援用してみたい。

　リスク評価とは，その対象となる物質や出来事が，人間や環境に与える影響について科学的に評価する活動を指し，被害の大きさと被害が発生する確率を掛け合わせて算出する。例えば，化学物質の毒性，トンネル建設による地下水への影響，ウイルス感染による健康への影響といったことが挙げられる。その他，犯罪や会計不正の発生，道路の安全といった人間社会に関する事象にもリスクという視角は幅広く用いられる。

　政策決定の基礎となる情報の産出という点に注目すれば，発生し得る影響の見積もりだけでなく，現状や実態を調査し把握する際にも見られ

る（→第2章）。経済的な状況を知るためにGDPを算出する活動，出生率などをもとにした人口動態の予測，学力テストによる児童生徒の学力調査といったさまざまな領域で行われて，私たちの認識に影響を与えている。これらを総称して「評価的活動」と呼ぶならば[2]，その評価の基盤を成す，経済統計や労働統計，人口統計といった情報を構築することからしても専門領域に関する専門知が活用されることがわかるだろう。

　これに対して，リスク管理とは，リスク評価の結果をもとに，どの程度までリスクを許容するかの目標を定め，どのように低減させるかといった具体的な政策決定を行うことを指す。例えば，新型コロナウイルス感染症対策をめぐっては，ゼロリスクを目指すのか，あるいはウィズ・コロナを目指すのかといった路線の違いを生じさせるため，リスク管理が大きな論点となったことは記憶に新しい。

　一般的に，リスクを低減するために必要な資源は，ゼロリスクを求めれば求めるほど大きくなる。そのため，社会経済的な観点なども含めて，どこまで許容するかを総合的に判断して線引きし，適切なリスク管理手法を選択することが公共政策の決定では重要といえる。あるいは，多様な領域でリスクが用いられていることに留意すれば，公共政策とはリスク管理そのものということもできよう。これら「管理的活動」とは，上述の評価的活動の結果を踏まえつつも，民主的正統性をもとに行われる最終的な判断に向けて，政策過程に関する専門知を動員して調整を進めていく過程である。

　この二つの区分を前提に，評価的な活動を管理的な活動から機能的に分離するという含意が導き出される。もし両者が混合していると，評価的活動が管理的な活動に影響されかねないからである。評価が実行可能な政策に引きずられると，政府としてやりたくない政策の場合は，過小的な評価に，逆に，やりたい政策については過大な評価になる可能性がある。

　言い換えれば，本来は大きなリスクを抱えるのに「たいした問題ではないので，対応しない」として，避けられたはずの被害をもたらすこともあれば逆に，本来は小さいリスクにすぎないものを「さも甚大な被害

が出ると称して，政策転換を図る」というショックドクトリンともいうべき状況が出ることにもなろう。

2. 専門知の活用

（1）評価と管理の分離

　そこで次に，政策形成過程における評価的な活動と管理的な活動との関係について見ていくことにしよう。ここでは，先に述べた評価と管理の分離という観点から，分離の程度に応じて，以下の四つの仕組みに整理して検討する。

　第1は，評価と管理（決定）を一体的に行う組織を政府から独立設置する方策である。ときの政権の意向が影響するのを防止しようとする仕組みと考えることができる。例えば，原子力規制は，2011年の福島第一原子力発電所事故への反省から，現在，環境省の外局である原子力規制委員会が行っている。専門家から構成される行政委員会がリスク評価を行うとともに，最終的なリスク管理の決定まで行う権限を与えられているところが特徴といえる。

　第2は，評価と管理を組織的に分離する方策である。代表例として，2001年のBSE問題での失敗を教訓に設置された内閣府の食品安全委員会を挙げることができる。現在では，食品の安全性に関するリスク評価については，農水省と厚労省から独立した内閣府の食品安全委員会が科学的・専門的な知見をもとに実施し，他方で，具体的な政策，すなわちリスク管理については，農水省と厚労省，そしてその後設置された消費者庁も含めてそれぞれの立場で実施するという役割分担が行われている。

　その他，同一府省内部で評価機能を担う部局と管理機能を担う部局を分ける場合や，試験研究機関や独立行政法人に評価機能を委ねる方式もある。

　第3は，政策形成手続きの中で，評価的な活動を前もって行うことを要請する方策である。これを制度として組み入れたものとして，政策評価法に基づく事前評価や環境影響評価法による環境アセスメントがある。大規模開発など周囲への影響の大きい事業を行う際には，これらの評価

結果を公表するとともに，それを踏まえて，事業に関する許認可手続き（管理）が行われる。

　第4は，政策決定を担う組織の中に諮問機関を設置するという方策である。多くの政策領域にみられる一般的な方法であり，政策形成の一つの段階として，諮問機関を設置し，専門家の意見を聴いた上で最終的な政策決定へと進む。これについては節を改めて詳しく検討していくことにしよう。

（2）諮問機関での取り込み

　法令の新設や改正など重要な政策変更を伴う場合，政策形成の途中で，諮問機関を設置するのが通例である。良い政策案とするために専門的知識を取り込むという積極的な理由もあれば，政府が考える方針に専門家のお墨付きが欲しいという消極的な理由もある。いずれにせよ，学識経験者や業界関係者を集めて議論する場を作ることによって，何らかの形で政策領域に関する専門知が政策に反映される。

　中央府省を例にとって考えると，法律を作るのに必要な時間は，アジェンダ設定から国会成立までで2〜3年に及ぶことも少なくない。そこでは，所管部局が中心となって，周到な準備を積み上げていくことになるが，二段階に分けて諮問機関が設置されることが一般的である。

　最初は，私的諮問機関といわれる研究会や懇談会という形態での政策案の検討である。ここで私的というのは法令に基づかないという意味であって，各府省が設置する公的な機関であることに変わりはない。大学の研究者やシンクタンクの研究員といった学識経験者のほか，業界団体から推薦された人物で構成されることが多い。概ね半年から1年程度をかけて，情報収集や関係者へのヒアリング等により問題の所在を共有し，複数の選択肢を検討することから，評価的活動の側面が大きいといえよう。その結果は，報告書などの形で公表され，政策形成の方向性が打ち出されることになる。

　次に，政策決定を見据えたプロセスがいよいよ現実味を帯びてくると，法令に基づいた公式の審議会に諮問するという手順をとる。公式の審議

会は，各府省の基幹分野に応じて，例えば文部科学省の教育分野では中央教育審議会，経済産業省の産業政策では産業構造審議会などが設置されている。2020年時点のデータを見ると，政府全体において，審議会が127設置され，延べ1万人弱が活動している[3]。実際の審議は，審議会全体ではなく，所管局単位で設置されることが多い分科会や課単位で設置される部会，場合によっては，さらに細かい小委員会やワーキンググループなど階層性を伴う多様な会議体で行われる。公式の審議会の会議体は，先の私的諮問機関と比べると，より広範な委員構成であり，関係者間での合意形成に重きが置かれるといえよう。

　1990年代後半から，これら諮問機関は，会議の傍聴が拡大するとともに，議事録や資料の大半も各府省のウェブサイトに掲載されるなど公開性が高まっている。これにより，政策過程の透明性や検証可能性が以前と比べれば高まっていると考えてよい。

（3）政府内専門職（技官）

　政策過程において，評価的活動と管理的活動を適切につなげていくためには，政策領域に関する専門知を持つ人物を技術系職員や専門職として雇用し，政府内部で活用する仕組みも重要となる。

　政府で働く公務員と聞くと，法学部や経済学部を出て公務員試験に合格した職員を思い浮かべるかもしれない。しかし，幹部公務員候補生を採用する国家公務員総合職試験を例にとると，理工学や農学分野などを専門とする技術系も少なくない数を占め，院卒者では技術系のほうが多い（図1）。事務系よりも技術系の採用区分からの採用が多い府省もあれば（国土交通省・農水省など），もっぱら技術系職員で構成される特許庁や気象庁といった組織もある。そのほかに，医師や看護師の資格を持つ職員で構成される職種もある。自治体も含めて，公務の現場では，多くの技術系職員が従事しているのが実態である。

　こうした技術系職員は，専門知を基盤に業界や学界との強いコネクションを持ち，公共事業や医薬品の許認可をはじめとする科学的な政策形成に関して，一定の役割を果たす。ただし，こうした技術系職員が必

176

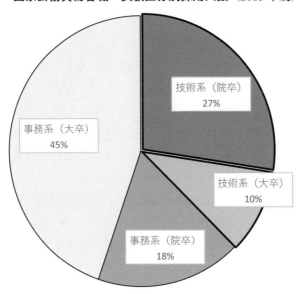

図1 国家公務員総合職 試験区分別採用人数 (2019年度)

〔人事院「国家公務員技術系職種ガイド2021」より筆者作成〕

ずしも最新の知見を持っているわけではないことに留意しなければなら
ない。たとえ行政組織の中で関係する業務に従事していたとしても，高
度に細分化された最先端の知見を日々の行政実務に追われる中で産出し
たり摂取したりすることは難しく，外部の専門家に劣後するのは不可避
である。

　行政組織内部においても，事務系に優位した処遇を得られているわけ
ではない。事実，各府省における行政官のトップである事務次官も，大
半の府省で事務系キャリア職員が占める。府省組織の内部は，人事グ
ループ別にポストが割り振られているが，局長等の主要幹部の割りあて
を見ると，一部の例外を除き，多くの府省で事務系優位が続いてきたと
いってよい。

　では技術系職員はどのような役割を果たしていると考えられるのだろ
うか。その中核は，最先端の科学技術の知見を行政制度に取り入れてい
くための専門的リテラシーにある（藤田 2008）。政府の外部の専門知の
所在を適切に判断することによって，必要な研究者等を諮問機関の委員

として人選したり，高度な専門家を行政機関の職員として臨時に雇用したりするといったことが可能になる。

3. 専門知の自律性

（1）評価的活動の自律性

　以上見てきたように，政策領域に関する専門知に根ざした政策を実現可能な形で調整し決定していくため，政策過程に関する専門知を組み合わせていく仕組みがあるということがひとまずは理解できる。

　しかしながら，これらを適切に組み合わせることがいつもできるわけではない。なぜなら，専門知を持つ専門家や専門職の裁量にどこまで委ねるかの線引きがそう明確ではないからである。そこで次に，専門知の「自律性」に注目することで，専門知が適切に反映されにくい構造をとらえてみることにしたい。

　まず，評価と管理を制度的に分離したとしても，それだけで評価的活動を担う組織が専門的見地から自由に判断でき，それがときの政権に尊重されるという点での自律性が確立するとは限らない。例えば，権力分立の観点から憲法上，独立が保証されているはずの裁判所や会計検査院といった機関ですら，民主的統制と無縁ではなく，実際，組織の最高意思決定を担う最高裁裁判官や検査官を任命するのはそもそも内閣である（検査官は国会同意人事）ことを想起する必要がある。このように，活動そのものに独立性が認められているとしても，そもそも誰を就任させるのかについては，一定の統制が及ぶ。

　しかも，判断を間違う可能性が絶えず存在する。もし間違ってもなお，致し方ないと社会に受容してもらうためには，日頃からの評判を積み重ねておく必要がある。評判や権威が低いと，政府の管理的活動の方針に沿って評価が骨抜きになるなど，結果として政策決定に活かされないことにもなりかねない。社会の支えなく対立すれば，組織編成権限を持つ政府により，組織を廃止されたり改組されたりすることにもつながるため，政府の意向を無視しにくい。

　それゆえ，管理的活動を行う政府の側と方針が鋭く対立するような場

合，どちらの言い分を人々が受け入れるのかが死活的に重要になる。評価的活動を行う組織への評判が確立し権威を持っていれば，判断できる裁量の幅がそれだけ拡大するのである。もっとも，評価的活動と管理的活動が過度に組織分離していると，管理的活動に必要な評価情報が産出されず，適切に管理的活動に導入されないという問題もある。

　また，評価的活動に絶対に拘束されるべきであるともいえない。管理的活動は，世の中にある社会的・経済的なさまざまな利害を衡量して，最終的な判断を行う行為であり，評価的活動はそのための材料にすぎないからである。したがって，決定プロセスの透明性を確保し，管理的活動を担う政府が自身の判断基準を持って説明することこそが重要となる。言い換えれば，評価的活動の結果だけを判断根拠とすることで，自己の管理的活動の責任を評価の担当機関に転嫁させるようなことをしてはならないのである（城山 2018）。

（2）　個別領域の自律性

　次に諮問機関による専門知の導入についてもやはり限界がある。まず第1に，管理的活動に引きずられやすいことが指摘できる。諮問機関を作り，運営するのが，そもそも管理的活動を担う各府省であることに起因する。関係業界の利害や政策実施体制を熟知している行政官の視点から見たときに，たとえそれが正しかったとしても，膨大な政策資源を要したり，自分たちの組織存立を脅したりするような知見は到底受け入れられないからである。

　各府省の担当官は，会議において日程調整や資料作成等の庶務作業を行う「事務局」を務めることで諮問機関の方向性に影響を与えることができる。事務局といっても，無色透明な存在ではなく，実際には進行スケジュール管理や議題・論点の設定などに果たす役割は大きく，素案の作成まで担うからである。それゆえ例えば，反対する委員が出席できないような日程をわざと組んだり，集中審議と称して個別委員が処理できないほどの膨大な案件を盛り込むことで気力や体力を喪失させたりといったことも指摘されている。

　第2に，行政組織にそこまでの意向がなかったとしても，学界内部での路線対立が投影される可能性がある。担当者が委員の人選を行うにあたっては，あくまで行政組織から見て穏当な専門家に依頼することになる傾向がある。専門性が非常に高い分野では，関係者が限られるため，特定の専門家の意見ばかりが反映され，それとは異なる専門知の活用が阻まれることになりかねない。

　第3に，政府内で政策の方針に対立がある場合に，政権中枢の意向を反映すべく，異なる府省の異なる諮問機関が対抗する意見を出したり，既存組織に対抗する別の諮問機関を設置したりするというケースも見られる。前者の例としては，財務省の財政制度等審議会は，教育政策への財政措置に関する効果について文部科学省の中央教育審議会とは異なる見解を繰り返し提示している。

　後者のケースとして，所管する部局が主導することでは十分な政策転換ができないと考えた政権中枢が，内閣府や内閣官房に新たな会議を作るといったことも近年では珍しくない（野中・青木 2016）。この方法は，従来とは異なるタイプの専門家を入れることで，新しい専門知を政策過程に取り入れる試みと考えることもできるが，他方で，その新しい専門家を通じて政権の意向が直接反映されやすくなるととらえることもできる。新しい会議体に付随して「事務局」を新設する場合は，いわば混成部隊として事務局ができあがるため，人的構成次第では所管省とは異なる価値を注入しやすい状況も生まれる。しかしながら，この場合，政策実施等の専門知に欠けることにもなり，実行可能な政策となるかどうかが課題となる。

　第4に，会議体で合意形成することに起因する限界もある。まず，学術論文と異なり，多数派と少数派が折り合いをつけながら合意を得ていくところに会議体の特性がある。場合によっては，会議外の場で交渉・根回し・取り引きを行うことにより，最終的に全員が合意した体裁を整えることが目指される（森田 2006）。

　しかしながら，議事の公開が広がると，衆人環視の中では合意形成のために取り引きのできる範囲が自ずから狭くなるという問題も出てきた。

要するに，事前にいくら調整しようとしても，妥協・譲歩を得ることが難しくなったのである。こうなると，全員一致の体裁を作れず，賛否の状況を反映するだけの答申になってしまい，最終的には政治判断の場に持ち越されるという場面も見られる。

　これは，会議の目的を，管理的活動に踏み込むか，それとも評価的活動に限るかという対立と見ることもできる。前者の考え方をとると，反対派まで入れて委員間内部の合意を調達しさえすれば，有利で実効力のある結論を出すことができる。ただし，決定までの審議過程で，譲歩や妥協が行われるため，論理や根拠の不明瞭さという限界を内包するデメリットもある。これに対して，後者の考え方には，賛成派の意向のみを答申に反映させるため，その結論は直接的な実効力を持たないという限界がある。その代わりに，賛成派にとって有利で明快な論理の展開が可能となり，世論喚起を含めて管理的活動を担う決定権者への説得に資することができるのである。

（3）専門職の自律性

　政府内部の技術系職員や専門職の存在もまた，過度な自律性を持つと，特殊な利害が政策に反映されやすくなるという問題を引き起こす。1990年代の薬害エイズ問題に見られた医系技官と製薬企業との癒着を背景に安全性が蔑ろにされたという批判や，2000年代の高速道路建設をめぐる旧建設省の土木技官とゼネコンが特殊法人である日本道路公団を舞台に非効率な建設を続けているとの批判などはまさにこうした問題の一端を表している。

　このように，業界と結託して独自の「王国」を作り，組織上の上司となるような事務系のキャリア職員も，その内実を監督できない実態が存在してきた。その背景要因に，中央府省におけるグループ別人事管理がある。各府省は内部に，総合職採用と一般職採用，事務官と技官など，多様な職種を抱えている。グループ別人事管理とは，それら職種ごとに組織内のポストを割り振り，そのグループ内で完結するように異動や採用等の人事管理を行うという慣例のことである（→第4章）。専門職の自

律性を確保する方策と見ることもできる一方で，それが逆に，閉塞的な考え方を生んでいるという側面も否定できない。

　また，近年では，新しい専門知を持つ人材をどのように取り込むかということも課題となっている。科学技術，金融，情報通信といった日進月歩で技術革新が生じる分野では，大学等の研究機関や最先端の民間企業の関係者の知見が行政職員を圧倒することも少なくないからである。そのため，経験者を中途採用したり，参与のような非常勤職員として行政実務に参画させたりする例も増えている。

　社会が複雑化し，相互の連関が広がっている中で，それぞれの政策領域に関する専門性にとどまらない総合的な観点から公共政策を形成する必要が高まっている。とりわけ困難な問題であればあるほど，そうした側面がある。どのような形で，複数の専門知を導入し，政府全体を俯瞰するような政策過程の専門知を使って，政策に練り上げていくことができるのかが問われているといってもよいだろう。

（4）政策過程に関する専門知の普及

　以上見てきたように，限界を抱えながらも，政府の外部にある専門知を取り込む仕組みが存在し，政策形成において一定の役割を果たしている。もっとも，政策領域に関する専門知と政策過程に関する専門知の双方があってはじめて政策として実現するという見方に立ち返れば，逆に，政策過程に関する専門知を政府外部の人間が理解し活用できるようになるという方向性も考える必要がある。

　確かにこれまで，こうした政策過程に関する専門知は，行政実務の中で培われ，組織内で蓄積されるという意味で，中央府省の行政官がほぼ独占していたといってよいだろう。政策過程の管理こそがキャリア職員の中核的業務だったからである（宮本2006）。しかしそれは，終身雇用が前提でそのノウハウが流出せずに蓄積されることではじめて機能した仕組みだったともいえる。であるからこそ，その希少価値は，民間企業への行政官の再就職（天下り）を可能としたのであった。

　この点最近になって，キャリア職員の中途退職が相次いでいること

は，一面においては人材の流出でもあるが，他面においてはこれまで官僚機構が独占していた政策過程に関する専門知が流出するということをも意味する。行政官を辞めてシンクタンクを立ち上げ政策起業家として活動する人々も増えつつあることは注目されよう。それと同時に，公共政策大学院など，実務教育の場も設けられ，ノウハウの共有化が徐々にではあれ進んでいると見ることもできる。

　政策過程に関する専門知が広く社会に普及していくことによって，社会の各所で活躍する人々が保有する各領域の専門知が，実効的なロビイングや政策提言へと接続されやすくなるだろう。このように専門知の組み合わせが多様化することによって，既存の仕組みではなかなか政策に結びつかなかった知見や価値が，新しく公共政策に注入されることになるのである。

》注
(1)　公共政策では，政策決定に投入される知識（inの知識）と政策過程に関する知識（ofの知識）とに区別する（Laswell 1971）。
(2)　ここでいう評価とは，政策の評価（→第10章）と異なることに注意されたい。
(3)　復興庁に設置される復興推進委員会及び委員が任命されていない審議会等は含まない。委員の内訳は，委員（1848人）と臨時に任命される臨時委員・特別委員・専門委員（7765人）となっている（内閣府男女共同参画局「国の審議会等における女性委員の参画状況調べ」2020年11月）。

引用文献

城山英明（2018）『科学技術と政治』ミネルヴァ書房。
野中尚人・青木遙（2016）『政策会議と討論なき国会——官邸主導体制の成立と後退する熟議』朝日選書。
藤田由紀子（2008）『公務員制度と専門性——技術系行政官の日英比較』専修大学出版局。

牧原出 (2018)『崩れる政治を立て直す—— 21世紀の日本行政改革論』講談社現代新書。

宮本融 (2006)「日本官僚論の再定義——官僚は『政策知識専門家』か『行政管理者』か？」『年報政治学』57巻2号，83-124頁。

森田朗 (2006)『会議の政治学』慈学社。

Laswell, Harold D (1971) *A Preview of Policy Sciences*, Elsevier.

🎸 研究課題

1. あなたの関心のある政策領域を選び，その領域に関する専門知の担い手と，当該分野の政策過程に関する専門知の担い手を具体的に調べてみよう。
2. 評価的活動と管理的活動を分離する方策には，政策領域ごとの適性はあるのだろうか。例えば，組織分離に適する領域と適さない領域を考えてみよう。
3. 専門知を活用するにあたって，専門職の自律性が果たす長所と短所を整理し，長所を損なわずに適切に短所を是正する仕組みがあるかどうか，考えてみよう。

12 | 公共政策の形成（2）
－政策の構想

手塚洋輔

　現代の政府には，社会で起こるさまざまな問題を解決することが期待されている。しかし，第11章で取り上げた専門知により解決策を考案すれば落着するわけではない。なぜなら，これまで本書でも繰り返し述べてきたように，公共政策に用いることのできる資源に限りがある以上，世の中にある問題のすべてに応えることがそもそもできないからである。たとえ応えるとしても，やみくもに行動をしたとして，社会問題を解決することは難しいだろう。しかも，私たち社会の側の利害も錯綜しているため，皆が納得することもそう簡単ではない。

　そこでこの章では，あまたある問題のうち，どの問題を取り上げるのかというアジェンダ設定と，そして誰がどのように解決策を模索するのかという立案過程について検討し，政策が構想されていくプロセスを明らかにしていく。

1. 政策課題の発見と設定

（1）政策形成の難点

　まず，公共政策を形成していく際の困難さについて，ごく簡単に概観しておくことにしたい。これまで述べてきたように，公共政策とは，公共的問題（政策問題）の解決のために，解決に必要な設計図を作成し，それに基づいて現実に働きかけるという一連の営みを指す。一見するとあたり前のことのように思えるが，次のような困難さを持つ。

　第1に，社会の成員である私たちの問題意識や利害が多様であるために，公共政策の対象である公共的な問題の範囲をめぐっても見解が分かれる。ある立場では政府が解決すべき問題とされるものでも，別の立場からは，自分で解決すべき自己責任の範疇だとされることもある。

　実際これまでも，政府が行う公共サービスの範囲は時期によって大きく変化してきた。かつては，国防や治水といったごく限られた仕事が政府の行うべき，解決すべき課題とされてきたのであって，私たちの暮らしに関係するようなその他の課題は政府が介入すべき課題とはされなかった（夜警国家）。その後，特に，2度の世界大戦を経て，人々の生活を経済的にも保障することが政府の責務として考えられるようになった（福祉国家→第6章）。さらに，政府ではなく，市場に任せるほうがよいという新自由主義を基調とした考えが1980年代以降，広く見られるようになっている。

　第2に，政府が解決にあたるべきとされた場合には，管轄の問題が生じる。通常，政策分野ごとにそれを担当する部署が設けられ，〇〇省△△局××課のようにピラミッド型の組織（官僚制組織）が形成される。

　しかし，複雑な問題であればあるほど，複数の部署が関係することとなる。例えば，若者の就労支援では，職業紹介や雇用という観点からは厚生労働省，産業政策という観点からは経済産業省，学校卒業の進路という観点からは文部科学省，治安政策（少年非行防止）の観点からは警察庁などが，それぞれの観点で関わることになる。こうした場合，各々の立場で解決の設計図を作られることにもなるため，ときには対立しつつ調整する必要がある。

　第3に，問題の全体像を見据えて最適なプランを作成したとしても，それがそのまま実際の政策として決定されるとは限らない。多くの先進国では，行政組織だけでなく，議会や政党などが政策過程に関与する。担当部局も含めて，関係者の背後には社会集団が存在し，それぞれ選好が異なる。こうした中で合意を図ろうとすれば，ある程度の妥協と譲歩が不可欠であり，最終決定までの過程で幾度となく修正が施される。

　第4に，こうして決定された設計図通りに現実が変わる保証はない。法律や予算などに政策が反映されたとしても，限られた財源や人材で実施するために思うようにいかない可能性がある。加えて，政策のロジックそのものに不備があって，予想した効果が出ない，あるいは，想定外の副作用が生じる場合もある。

　このように公共政策という営みには，社会問題の解決のためにいかに合理的・効率的な政策を追求するかという側面があると同時に，どのような利害が反映され調整され現実に影響を与えているかという側面も見逃せない。

（2）アジェンダ設定

　私たちの周りにはさまざまな問題があるが，その問題解決のため，ときとして政府に政策的介入を訴える。だが，そうした要請のすべてに応えることは，これまで他の章で述べてきたように，財源や人員といった政府の保有する資源に制約があるのみならず，政策決定者たちの持つ注意関心や振り向ける時間にも限界があるため，不可能と言わざるを得ない。このことを踏まえると，世の中にある多種多様な問題のうち，一部だけが，政府が対応すべき問題として認識され，さらにそのうちの一部に対して政府が政策的な介入を行っていると考えられる。

　したがって，どの問題を取り上げて，検討の対象にするかという段階，すなわちアジェンダ設定（agenda setting）が，実は，政策過程において重要性を帯びる。なぜなら，検討の俎上にのぼらなければ，そもそも政策の対象にならないからであり，その取り上げ方によって，問題の焦点の当てられ方が定まってしまうからである。

　ではどのようなメカニズムでアジェンダ設定がなされるのだろうか。公共政策研究では，社会において注目を浴びるアジェンダ（公衆アジェンダ）と，政府内部の決定者たちが認識するアジェンダ（政策アジェンダ）を区分する。世の中の関心が高まって（＝公衆アジェンダ），それを受けて政府が対応する課題として浮上する（＝政策アジェンダ）という経路がまずは考えられよう。例えば，それまで目に見えにくかった問題も，突発的な事故や事件が発生すると，メディアに報道され，世間の注目が集まり，政策課題と浮上することがある。大規模なデモ行進や裁判に訴えるというように反対運動が繰り広げられることもあるが，これも問題を顕在化し，アジェンダ設定に影響を与えようとする試みとして理解可能である。

　逆に，政府が自らの意図（＝政策アジェンダ）を実行するために，社会に働きかけて問題を顕在化させる（＝公衆アジェンダ）という経路もあり得る。

　併せて，アジェンダ設定には，焦点を当てようとする作用だけでなく，そこから目をそらそうとする作用もあることにも注意する必要がある。問題になるはずのものが，隠され，議題に上らないのも，極めて権力的な作用であろう。こうした権力作用を「非決定」と呼ぶ（Bachrach and Baratz 1962）。問題の発覚を遅らせたり，争点化を抑制したりするのは，何も政府だけとは限らない。大企業などが，場合によっては，政府との協力関係の中で，非決定に導く権力を行使することもある（大嶽 1996）。

　では，どのような場合に政策アジェンダとなるのかについて，ここでは，代表的な議論である，アメリカの政治学者キングダンの考え方を紹介しておこう（キングダン 2007）。それによると，問題の流れ，政策案の流れ，政治の流れという異なる三つの要因が重なるとき政策アジェンダとなりやすいという。第1の「問題の流れ」は，大きな事故や事件，裁判の判決，各種指標の公表といった出来事を指し，世の中や政府の注意関心に関わる。第2は，実現可能な政策案の有無に関わる「政策案の流れ」であり，あるアイディアと結びつくとアジェンダとして浮上しやすくなる。第3として，選挙や政権交代など政治状況に関わるのが「政治の流れ」である。例えば選挙が近づくと，選挙対策という意味で財政支出するようなアジェンダが浮上することもあり得る。

（3）メディアの役割

　この点，鍵を握るのがマスメディアの存在である。メディアは実態を調査して報道したり，世論の分布や動向を伝えたりするなど，メディア報道の存在感は大きい。少し古いデータだが，公共政策形成に関与する多くの関係者が，マスメディアの影響力を高いと指摘している（図1）。アジェンダ設定に与える効果としては，第1に，どの争点を報道するのかという争点型のアジェンダ設定があるほか，第2に，どのように報道

図1　我が国の政治・社会集団の影響力ランキング

影響力	自民党リーダー	官僚	財界リーダー	農業団体リーダー	マスコミリーダー	学者・文化人	野党リーダー	労働組合リーダー	市民運動リーダー	女性運動リーダー	部落解放同盟リーダー
高い							マスコミ	マスコミ		マスコミ	
6	マスコミ	マスコミ	マスコミ		官僚 マスコミ		官僚	財界 官僚	マスコミ		
	政党 官僚	政党 官僚 財界	官僚 政党	マスコミ	政党 財界	マスコミ 官僚 政党 財界	財界 政党	政党	官僚 財界 政党	財界 官僚 政党	マスコミ 政党 部落解放同盟
5	労働 財界 農業団体 市民運動 学者・文化人 消費者	労働 農業団体 部落解放同盟 市民運動 学者・文化人 消費者	農業団体 労働 財界 消費者 市民運動 学者・文化人 部落解放同盟	農業団体、財界 労働 消費者 学者・文化人 市民運動 女性運動	農業団体 労働 消費者 学者・文化人 市民運動 消費者 部落解放同盟	農業団体 労働 学者・文化人 部落解放同盟 消費者 学者・文化人 市民運動 消費者 部落解放同盟	労働 農業団体 学者・文化人 部落解放同盟 消費者 市民運動 女性運動	農業団体 労働 労働 農業団体 学者・文化人 消費者 市民運動 部落解放同盟	労働 農業団体 学者・文化人 消費者 市民運動 女性運動	労働 農業団体 学者・文化人 消費者 市民運動 女性運動	労働、官僚 財界 学者・文化人 消費者 市民運動 農業団体 女性運動
4	部落解放同盟 女性運動	女性運動	女性運動	部落解放同盟	女性運動	女性運動		女性運動	部落解放同盟	部落解放同盟	
3 低い											

〔出典：蒲島ほか2007：36〕

するかによってその争点のうちどの側面，あるいは属性を伝えるかが変わるという属性型アジェンダ設定が指摘されている。

　また，このアジェンダ設定効果により認識された争点にしたがって，有権者が政治家などを評価するようになるというプライミング（誘発）効果もあるとの見解もある。例えば，選挙の前に経済問題についての報道が多いと，有権者はその候補者の経済的な実績や公約から是非を判断するといったメカニズムが想定されている。また，私たちが物事をどのような枠組みで理解するのか，というフレーミングも，メディア報道によって提供されることが多い（谷口 2015）。

　さらに，近年では，SNSの普及による，インターネットを介したメディアの影響力も新しい課題となっている。新型コロナウイルス感染症への対応をめぐっても，SNS上ではさまざまな意見が表出し，ときに

は誤った情報も含みながら，情報が拡散する。こうしたSNSの動向という「わかりやすい民意」に反応することに重きを置いた「耳を傾けすぎる政府」となっており，政策的な合理性が疎かになっている可能性も指摘されている（西田 2020）。

2. 政策案の調査

（1）政策の立案主体

　こうしてアジェンダ設定がなされると，政策案の具体化に向けた検討が始まる。同じようなアジェンダであったとしても，政策の選択肢は無数にある。しかし，実際の政策過程で検討されるのは，そのうちのいくつかにすぎない。それゆえ，原案作成が重要となる。なぜなら，ここで作られた原案によって，検討の大枠が設定され，その範囲で修正されて決定に至ることになりやすいからである。俗に「原案は7分の利」ともいわれる。

　原案の策定には，問題の全体像を把握した上で，解決の方向性や目標を定め，さらにそれを達成するために必要なさまざまな行政資源を配置するプランを練り上げることが必要となる。しかし，立案者によって，その認識や価値観，利害が大きく異なるため，誰が立案するのかによっても，自ずから政策の方向性は左右される。さしあたり，首相や首長を中心とする政権中枢が立案するトップダウン型と，各所管部局が立案するボトムアップ型とが考えられる。

　トップダウンで集権的に行う場合，全体のバランスを図ることができるという強みがある反面，政策実施の情報が十分でないため，実施可能性に難があるような政策を形成する可能性がある。所管部局からすれば，問題のある政策を押しつけられる格好となり，実施を拒絶したり，放置したりすることもある。

　これに対して，日本では，多くの場合，担当部局の行政官が立案を行ってきたといってよい。すなわち，立案主体と（その後にその政策を所管し運用の責任を持つ）所管主体が同一であるということである。利点としては，担当する行政官たちは，その分野の事情や制度を熟知して

図2　積み上げ型政策形成における3つの段階

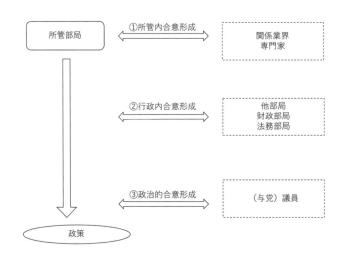

〔出典：筆者作成〕

いるため，実施に支障の少ない政策を立案できる可能性が高い（飯尾 2007）。

　だからといって，所管部局だけの判断で，政府全体の方針や決定になるわけではもちろんない。どのようにして，個別政策と全体の整合性を調整するかが重要となる。一般的には，次の三つのステージ（段階）を経て，最終決定に至る（図2）。第1に，所管部局が中心なって，業界や専門家などを対象に所管内合意形成を行う。その上で第2に，関係する分野を所管する他府省のみならず，全体の資源配分を所管する財政部局（予算）や内閣法制局などの法務部局（法令）などの諸組織と多方面で協議し，行政内合意形成を行う。最終的には第3に，議会での議決を確実とするため，事前に与党政治家を含めて政治的合意形成を行う。このような段階を経て，個別政策が全体と調整されて政策案として練り上げられていくといえよう。

　とはいえ，行政組織にはそれぞれ組織内で醸成される一定の思考様式（機関哲学）があるため，そこで出されるアイディアといっても，組織や業界の内部事情，つまり，ムラの論理に制約されるという弱点がある。このため，自らの所管の範囲で微修正した原案となりがちであり，抜本

的な政策転換は難しい。

　そのため，もし大きく政策転換をしようとすれば，所管主体とは異なる立案主体をどう作り，あるいはどの意見を取り入れるのかが課題となるだろう。この点，例えば，2001年の中央省庁再編によって新たに作られた「内閣府」は，各省の利害から離れて，政府全体の観点から政策立案を行うべきものとされている。実際，小泉内閣が進めた構造改革の司令塔となった経済財政諮問会議は，民間から登用された竹中平蔵（経済財政担当相）を中心に，財界や学界から起用された民間議員と，各省から出向してきた改革志向の官僚たちが一緒になって，アジェンダ設定や政策立案を進めた例である（清水 2005）。

　各府省内部を見ても同様に，所管部局を離れて大臣官房や横割り部局で企画立案を主導する局面もある。そこでは，しばしば内閣レベルでの出向経験者が，政府全体の視野をもって立案に従事することも指摘されてきた。

　もっとも，利害のない外部者たちだけで政策を作ることにもデメリットがある。先に述べたように，ともすれば，実効的でない政策案となる可能性がある。このため，政策転換の帰結については，慎重に検証する必要があるだろう。

（2）シンクタンクの役割

　こうした所管主体以外の立案主体は，何も政府の行政機関だけに限られない。政府の外に目を向ければ，政策を考える営みそれ自体は広く社会で行われているといえよう。政党が公約やマニフェストを作成するのもそうした活動の一つであるし，経済団体や労働団体，業界団体などの各種利益団体が専属の職員や大学の研究者を使って政策案を作り上げることも珍しくない。

　この点，民間シンクタンクは，活動内容や規模が国によって大きく異なるとはいえ，まさにそれを主要業務とした組織である。多くの場合，政策の検証や調査研究する Think 機能に加えて，政策実現のための具体的な行動をとる Do 機能をも兼ね備えており，政策分析を踏まえて政策

提言を行う（船橋 2019）。例えば，アメリカでは，大きな資金を元に，特定の方向性に政策を唱道するタイプや，中立的なタイプなど多様なシンクタンクが活動し，議会や行政と密接に関係している。そして，回転ドアとも呼ばれるように，政府をやめて民間に行ったり，民間から政府の役職についたりと，相互に行き来する人材のプールとなっている。

　これに対して，日本の場合，これまで中央府省の行政官たち，すなわち「霞が関」が立案の主軸をなしてきた。しかしながら近年では，行政官が独占してきた政策過程に関する専門知が社会に普及しつつある（→第11章）。こうした状況を考え合わせると，日本でも政府の外で多様な政策立案がなされる土壌が育ちつつあるのかもしれない。

（3）政策案検討の過程

　さて，代表的な例ともいうべき，中央府省の担当部局が中心となって原案を作成する場合に話を戻すと，「海を渡り，川を遡る」かのごとく情報収集に努めるものといわれることがある。具体的には，(1) 社会問題となっている具体的な事実関係や (2) 現状の法制度や予算の状況，がまずは基礎的な情報として調査される。

　加えて，(3) 過去の経緯や (4) 利害関係者の関心，を正確に把握しなければならない。これまで何が問題となり，どこで対立したのかといったことも政策を形成していく上では重要な情報といえるだろう。当該政策分野の関係者たちとは，円滑な政策実施のためにも将来にわたって信頼関係を築いていく必要がある。そのためにも，これまで蓄積された多角的な貸し借りを踏まえることにより，対立があったとしても納得を得られる落とし所（妥協点）を見出すことができよう。

　さらには，(5) 諸外国や他の自治体での実践例を収集することも求められる。もちろん条件が異なる中でという留保がつくものの，政策を導入した場合の利点と問題点を比較することができるからである。これらを的確に収集し分析することで，問題の全体像や政策の方向性が明確になるとともに，結果の不確実性を減らすという意味も持つ。

　このような情報収集と分析において，何より行政組織の強みとなるの

は，所管分野における政府の窓口として，情報の結節点となり，日常的な情報収集の機会に恵まれている点にある。所管分野における公式の統計はもとより，出先機関や自治体といった実施機関からの照会や相談，さらには議員や関係団体からの陳情など，さまざまな情報が集まるからである。そのためにも，関係機関とのネットワークや人脈を維持することが欠かせない。こうした情報はバラバラにもたらされることとなるので，偏っていたり，断片的であったりすることも多く，これらを総合的に判断する技量が要求される。

　こうした調査は無限に行い得るため，ある時点で見切りをつけて案を固めていかなければならない。一般的には，立案のスケジュールによって外から枠づけられる。予算であれば毎年夏の概算要求までに方針を決めなければならないし，法律であってもたいてい年に2回しか開会されない国会の会期に限定されるからである。時限立法の延長・改正や，条約等，外国との約束がある場合もその期限を意識せざるを得ない。

3. 政策の選択肢

　以上のような内部検討の過程において，得られる便益に比べて莫大な費用がかかる案や，合意を到底得られそうにない案はそもそも検討されることなく捨てられることになるだろう。言い換えれば，無数の可能性の中から，立案主体の手により順位づけを行っているのである。先に述べたように，こうして作成された原案はその後の検討を枠づけるため，行政組織の影響力の源泉の一つともいえる。しかし，そうだからといって，行政官が好き勝手にできるというわけではない。一般的には，およそ次の三つの制約の上で検討されるのである。

（1）結果の予測可能性
　政策の新規性があればあるほど，それが当初の目論見どおりうまくいくかどうか，不確実性が高くなる。実施に際して反発があるかもしれないし，想定したよりも費用がかかる可能性もある。最悪の場合，裁判所によって違憲（違法）とされることもなくはない。特に，新しい科学技

術を用いるような政策であればなおのこと，その結果を完全に予見することは困難である。要するに，新規の政策には「失敗」のリスクがつきものであるということでもある。

それゆえ，結果の予測可能性は重要な観点の一つとなる。なぜなら，たとえ大きな効果を期待できても成功するか失敗するかわからない政策案に資源を投入するよりも，それなりの結果を確実に出しそうな政策案のほうが，導入を説得しやすいと考えられるからである。

結果の予測可能性に関する知見は，大きくは二つの方法で調達される。第1は，先に見たように，他の国や地域で実践されたことのある政策案を参照し模倣することで，不確実性を減らすことである。国の場合であれば，欧米を中心とした他の先進国での導入例を参考するにすることは珍しくなく，自治体でも他の自治体での取り組みが紹介されて「あそこがやっているなら，うちでも」というように導入に踏み切ることもある。このとき，まず参照するのは，地理的な近接性や規模の同等性を持つところからとなり，一定の社会的なつながりが影響する（伊藤 2002）。

いずれにせよ，こうした相互参照のメカニズムは，アジェンダ設定の段階でも生じ得るし，政策立案の段階における政策手法の選択といった局面でもみられる。これにより，必ずしも内発的な事情がなくとも，特定の政策が普及していくことになる。

第2が，事前に一定の方法を用いて効果や費用を推計・測定することである。これには広い意味での学術研究に類するものもあれば，制度として義務づけられているものも含まれる（→第10章）。前者では，経済学や社会学，工学や医学など，政策効果の実証研究が幅広く行われている。一例を挙げれば，学校教育における少人数教育の効果，産業に対する補助金の効果，インフラ整備の効果，感染症対策の効果などがあり，「証拠に基づく政策の作成evidence-based policymaking」に役立たせることもある。

ただし，こうした研究成果をどこまで踏まえるかは必ずしも定まっていない。最初に結論が決まっていて，それに合うように断片的な研究成果をつまみ食い的に組み合わせるといったこと，すなわち先の標語をも

じって「政策に基づく証拠の作成policy‐based evidence making」の可
能性も指摘される。

　後者については，一般的に事業評価とも呼ばれ，事業決定の前に費用
便益分析を行い，費用よりも便益が大きいと場合に限って事業の実施を
決めるという手続きである。社会への影響が大きい，公共事業，規制，
ODA，租税特別措置など一定の事業については，国では政策評価法に
より事前評価が義務づけられている。

　もっとも，それらが正しいかどうかはまた別で，ただ一口に計算する
といっても，何を算定し，どのように見積もるのかによって計算結果は
大きく変わってくる。そのため，評価手法をめぐって賛成派と反対派が
対立するということも珍しくない。例えば，高速道路建設において，事
業実施を前提に，便益を過大に推計がなされているとの批判や，逆にオ
リンピックの施設整備で明らかなように費用を過少に推計しているとの
指摘も根強く存在する。

（2）実施の対応可能性

　次に実施体制との関連を検討しよう。新しい政策だからといって，
まったく新しい実施体制を構築することはおよそ現実的ではない。既存
の仕組みに合わせて動いている組織や配置されている人員をどのように
活用するかが課題となる。それらをすべて無にすることは極めて難しい
し，かといって新規に組織を作り上げることも費用が高い。それゆえ，
政策実現に最適な手段があったとしてもゼロから設計するのではなく，
既存の政策や整備済みの行政機関が存在していることを前提に，現状か
らどこまで変えるのかが模索されるのが通常であろう。

　実際，既存の実施主体には人材もさることながら，ノウハウも蓄積さ
れ，対象集団との関係も築かれている。例えば，介護保険制度が創設さ
れた際，介護保険料を既存の健康保険料に上乗せして徴収する方法を
とったが，これも既存の仕組みを活用した事例といえる。このように，
融合型の地方自治が基調の日本では，多様な行政事務を自治体が実施す
る。それゆえに，新しい政策であっても，自治体の人的・組織的資源を

活用することが可能となっている（北山 2011）。

　だがその一方で，活用できそうな組織が手近にあるからといって，資源を増強せず，やみくもに業務を付加するばかりでは，現場も混乱し疲弊する。その典型例として，学校現場があるだろう。近年，小学校でも英語教育が正式な教科として開始されたが，そのために英語教員を増強するというよりは，小学校の既存の教員に研修を施して英語教育を行うという安上がりな方策が中心となっている。

　このように政策が一旦作られると，実施組織などの仕組みが構築され，容易には動かしがたい政策遺産（→第14章）として将来にわたって影響を与えていくことがわかるだろう。既存の仕組みに制約される中にあっては，時代状況が大きく変わったとしても，その都度の課題に対応するため，微修正を繰り返すことにならざるを得ない。逆に言えば，微修正でできる範囲が政策変更の範囲を規定するともいえる。

（3）政治的実現可能性

　政策は立案の後に，民主的手続きにのっとって決定されてはじめて現実に作用を及ぼす正統性が付与される。どのような形式によるかは手段によって変わるものの，法律（条例）と予算であれば，一般的には，内閣や首長を通じて議会に提案され，そこで過半数の賛成を得る必要がある。いくら合理的な政策を構想したとしても，過半数の議員の賛成が得られなければ可決成立しない。当の政治家は，選挙の洗礼を受ける以上，国民や支援者の動向に敏感なため，関係者が，おしなべて反対しているような政策を成立させようとはしないのである。

　それゆえ，各所管に関わる個別政策であっても，政策決定過程に関与する多様な関係者の合意を得られるかどうかが重要となる。とりわけ，その過程に拒否権プレイヤー（→第13章）がいる場合，それらが反対しないことが絶対の条件となる。しかしそれが行きすぎると，たとえ公益のために政策を遂行することが必要と思われるような場合でも，政治的に反対されそうな案は，はなから諦めて推進しないことにもなりかねない（佐竹 1998）。

　関連して，選挙をはじめとする政治的スケジュールも大きく影響する。特に，国民に負担を求めるような，増税や福祉の切り下げといった不人気な政策を選挙前に行うことは難しい。この点，特に国政では衆議院と参議院を併せて1〜2年ごとに選挙があり，かつ，各選挙での勝利を求められると，よほど政権基盤が安定するか，あるいは自分の政権の命運と引き換えにしない限り，こうした不人気政策を行う余地は乏しい。それゆえ，政治動向に気を配りながら，政策形成のタイミングを図る必要がある。

》注

(1)　新型コロナウイルス感染症への対応を同時代的に分析したものとして，西田（2020）がある。

引用文献

飯尾潤（2007）『日本の統治構造——官僚内閣制から議院内閣制へ』中公新書。

伊藤修一郎（2002）『自治体政策過程の動態——政策イノベーションと波及』慶應義塾大学出版会。

大嶽秀夫（1996）『現代日本の政治権力経済権力——政治における企業・業界・財界（増補新版）』三一書房。

蒲島郁夫・竹下俊郎・芹川洋一（2007）『メディアと政治（改訂版）』有斐閣。

北山俊哉（2011）『福祉国家の制度発展と地方政府——国民健康保険の政治学』有斐閣。

佐竹五六（1998）『体験的官僚論——55年体制を内側からみつめて』有斐閣。

清水真人（2005）『官邸主導——小泉純一郎の革命』日本経済新聞社。

谷口将紀（2015）『政治とマスメディア』東京大学出版会。

西田亮介（2020）『コロナ危機の社会学——感染したのはウイルスか，不安か』朝日新聞出版。

船橋洋一 (2019)『シンクタンクとは何か——政策起業力の時代』中公新書。

キングダン, ジョン (2017)『アジェンダ・選択肢・公共政策——政策はどのように決まるのか』勁草書房。

Bachrach, Peter and Morton S. Baraz (1962) "Two Faces of Power", *American Political Science Review* 56 (4)：947-952.

🎸 研究課題

1. 近年のSNSの普及によって, アジェンダ設定はどのように影響を受けていると考えられるか, 具体的例を挙げて検討してみよう。
2. 所管部局が政策立案を行う方法の是非について, 首相から見たメリットとデメリット, 業界関係者から見たメリットとデメリットなど複数の立場を比較して考えてみよう。
3. 政策の選択肢が複数あるとき, 政治的実現可能性どこまで考慮しているか, あるいは考慮すべきか, 置かれた政治状況の変化も含めて考えてみよう。

13 | 公共政策の形成（3）
　　　　－政府の意思決定

砂原庸介

　公共政策の決定は，政府が社会の資源を変換して政策として実施するために不可欠であり，人々にとって正しいものとして認められる必要がある。しかし，社会にとって正しい決定とはあらかじめ自明なわけではなく，政府には，さまざまな価値観を背景とした複数の選択肢が存在する中で，意思決定を行うことが求められている。そして，正しい決定であるとして人々が受け入れることができるように，選挙で選ばれた代表は，さまざまな利害関係者の合意を取りつけながら意思決定を行っていくことになる。とはいえ，代表による決定は常に強い正統性を確保しているわけではない。公共政策の決定から疎外されていると感じる人々の抗議を受けることもしばしばであるが，そのような意見を取り込む工夫をしながら公共政策の決定が続けられていく。

1. 公共政策の決定

（1）正しい決定？

　公共政策を行うためには，政府が社会からさまざまな資源を調達することが必要である。政府が社会にとって正しいと考えられる決定を行っているという評価がなければ，社会から資源を調達することは難しくなる（→第10章）。それでは，正しい決定とはどのようなものだろうか。

　一つの考え方として挙げられるのは，道徳的な正しさ，正義を追求するような決定である。何らかの基礎的な価値に基づいて公共政策を実施することで，人々の生活における道徳的な質を向上させることができるだろう。例えば，社会から貧困や差別を根絶することを目指すための公共政策は，貧困や差別といった不正義を取り除くことで，社会を改善しようとするものと考えることができる。しかしながら，多くの場合，一

見して道徳的に正しいように見えることであっても，現実にはさまざまな価値の対立が存在する。そして，一方で正義を追求する主張があるのと同様に，それを否定する別の道徳的立場に基づく強い主張が存在し得る。公共政策は，純粋に理性のみによって何をなすべきかが決定されるわけではなく，何らかの方法で反対する人々を説得することによって決定を行わなくてはならないのである（ウルフ 2016）。

　人々を説得していくときに重要になるのは，行おうとしている公共政策がどのような特徴を持っているのかを分析することである。公共政策の帰結について，生活を改善する効果があるとか（有効性），そのための費用がそれほどかからずに済むとか（効率性），どうしても必要なサービスであるとか（必要性），さまざまな基準を用いて分析することができる。そのような分析を踏まえた上で，可能とされる選択肢を比較し，より望ましい公共政策を提示することができれば，人々を説得することができるかもしれない。

　可能とされる公共政策の選択肢をすべて列挙し，それらが社会にもたらす便益と必要な費用とを比較した上で，最も費用対効果の高いものを実施する。そのような合理的な意思決定が可能であれば，反対する人々を説得して公共政策を決定できるかもしれない。実際，1960 年代のアメリカで取り組まれた計画事業予算制度（Planning, Programming, and Budgeting System：PPBS）のように，政策の費用便益分析を踏まえて合理的な意思決定を行おうという試みもあった。

　しかしながら，現実にそのような合理的な意思決定は多くの困難を抱え，PPBS も十分に機能することなく挫折した。その理由としては，まず公共政策の便益を金銭で表現するのが難しいということが挙げられる。公共政策が社会にとってどのような成果をもたらしたかが直接金銭的に評価されることはほとんどなく，それを測定しようとしても，異なる立場によって異なる評価が生まれる可能性がある。さらに，公共政策をめぐる不確実性が大きいことが問題である。事前に公共政策の帰結を予測しようとしても，将来起きると考えられる事象についてすべて評価することが難しい上に，発生することが想定されていなかった事象が発

生することもあるために正確な予測は困難となり，合理的決定の前提が
崩れてしまうのである。

（2）インクリメンタリズム－現状維持からの変化

　不確実性が存在する世界で合理的な意思決定を完全に行うことが難し
い中で，現実的には，限られた選択肢の中から多くの人々を満足させる
ような公共政策が実現することになる（→第14章）。分析を通じて正し
い決定を合理的に行うというよりも，政策の決定に関わる人が，自分た
ちにとって何が望ましいかという観点から公共政策について判断し，合
意を得ることによって意思決定を行うのである。

　この理解の前提には，「政治に関与する人々は皆，個別利益の追求者
である」（リンドブロム・ウッドハウス 2004：34）という考え方がある。
つまり，政策の決定に関わる人は，必ずしも一つの共通の目的を共有し
ているのではなく，自分たちの私的な利益と，自分たちが社会全体の利
益になると考えるような公共政策を追求していると理解されているので
ある。これは，社会全体の公的な利益と個人の私的な利益が相反するも
ので，私的な利益を追求することが公的な利益を損なう，という考え方
とは異なる。あくまでも，個人の私的な利益の延長線上に社会の利益が
あると考えられるのである。

　このような前提に基づいて公共政策の決定を考えると，現状維持
（Status Quo）には，他の選択肢とは異なる重要な意味づけが与えられ
る。なぜなら，その時点までに得られた合意は，個別的な利益を前提に
した判断の蓄積としてなされてきたものだからである。そして，問題が
いかに深刻か，どのように解決すべきかについては，人々の個別的な利
益と離れて決めることができない。現状を所与として，政策の決定に関
わる人々は，新たになされる公共政策の提案と現状維持を比較した上
で，どちらが望ましいかを決定することになる。新しい公共政策の提案
がなされるとき，それに対して明示的な対案は必ずしも必要ではない。
提案が多数決などによって否決されれば，現状維持が続くことになる[1]。

　現状維持からの変化を重視する考え方は，しばしばインクリメンタリ

ズム（増分主義）と呼ばれる。既存の決定を前提とし，現実を容認する
だけの保守的なものであるとして，合理的な政策決定を重視する観点か
ら批判されることも少なくない。また，決定に関わる人が，社会全体の
利益となる提案を追求するのではなく，それぞれの私的な利益に基づい
て意思決定を行うということも批判の対象となるだろう。しかし，合理
的な意思決定が必要だとしても，現実的には，変化によって不利益を被
ることになる人々は変化に対して不満を持ち，反対することになる。そ
のときに依拠するのは，別の方法で社会全体の利益を追求するような積
極的な対案というよりも，それまでに行われてきた決定の蓄積である現
状維持である。現状維持は，それまでに実現してきたということから
も，他の決定と比べて相対的に不確実性が小さく，安定的な状態という
優位性を持つために，新しい提案に対して反対する人々が暫定的に合意
を維持することができるのである。

（3）定められた手続きによる意思決定

　社会全体の利益を追求した決定でも，個別利益を基礎とした決定で
あっても，社会における資源を利用して公共政策として実施するために
は，社会的にその決定が正しいものとして認められる必要がある。しか
し，既に述べたように，決定の内容そのものの正しさのみで判断するの
が難しい。そこで，あらかじめ定められた手続きを満たして行われた決
定について，社会として正しいものであるとして承認し，それを受け入
れることになる。

　そこで必要になるのは，社会を構成する人々の意思を集計して意思決
定を行う方法である。手続きを満たすとしても，決定された内容が人々
の意思とかけ離れているようでは望ましいとはいえない。その意味で，
最も人々の意思に沿った決定となるのは全員一致の決定であるようにみ
える。決定に参加する全員が，現状維持よりも新しい提案が望ましいと
考えることで，その決定が承認されることになるからである。反対に言
えば誰か一人でも決定が望ましくないと考えれば，その提案は否決され
るために，人々の意思と離れた決定はなされないということになる。

　しかし，だから全員一致が常に望ましいということにはならない。問題は，多くの人が妥当だと考える提案であっても，誰か一人でも反対すればそれが実現しないという，まさにその点にある。反対者が出て提案が否決されると，現状維持が続くことになる。全員が現状維持と比較して望ましいという状況を作り出すためには広範な妥協が必要となり，大きな変化を期待することは難しい。決定に参加する一人ひとりが強い拒否権を持つことになるために，現状維持が特権的な位置を持つことが強調され，仮に多くの人々が望む変化であっても実現が困難になるのである（坂井 2015）。

　決定を行う多くの場面で用いられるのは多数決である。決定に参加する人々の半数を一人でも超えれば提案を可決する単純多数決のほか，3分の2や4分の3といった閾値を設定して，それを超えた場合に提案を可決する特別多数決も存在する。いずれの場合でも，可決された場合には，一部の人々の賛成を全体の賛成とみなして，反対者も含めて全体としてその決定に従うこととなる。そのため，決定に反対した人々から見れば，自らの意思と離れた決定を強制されることになるという問題がある。

　さらに，多数決については，選択肢が二つではなく，三つ以上あるときに，一度の多数決で決めようとすると，必ずしもうまくいかないことが知られている（「コンドルセのパラドックス」）。似たような選択肢が設定されることで多数派が割れてしまったり，二つずつの選択肢について多数決をとると決定が循環して一貫しなくなってしまったりすることがある。結果を安定させるためには，何らかの方法で事前に選択肢を二つに絞り込んでおくことが求められるが，その過程で自らが望む選択肢を失う人にとっては，最終的な決定が自らの意思と離れたものになってしまう可能性もある。

　全員一致や多数決をとらず，一部の人が行う決定が全体を拘束することもある。伝統的な権威や強制力に裏づけられた正統性を認められる一部の人が決定を行い，人々の行動を変えようとしたり，資源を調達しようとしたりするのである。この場合，人々の意思に沿った決定を行うこ

とで，決定を行う正統性が人々によって認められていることが重要である。決定が人々の意思と離れたものであると，人々は決定に対して不満を持ち，その正統性が弱まることで，人々の行動を変えたり資源を調達したりすることが難しくなると予想される[2]。

2. 決定に至る過程

（1）選挙による委任

　全員一致にしても多数決にしても，社会を構成する人々がすべて意思決定に参加することは難しい。よほど小規模な共同体でもない限り，公共政策の意思決定は人々から選挙によって選ばれた代表によって行われ，そこでの決定が社会全体を拘束することになる。これは代表民主主義（間接民主主義）と呼ばれ，人々からの委任を受けた代表が，選挙で選ばれたという正統性を背景に意思決定を行う。

　選挙で人々が自らの代表を判断する方法はいくつかある。すぐに思いつくのは，自分がよく知っていて，信頼できると考える人に決定を委ねるということだろう。あるいは，選挙での選択について，家族や地域共同体，宗教団体などに属する周囲の人々が行う判断と同じような判断を行うという方法が考えられる[3]。信頼できると考える人からどのような選択をすべきかについて手がかりとなる情報を得ることで，人々が妥当な選択を行うことができるという研究もある（ルピア・マカビンズ 2010）。

　現代においては，人々は身近な人々だけではなく，メディアから代表やその候補者についての情報を入手して判断を行い，投票を決めることが少なくない[4]。そのときに重要となる情報としてまず挙げられるのは，候補者が掲げている政策についての意見である。候補者は，道路や水道などの社会基盤，教育や福祉など人々にとって重要な公共サービスをどのように人々に提供するか，そのためにどのような資源を用いるのか，といった公共政策についての意見を提示する。それを見た人々が，自分にとって望ましい政策を提示している候補者を選択して投票するのである[5]。

　しかし，人々が公共政策の詳細について把握することは容易ではない

し，また，自分にとって最も望ましい政策を掲げている候補者が常に存在するわけではない。そこで人々の判断を助けることになるのがイデオロギーである（→第6章）。特に，政府が人々から資源を集めて財やサービスを提供するほうが良いか，財やサービスの提供はなるべく市場を通じて民間事業者が行うほうが良いか，という経済的左右軸は，第二次世界大戦後最も重要なイデオロギー対立であった。人々は，候補者あるいは候補者が所属する政党が掲げるイデオロギーについての情報を得て，自分にとって望ましい候補者が誰かを判断して投票することができるのである。

　もう一つ，人々が判断するときに重要になるのは，政府のそれまでの業績である。政府が正しい決定を行ってきたかどうか，結果として社会が望ましい状態になっているかどうか，ということを人々がそれぞれに判断し，投票するのである。社会が望ましい状態にあると考えればその時点の政府が続くように投票するし，反対に望ましくない状態にあれば競争相手の野党に投票して政府を変えようとすることになる。イデオロギーの対立はあるとしても，社会において何が課題となっているかという争点については多くの人々が共有している中で（合意争点），その課題を解決することができる能力を持つと期待できるか，に注目して投票が行われることになる[6]。

（2）政府内政治－アジェンダ設定と拒否権プレイヤー

　人々が自らの代表である政府を選んでも，それですぐに公共政策が決定されるわけではない。人々の希望や専門家の知見を踏まえた政策が提案され，それが代表によって構成される議会において承認されるというプロセスが必要となる。そういったプロセスを経ることで，公共政策として社会の資源を用いることが正当化されるのである。

　公共政策を通じて社会に変化を起こそうとする人は，専門知識を調達し（→第11章），政策課題を絞り込みながら（→第12章）公共政策を立案する。このような提案を実現しようとする人はアジェンダ設定者と呼ばれ，政策決定において重要な役割を果たす。公共政策の提案を行うア

ジェンダ設定者に必要な資質としてしばしば指摘されるのは,「政策起業家」としての資質である(キングダン 2017)。政策起業家とは,特定の職位にある人を指すわけではなく,政策がもたらす社会的な利益の実現を目指して自分自身の資源を投入して公共政策の実現を目指すような人である。他者の主張に耳を傾け,粘り強く交渉し,機会をとらえて合意へと導くことを目指す。とりわけ現状維持から離れた革新的な公共政策を実現するには,さまざまな創意工夫をしながら,個人的な利害を超えて情熱を傾ける政策起業家なしには難しい。

　アジェンダ設定者による提案が実現するために,必ず同意を取りつけなければならない人のことを拒否権プレイヤーと呼ぶ(ツェベリス 2009)。拒否権プレイヤーは,アジェンダ設定者による公共政策の提案と現状維持を比較した上で,自身にとってより望ましいほうを選択することになると考えられる。そのために,拒否権プレイヤーの数が多かったり,拒否権プレイヤーの間で政策についての意見の隔たりが大きかったりすると,同意できる余地が小さくなってしまう。特に重要な拒否権プレイヤーは,公共政策を決定するために不可欠な議会での賛成の鍵を握る人々であり,典型的には連立政権において連立の構成に不可欠な政党などである[7]。具体的には,2010 年代の自民党・公明党の連立政権における公明党のように,政権を維持するためにその賛成が不可欠な存在は,拒否権プレイヤーとして公共政策の決定に極めて大きな影響力を持つ。

　議会における政治的な拒否権プレイヤー以外にも,憲法などの上位ルールで制度的に定められた拒否権プレイヤーが存在することがある。日本の国レベルの政府ではこのような制度的な拒否権プレイヤーは少ないが,例えば衆議院と参議院はお互いに拒否権プレイヤーとしての機能を持っている(松浦 2011)。また,自治体を見ると,都道府県知事や市町村長は地方議会の承認がないと予算や条例の決定を行うことができないために,地方議会は拒否権プレイヤーとしての機能を持っていると考えられる(砂原 2011)。

　拒否権プレイヤーが存在することで,意思決定が困難になり,必要な

政策の実現が妨げられるという懸念もある。さらに，人々によって選ば
れ，公共政策に責任を持つはずの政治家の提案が，そのような支持を得
ていない拒否権プレイヤーによって阻まれるようなことがあると，誰が
政府としての公共政策を負うべきかが人々にとってわかりにくくなると
いう問題もある。しかし，拒否権プレイヤーによってさまざまな利害関
係者に配慮した慎重な議論が喚起され，性急な変化を防ぐことができる
ことも忘れてはいけないだろう。

（3）政府外からの関わり

　人々に選ばれた代表である議会の承認に加えて，公共政策の決定にお
いて重要になるのは，利害関係者による働きかけと同意である。仮に決
定に直接関わらないとしても，経済団体や労働団体，農業団体，さらに
は自治体の連合体のような利益団体は，政策の形成や実施に強く関わる
ことになり，それゆえに決定においても無視できない存在となっている
のである（→第7章）。

　まず利益団体や自治体は，自分たちにとって望ましい公共政策を実現
しようとするために，アドボカシー機能を発揮して，アジェンダ設定者
として政府に働きかけることがある。専門知識をもとに具体的な公共政
策の内容について提案を行うだけではなく，場合によっては政策起業家
として，人々の代表である議員や，政策形成を行う公務員と交渉しなが
ら公共政策の決定を図る。反対に，公共政策として決定された規制から
利益（レント）を得ているような企業などが，レント・シーキング行動
として（→第5章）拒否権プレイヤーに働きかけることもあるだろう。
自分たちの利益を損なうようなアジェンダ設定が行われた場合，それに
反対して現状維持を続けることを促すのである。

　政府の外の利益団体が，人々から選ばれた議員などに働きかけを行う
ことができる理由としてしばしば挙げられるのが，集票や政治資金の提
供などを通じた選挙への影響力である。そのような資源を交渉力の源泉
として，利益団体が自分たちにとって望ましい公共政策の実現を図ろう
とすることに対しては，少数者による支配であるという批判が強い（ロ

ウィ2004)。しかし近年では，社会における価値観の多様化とともに，利益団体への人々の自発的な参加が減少する傾向にある。伝統的な利益団体を支える組織的な基盤が脆弱になる中で，個人を基盤とする新しい団体によるアドボカシー活動が活発になっている（辻中編2016）。

　また，政府が公共政策として決定したとしても，政策によって影響を受け，行動を変えなくてはならない利害関係者が強く反対していると，実施のために大きな費用がかかったり，期待していたような効果が得られなくなったりする可能性が高い。そのために，政府は公共政策を決定する際に，あらかじめ利益団体の同意を得ようとすることがある。日本においてそのような機能を担ってきたのは審議会である（Schwartz 1998）。第7章でも触れたように，利益団体は，政府が設置している審議会の委員として自らの意向を体現する人物を送り込むことで，政策形成過程における制度的な影響力を保持してきた。政府から見れば，そこで一定の同意を確保することで，自主規制のような行動変容も円滑に進めることができる担保を取りつける機能があった。

　選挙で選ばれているわけではない利益団体の代表が，部分的にでも政策決定に関わることができるという意味で，審議会は決定の多元性を担保し，正統性を高めようとするものであった。利益団体の代表は，審議会においてアジェンダ設定を行うことができるし，また，多くの場合全員一致が求められる審議会において，望まない提案に対して拒否権プレイヤーとしてふるまうこともできた。ただし，あくまでも選挙ではなく政府によって選ばれているために，現状に偏りがちで，代表されていない人々の意見が代弁されるわけではない。例えば，労働問題のように男女問わず重要な問題であっても，審議会に代表として出席するのは男性が圧倒的に多く，性別役割分業の改革を志向するような政策転換が困難であったという指摘もある（Boling 2015）。

3. 投票外の政治参加と政府の意思決定

（1）抗議活動[8]

　前節で見たような公共政策の決定は，選挙や審議会などを通じて代表

が政府に関与する，既成の政治システムを前提としたものであった。そのような意思決定の回路に参画できない人々が，政府が行う公共政策の決定によって自らの行動を制約されるとき，政府の正統性に対する挑戦として抗議活動が行われることがある。抗議活動では，政府の決定に正統性がないことを多くの人々にアピールするために，典型的には路上デモのような示威的な行為が行われ，暴力行為が含まれることもある。

　抗議活動は，公共政策の決定に直接関わるものではない。しかし，抗議活動の規模が大きくなると政府はその活動を無視することが難しくなる。なぜなら，多くの人々が政府の決定に対して強い不満を持っていることが示され，政府の正統性に疑いを生じさせるからである。仮に大規模化した抗議運動が，野党への支持と結びついて投票が動員されれば，政権党はその地位を追われることにもなる。そのような脅威を感じれば，政府が抗議活動の要求を受け入れて，政策を決定することもあるだろう。

　日本も含めた先進国において，1960年代の学生運動や環境運動（反公害運動）以降，しだいに激しい暴力を伴わない，政治過程の中での抗議活動が重要になっている。このような活動は，物質的な利益の追求から自己実現を目指した脱物質主義的な志向と相まって，従来の政治エリートへの反発を含みながら盛んになっていった[9]。活発な抗議活動は，人々の意思を政府に対して示すものである一方，政府はそのような不満に対応するために資源を割く必要が強くなる。十分に人々の要求に対応できなければ，政府の正統性が弱まり，人々の行動に影響を与えることが難しくなるために，さらに政府の能力を弱めるという指摘もなされている（日米欧委員会 1976）。

　脱物質主義的価値観を持つ市民は，従来の選挙を通じた代表の選択に消極的になっている傾向がある一方で，抗議活動を含めた個人としての活動に参加する傾向を持つという（Dalton 2017；蒲島・境家 2020）。伝統的な権威や中央集権的な組織に対する忌避感から，国によっては環境を重視する「緑の党」のような新しい政党と結びつくこともあるが，既成政党とは結びつきにくい。近年では，とりわけマイノリティの保護，多様性の尊重や環境問題などをめぐって，路上デモのような示威的な抗

議活動が大きな規模で行われる一方で，伝統的なマスメディアに対する不信もあって，ソーシャルメディアを通じて人々が個人として意見表明を行い，それがオンラインで拡散されて多くの人々に伝わっていくことが増えている。従来ローカルには問題だと意識せずに行われていたふるまいが，突然グローバルなレベルで問題として取り上げられて，政府が対応を迫られるようなことが増えていることも一つの特徴といえる。

　日本では，選挙やそこで選ばれる代表に対する忌避感などから従来型の選挙への参加が低調になっている点は多くの先進国と共通しているが，個人単位での抗議行動が活性化しているというわけではない（蒲島・境家2020）。しかし近年では，2010年代に反原発や安保法制反対などを目的に大規模な路上デモが行われたり，ソーシャルメディアにおけるハッシュタグ・ムーブメントで特定の政治課題について多くの意見表明が行われたりするなど，それ以前とは異なる抗議活動の活性化が見られる。ただし現状では，これらの抗議活動については，必ずしも持続的・組織的に展開して何らかの目的の実現を果たすというよりも，政治的機会に依存する傾向が強く，法案の可決などで注目がなされなくなると終息する傾向がある（白崎2021）。

（2）政府の意思決定への包摂

　抗議活動をそのまま公共政策の決定に組み込むことは難しくても，それに関わる人々を個人単位で政府の決定に関与させることで，決定の正統性を向上させるような取り組みもある。日本では，特に1970年代以降に公害問題などに取り組む左派に近い市町村長などが，右派勢力の強い地方議会の正統性に対抗する意味もあって，市民参加の取り組みを進めてきた。公共政策に関わる審議会などに市民の代表となるような人々を参加させてその意見を聞いたり，計画づくりに市民アンケートを反映させたりする方法がしばしば用いられてきた。

　このような方法では，どのような人が市民の代表として選ばれるかを最終的に政府が決めることになる。そうではなくて人々の中から抽選によって選ばれた人々が専門家から説明を受けたり資料を提示されたりし

た上で，参加者間の熟議を通じて得た結論を調査する討論型世論調査
や，さらにその結論を政策に反映させるというミニ・パブリクスという
手法が試みられている国もある（篠原 2012）。この手法は，一般の人々
が公共政策に関する知識を得て，他の人々と議論をしたことを通して得
られる，いわば常識的な感覚を公共政策に反映させることで，正統性を
確保しようとするものであるといえる。例えば遺伝子組み換え食品や原
子力の活用，感染症におけるワクチン接種など，とりわけ不確実性が高
く，専門家でもリスクを正確に算定するのが困難な分野の公共政策にお
いて，このように人々の感覚を政策決定に反映させることで，決定の正
統性が高まることも期待される。

　より直接的に人々の意見を公共政策に反映させるため，人々が意思決
定に直接関わる直接民主主義として，住民投票が用いられることもある。
憲法改正の国民投票のように，その結果に必ず従わなくてはならない拘
束的な住民投票だけではなく，人々の意見を聞いた上で代表が最終的な
判断を下す諮問的な住民投票もあり，その中身は多様である。日本で
は，1990 年代後半から，はじめは原発や基地などいわゆる迷惑施設に
対する抗議活動を発展させて諮問型の住民投票が行われてきた。
2000 年代に入ると，多くの自治体で，平成の大合併の流れの中での合
併の意思決定に関する住民投票が行われるようになる。近年では，市役
所や病院のような公共施設についての意思決定で住民投票が用いられる
こともある。

　多くの住民投票は，政府が一定の方針を掲げるものについて，住民の
意思を確認するレファレンダム型として実施されている。これは政府の
行おうとする決定に対して，住民投票が拒否権プレイヤーとして機能す
ることを意味している（ツェベリス 2009）。最近の日本の事例では，自
治体の長や議会が賛成して推進しようとした「大阪都構想」が，住民投
票によって否決されたことが記憶に新しいだろう。それに対して，アメ
リカのカリフォルニア州やスイスなどでは，住民がアジェンダ設定者と
して公共政策を発議し住民投票が行われ，政府にその政策の実施を求め
るイニシアティブ型の住民投票も盛んである。このような直接民主制の

意思決定を，伝統的な代表民主主義とどのように組み合わせていくか
が，現代の大きな課題となっている（空井 2020）。

》**注**

(1)　この点でも現状維持には特権的な位置づけが与えられている（坂井 2015）。

(2)　例えば自治会町内会の会長や家族における家長などについても同様である。
共同体にとって正しい決定を行う正統性が広く認められていれば，共同体のメン
バーの行動を変えたり，資源を調達したりすることは容易だが，共同体の長の意
思がメンバーの意思と離れたものとなり，正統性が認められにくくなると，メン
バーの行動を変えたり資源を調達したりすることは難しくなる。

(3)　1940 年代のアメリカで，人々の投票が宗教・居住地・社会経済的地位といっ
た社会学的属性に基づいて行われると主張したのがいわゆるコロンビア学派であ
る（コロンビア・モデル）。社会学的属性を重視しつつ，コロンビア・モデル
への批判を踏まえて社会ネットワークの広がりなど新たな要素を加えて日本を対
象とした研究として（白崎 2013）がある。

(4)　社会学的属性を重視したコロンビア学派に対しては，それだけでは選挙結果
の変動が説明できないと批判が強かった。その後主流となったミシガン学派は，
政策への意見や業績への評価，メディア接触などを重視して投票行動を説明した
（ミシガン・モデル）。

(5)　本書で詳細に展開できないが，政治家が誠実に政策についての意見を表明す
るか，表明した意見を正しく履行するか，という点は公共選択論の重要な論点で
ある。これらの点については小西（2009）や浅古（2018）を参照。

(6)　このような能力はしばしば政権担当能力として概念化されている（山田
2016）。

(7)　野党は基本的に議会内では少数派であるために拒否権プレイヤーとはならな
い。連立政権を構成する政党以外には，政権党内で多くの議員に影響力がある派
閥の長などが挙げられる。

(8)　「抗議活動」という呼称は蒲島・境家（2000）による。抗議活動の政治参加
における位置づけについても同書を参照。

(9)　イングルハート（1978）を参照。なお日本については，物質主義が弱いとさ
れる一方で，それは脱物質主義の台頭ではなく前工業化社会の名残という側面が
指摘される（白崎 2021）。

引用文献

浅古泰史（2018）『ゲーム理論で考える政治学——フォーマルモデル入門』有斐閣。

イングルハート，ロナルド（1978）『静かなる革命——政治意識と行動様式の変化』東洋経済新報社。

ウルフ，ジョナサン（2016）『「正しい政策」がないならどうすべきか——政策のための哲学』勁草書房。

蒲島郁男・境家史郎（2020）『政治参加論』東京大学出版会。

キングダン，ジョン（2017）『アジェンダ・選択肢・公共政策——政策はどのように決まるのか』勁草書房。

小西秀樹（2009）『公共選択の経済分析』東京大学出版会。

坂井豊貴（2015）『多数決を疑う——社会的選択理論とは何か』岩波新書。

篠原一（2012）『討議デモクラシーの挑戦——ミニ・パブリックスが拓く新しい政治』岩波書店。

白崎護（2013）『メディアとネットワークから見た日本人の投票意識——社会学モデルの復権』ミネルヴァ書房。

白崎護（2021）「「新しい政治」からカウンターデモクラシーへ」森本哲郎編『現代日本政治の展開——歴史的視点と理論から学ぶ』法律文化社，所収。

砂原庸介（2011）『地方政府の民主主義——財政資源の制約と地方政府の政策選択』有斐閣。

空井護（2020）『デモクラシーの整理法』岩波新書。

ツェベリス，ジョージ（2009）『拒否権プレイヤー——政治制度はいかに作動するか』早稲田大学出版部。

日米欧委員会 1976『民主主義の統治能力』サイマル出版会。

松浦淳介（2017）『分裂議会の政治学——参議院に対する閣法提出者の予測的対応』木鐸社。

リンドブロム，チャールズE.・ウッドハウス，エドワードJ.（2004）『政策形成の過程——民主主義と公共性』東京大学出版会。

ルピア，アーサー・マカビンズ，マシューD.（2005）『民主制のディレンマ——市民は知る必要のあることを学習できるか？』木鐸社。

ロウィ，セオドア（2004）『自由主義の終焉——現代政府の問題性』木鐸社。

山田真裕（2017）『二大政党制の崩壊と政権担当能力評価』木鐸社。

Schwartz, Frank J.（1998）*Advice and Consent : The Politics of Consultation in Japan*, Cambridge University Press.

Boling, Patricia（2015）*The Politics of Work-Family Policies*, Cambridge

University Press.

Dalton, Russel J. (2017) *The Participation Gap*: *Social Status and Political Inequality*, Oxford University Press.

🎸 研究課題

1. 例えば家族や身近な友人と，複数の選択肢の中から旅行の行き先を決めるような場合，単純に一回の投票で決める方法と，複数回投票して選択肢を絞り込んだり，行き先の希望順に点数をつけてそれを集計したりする方法では結果が変わるだろうか。試してみよう。

2. 選挙では，候補者は人々とどのような約束をしようとしているだろうか。自分が投票する選挙での候補者のウェブサイトを見て，候補者の政策に関する意見やイデオロギーについて確認してみよう。

3. 自分が住んでいる市町村では市民参加の取り組みを行っているだろうか。自治体のウェブサイトを見て，市民参加への取り組みを確認してみよう。

14 | 公共政策の形成（4）
  | －継続性

手塚洋輔

　私たちの政府は，さまざまな意思決定を行っているが，そうした意思決定はまったくの白地から考えはじめて決めるわけではない。ほとんどの場合，何らかの仕組みが既にあり，それを改善したり部分的に作り変えたりすることで行われる。いわば公共政策は積み重ねられているものと理解できる。

　言い換えれば，ある時点の決定が，将来に影響を与えているということでもある。本章では，そのメカニズムとして大きく二つを取り上げ，政策が変わりにくい，あるいは，変わるとしても同じような方向性やパターンが持続しやすい構造にあることを確認する。第1に，過去からの経緯によって，政策の方向性が大きく規定される点に注目する（制度による拘束）。第2に厳しい時間的制約の中では，限定された合理性しか持たないがゆえに，現状の微修正にとどまることについて検討する（時間による拘束）。

1. 時間の中の公共政策

（1）二つの拘束

　これまで見てきたように，私たちの政府は，事の大小はともかくとして，多種多様な意思決定を絶え間なく行うことにより，政策を形成し続けている。もちろんその決定自体はその時点での判断ではあるが，他方において，まったくの白地にゼロから検討がなされているわけでもない。何らかの仕組みが既にあり，それを改善したり部分的に作り変えたりするすることがそのほとんどを占めるといえよう。その意味で，公共政策には，過去の政策の蓄積という側面がある。

　ところで，今の政策が不合理で時代遅れだ，との批判をしばしば耳にすることがあるだろう。要するに，なぜ変わらないのか，が問われているのである。政策資源に着目する本書の見方を踏まえると，公共政策と

は，政策資源の使い方やその結びつけ方のある形態・パターンのことであった。そこで本章では，こうした政策資源の使い方や結びつけ方のパターンが変わりにくいこと，あるいは変わるとしても，同じ方向の中で少しずつ変わる構造を検討する。

それはすなわち，公共政策を「時間」との関係において考えるということでもある。過去の経緯がどのように影響しているのか，翻って今の決定が将来にどのように影響を与えるのかについて，大きく二つの側面から考察する必要がある。

第1は，過去の経緯によって構築された制度による拘束である。論者によって「制度」の内容に幅があるが，ここでは政策資源との関連に特に留意し，資源の使い方や結びつけ方についての安定的な関係が存在し，人々の間でそのことについての了解が存在する様態を「制度」ととらえたい。こうした制度は，決定のプロセスにおける参加者やその権限を規定することで政策決定に影響を与えるとともに（→第13章），本章で詳しく検討するように，とり得る選択肢の数や幅にも影響を与える。

制度が長期的に形成される観点からすると，ある時点での決定が，その後も将来にわたって影響を与え続けること，逆に，過去の決定の蓄積の上でそれらに制約されて政策決定がなされること，を考慮することが重要となる。

第2は，決定に要するまでの時間による拘束である。もし，決定期限に制約がなければ，政策課題について深く掘り下げた上で，多角的に政策案を検討し，熟議を重ねて合意形成をしていくプロセスを経ることで，抜本的な政策転換をすることができるかもしれない。

しかしながら，政策課題は時間との闘いである。そもそも政権を担う政治家に任期がある以上，任期を超えて長期にわたって政策形成を推進し続けていくのは至難の業である。行政的な課題であったとしても，担当者の人事異動もあることから同じような難しさを抱える。しかも，検討期間が長くなればなるほど，決めないために引き伸ばしている，あるいは政策課題を放置しているという批判に曝されることにもなる。

加えて，決定手続きとの関係でも時間的制約がある。毎年度編成する

予算は，作業量に比した時間的制約が最も厳しく表れる典型例といえよう。自治体の総合計画をはじめ，防災計画や福祉計画などの計画策定においても，予算と比べると時間的な制約は緩和されるとはいえ，期限までに計画を策定しなければならないプレッシャーがある。

このように意思決定の時間が限定されるために，ゼロから考えるのではなく，現状を前提に微修正することしかできない側面が公共政策にはある。だとすると，こうした制約の中で，どのように効率的な意思決定をしているのかも重要な論点となるだろう。

（2）政策資源の変わりにくさ

次に，資源の集められ方やその使い方が変わりにくいことに注目し，政策資源と時間との関係を整理しておこう。

情報資源に関しては，初期に作られた情報のフォーマット（様式）に強く制約される特徴を持つ。統計調査であれば，その調査方法について，基本的には変わらないことが重要であり，だからこそ経年的な推移を分析できる。どの情報を収集するのかについても，法令で規定されれば変わりにくいことになるし，デジタル情報となれば，そのプログラムにも規定されることになる。例えば，金融機関の合併においてプログラムの統合がことのほか困難であるといったことなども挙げられるだろう（日経コンピュータ他 2020）。過去の情報との互換性をどこまで保持しながら，いかに新しい状況に対応していくか，そのバランスが問われる。

金銭資源を配分する毎年度の予算を見ても，大半の事務事業は過去からの継続であり，全体から見ると，新規の事業は限られる。政権交代があったとしても，抜本的な予算の組み替えは難しい[1]。しかも予算の中には，年金のように数十年先を見越しながら，計画的な支出が求められるようなこともあれば，公債費のように，過去のある時点での借入について，将来にわたって償還を続けていくものもかなりの額を占める。

人的資源でも，継続性は顕著である。資格任用制をもとにした公務員制度では，身分保障の下で，一定の能力を持つ職員を長期的雇用することが原則となっている。ただ，人的資源をいざ集めようとしても，実務

を担うことのできる人材が社会の中にそう豊富にいるわけではないことに留意する必要がある。事実，明治維新という大変革に際しても，その初期においては，幕府の下級役人たちが引き続き各地で明治政府の実務を現場で支えたことからもわかるだろう（門松 2014）。

　法的資源の代表である法律は，そもそも一旦制定すると，改廃されない限り，将来にわたって適用される特質を持つ。それゆえ，規律密度が高まる傾向にあることは否めない。実際，毎回の国会で審議される法案のうち，新規の立法は少なく，その多くが今ある法律の一部を改正することを目的とした法案，すなわち改正法案なのである[2]。このように，今やほとんどの領域で基幹となる法制度が確立しており，法令面で言えば，政策形成とは，法令改正の手続きが中心となっているのである。

（3）政策資源の近視眼的活用

　他方において，将来にわたって拘束力を持つにもかかわらず，政策資源をめぐる諸決定が場あたり的に行われることもある。

　すなわち第1に，情報資源に関していえば，長期的戦略に乏しく，政府の情報システム調達能力が不足する中で，非効率な開発が繰り返されてきた（日経コンピュータ 2021）。また，イシューが発生する都度に，思いつきのように行われるアンケート調査も，結局は適切な分析を妨げ，誤った解釈をもたらすこともある。

　第2に金銭資源の場合も，予算総額に関してかねてから中期的な財政計画がないとの欠陥が指摘されてきた。毎年度の予算編成において政権が遵守する基準に乏しいために，結果として財政赤字を増加させる一因とも見られている（田中 2013）。個別の予算の執行においても，そのときどきで「選択と集中」を繰り返すことによって，研究開発を推進したり，公益的な事業を安定的に行ったりするのに足りる財政基盤を構築することに失敗し，支出額に比して成果を得られない領域もある。

　第3に，人的資源における問題としては，なによりこの間の定員削減の影響により，非正規雇用が増大し，今や基幹業務ですら非正規職員なしには成り立たない状況になっていることが指摘できよう（→第4章）。

さらに，年度による採用数に差が大きく，採用が低調であったいわゆるロスジェネ世代が中堅にさしかかり，管理職のなり手不足といったことも問題となっている。

第4に，法的資源については，他の資源と比べて安定性はなお高いものの，トップダウン型の政策形成で，法案化が急いで進められるケースも散見される。従来，法的安定性を支えていた内閣法制局の機能が変容し，政治的な意向を受けて法解釈をする場面も見られる。将来にわたってどのような影響を及ぼすか注視する必要があろう。

こうした課題を抱えながらも，総体としては，政策資源の変わりにくさが失われるわけではない。そこで以下では，制度による拘束と時間による拘束の二つを順番に取り上げ，政策の選択肢が限られるメカニズムを検討していくことにしよう。

2.　制度による拘束

（1）自己強化のメカニズム

先に述べたように，政策決定においては，過去の政策や制度が影響を与える。こうした過去の政策や制度は「政策遺産」と呼ばれる。ではなぜ政策遺産によって政策決定が制約されることになるのだろうか。そのメカニズムを考える上で鍵となるのは，自己強化と呼ばれるメカニズムである。

最初はほんの小さな決定であったとしても，それを前提として法整備が進み，行政組織が整えられ，予算措置がなされるなど，各種資源が活用されていくことになる。そして，それがある段階で固定化されると，人々はそれを前提に最も有利になるように行動することとなるため，社会における利害の状況や産業・企業なども政策の方向性に沿う形で編成されていくことになり，ますますその方向性を変えるのが難しくなっていく。

こうした将来に対して影響を与えるメカニズムを，近年の政治学では「正のフィードバック」と説明する（ピアソン 2010）。正のフィードバックとは，同一方向の加速度的変化のことで，自己強化的な仕組みであ

る。注意すべきは，その内容を問わず，ある方向性が一貫していること
が正のフィードバックであり，好循環になることもあれば悪循環になる
こともある。ある方向性が一貫していれば「正のフィードバック」なの
である。

　この自己強化的な仕組みは，政策として必ずしも合理的だから起こる
わけではない。よく参照される例に，「ポリアの壺」という数学のモデ
ルがある。大きな壺の中に，最初は，白玉と黒玉が1個ずつ入っている
とする。そして，その中から玉を1個出して戻すときに同じ色の玉を入
れることを例えば100回繰り返すもので，確率の問題である。初回に白
玉が出たら，白玉2個を戻すので，壺の中は白2・黒1になるという具
合に進み，最終的に100回繰り返した場合にどうなるか。白が圧倒的に
多くなることもあるし，逆に黒が圧倒的に多くなることも，はたまた白
黒が同じくらいになるかもしれないが，それを事前に予測することはで
きない。しかしここで重要なのは，ある程度進むとその流れを変えるこ
とは難しくなること，言い換えれば，最初の数回でその後の展開が決
まってしまうような仕組みといえよう。

　これと同じような関係が，人間社会でもあるという。すなわち，偶然
かもしれない初期の選択の結果，一旦仕組みができあがると，その方向
性を変えるのは容易ではないということである。このように初期の事情
がその後に大きく影響を与える点を踏まえて，長期的な経緯を見ること
が重要とされる。

（2）経路依存性

　正のフィードバックにより，過去の制度や仕組みが強く拘束力を発揮
する場合を「ロックイン効果」と呼ぶ。ロックイン効果は，もともとは
技術や商品などで使われる用語であり，例えば，現在広く普及している
QWERTYキーボードの配置が挙げられる。本来は，早く打ちすぎると
失敗するというタイプライターの特性から，あえて打ちにくく作られた
ものが，パソコンの時代になって当初の目的は失われても，みんながこ
の形態に慣れていることから，より合理的な手法に乗り換えることが難

しい。そのほか，航空会社のマイレージサービスや携帯電話なども，長期に使えば使うほど乗り換えにくくする「ロックイン効果」によって顧客を囲い込もうとする。

　こうした正のフィードバックを通じて，過去の決定や制度が現在に継続されていくこと，言い換えれば，現在の状況がこれまでの経路によって規定されている特質を「経路依存性」という。現時点から見ると，一見不可思議で仕方がないような仕組みも，過去の事情から経路依存性を使って説明される。例えば，東日本と西日本では，使用されている電力の周波数が異なる状況が続いているが，これも初期の時点で，どの国の発電機を輸入したかに依存しているという具合である。

　以上のように，ある時点での偶然の選択が，その後，自己強化的なメカニズムによって，制度として定着し，状況が変わっても変わらずに継続する状況が生まれることがわかるだろう。しかも，政治による決定によって拘束することのできる公共政策は，ロックイン効果を生みやすいことに留意する必要がある。商品や技術であれば，商品開発や技術革新などにより，市場メカニズムを通じて既存の仕組みが崩れる余地がある。これに対して公共政策の場合は，強制力や権力を背景に特定の方向への誘導や拘束が可能だからである。

　例えば，公的医療保険制度の一つである国民健康保険をめぐっては，保険であるにもかかわらず，なぜ規模の小さい市町村単位の運営となり，結果として財政上の困難を抱えてきたのかという問題がある[3]。これに対しては，まず戦前に，農村の窮状を救うために市町村を単位に，組合を作って運営する仕組みとして発足した。次に，組合では立ちゆかないことから，戦後に，市町村公営とされた。こうした段階を経て，ノウハウや人材も市町村が保有することとなるなど，市町村が実施主体となる仕組みがロックインされ，財政悪化という課題に直面しながらも，抜本的な改革がなされなかったと説明される（北山 2011）。

　加えて，政策の根幹となるような考え方や方向性（政策パラダイム）もが維持されたまま政策が少しずつ変化していくようなことや，ある政策アイディアが長期的に継承され，それぞれの時点で各々の制度に結実

するといったことも経路依存性の一つと考えられる（佐々田 2011）。

（3）制度の発展

　ここで取り上げた，経路依存性の議論は，確かに過去の経緯によって次の選択肢の幅が拘束されることを意味する。しかしそれは，未来永劫，同じ制度が変わらないのではない。政策課題を生み出す社会経済の環境が変わる以上，制度も変わらない「制度放置」が続けば，当初の政策意図を達成できないことになろう。

　むしろ重要なのは，制度が変化するといっても，既存の仕組みを一旦ご破算にして，ゼロから制度を作り直す「制度廃棄・置換」が起こるとは限らないことである。そして，制度を作り直す以外の方策として，既存の制度を維持したまま新しい制度を接ぎ木する「制度併設」と，制度の枠組みはいじらずに内容や目的を変更して対応する「制度転用」がある（Hacker 2005）。

　制度併設の例としては認定こども園制度が挙げられよう。共働き世帯の増加とともに待機児童問題が深刻化する中で，既存の幼稚園・保育園は維持しながら，両者の機能を併せ持つ新しい仕組みとして認定こども園制度が創設された。保育園と幼稚園を廃止して認定こども園に一元化する可能性もあり得たが，制度併設が選択されたのは，保育需要への要請が急落し，政策を変えていく必要が認められる一方で，既存の仕組みを変えることへの抵抗が大きかったためと考えられる。

　制度転用に関しては，かつての農村における公共事業にその例が見られる。農地改良や農道整備といった公共事業は，当初は農業の合理化のために始められたものであった。それがいつしか，地方における雇用の受け皿として機能するようになり，事実上，雇用（失業）対策として継続されていくことになった。このように，あくまで公共事業という仕組みは維持しつつも，その目的が移り変わる制度転用があったと見ることができる。

　このように，公共政策を構成する制度は，制度転用や制度併設を繰り返しながら，制度として進化したり発展したりする。どのような場合

に，制度発展が起こるのかについては，論者により若干異なるところが
あるものの，現状維持志向の高低と，制度転換への抵抗の高低の組み合
わせによるとの見解が広く知られている。政策課題への対応が求められ
る（現状維持志向・低）が，既存の仕組みを維持したい勢力が多い（制
度転換への抵抗・高）場合に制度併設が行われやすいことになる（図1）。

図1　制度発展の諸形態

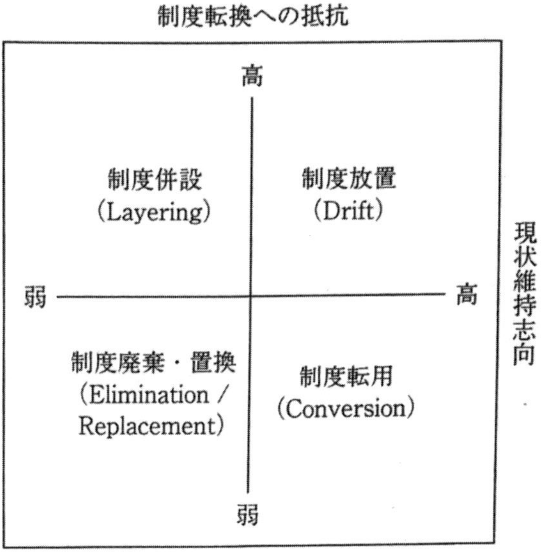

制度転換への抵抗

〔出典：宗前（2020：13）〕

　ともあれ，制度の制約により公共政策の選択肢の幅が決まっている見
方は，何を変えなければいけないのか，どこが障害になっているのかを
正確に理解する助けとなろう。また，事情のまったく異なる諸外国の例
をいたずらに引き合いに出しても，そのような抜本的な変革は難しいと
いうことでもある。いかに既存の仕組みとの接合を図るのかが鍵となる
のである。

3. 時間による拘束

(1) 限定された合理性とインクリメンタリズム

　次に，決定にかかる時間の観点から政策決定への制約を検討しよう。まず前提になるのが，人間の持つ能力の限界，すなわちアメリカの社会科学者ハーバート・サイモンが提唱した「限定された合理性」しか持たない人間像である（サイモン 2009）。

　それまで経済学を中心に社会科学では，私たち人間は，それぞれの時点で最善の選択を行うとする前提を置いてきた。つまり，すべての選択肢を思い浮かべ，さらにその帰結を確実に予測し，それらの帰結を瞬時に比較した上で，選択するとの仮定である。

　しかし，人間の情報処理と意思決定を探究する中でサイモンは，私たちは，能力的な限界から，すべてのことを見通した上で何を行うのがベストかを判断して意思決定（行動）しているわけではないことを示した。断片的な知識しかないので，すべての選択肢を網羅できないこと，その帰結も不正確にしか予測できないこと，さらに選択肢の間の比較を行うには時間がかかりすぎることを挙げ，私たちは，満足する水準で選択肢の探索を止めて，意思決定をしているというのである。

　とはいえ，「不合理」な意思決定をしているわけでもないことに留意する必要があろう。昼食を何にするかなどの日常的な意思決定から，就職や結婚といった人生の岐路についての選択でも，程度の差こそあれそう変わらないだろう。このように，人間は，ある範囲の中で合理的に振る舞っているというのが「限定された合理性」の含意である。

　こうした限定された合理性を前提とする意思決定のあり方は，組織での意思決定でも同様に適用できる。政府においても，すべての選択肢を考えた上で優先順位づけを行う完全合理性による意思決定をしているのではないと考えられよう。とりわけ，時間的な制約がある中では，なおさらである。ただそれは，まったく合理性などお構いなくやみくもに意思決定をしているわけではない。限定された合理性の中にあって，それなりに合理的な方法がとられているのである。

　ではどのような方法が見られるのか，その代表的な例が，第13章でも取り上げたインクリメンタリズムである。全員が合意するような統一的な価値体系が存在しない中では精密な優先順位づけをすることは難しく，しかも優先順位づけに必要となる情報を収集する費用も膨大となる。そのため，多種多様な人々が断片的に参加し，相互調節されるプロセスを経ることによって，一定の合理的な決定に至ることができるとする。

　それゆえ，インクリメンタリズムによる政策決定では，政策の内容そのものよりも，決定の手続きをルール化することによって一定の合理性を確保する。例えば，決定の際に考慮する情報についても，複雑な事情のすべてを扱うのではなく，現状との差異に焦点を絞ることによって，限られた時間内でそれなりに合理的な決定ができる。こうして，インクリメンタリズムのもとでは，現状から微修正する決定を繰り返していく結果となるとともに，そのことが正当化される。

（2）予算編成

　インクリメンタリズムの政策決定が最も表れるものとして，政府が毎年度行う予算編成がある（ウィルダフスキー 1972）。というのも，膨大な作業を毎年度繰り返して行わなければならないからである。事実，国であれば一般会計と特別会計を合わせて200兆円に及ぶ歳入と歳出の内訳を記した2000ページに達する予算書を毎年度作り直さなければならない。しかも，その年の政府の支出内容のすべてを盛り込んでいる予算によって，政府が行う政策の実質が決められていることを考えれば，その予算はおざなりではではなく，できるだけ合理的な決定が求められよう。

　そのため，予算編成過程においては単に財政当局だけの判断で予算を作ることは通常行われない。どのような政策に金銭資源を活用すべきかに関する情報は，実際に政策を所管する部局が持っているからである。したがって，予算編成においては，所管部局が財政当局に予算を要求し，財政当局がそれを査定するというように，多様な関係者が関与する過程を持つ。

　ただ，そうなるとあまりに複雑になるため，予算編成過程において考

慮される情報を限定するなど，詳細な手続きを決めておく必要がある。そこで予算編成においては，過去の決定を所与とした上で，新規の事業をはじめとする前年度からの変化にもっぱら集中することになる。実際に，所管部局からの予算要求（概算要求）の上限を定めることで，予算総額の抑制を図るシーリングと呼ばれる仕組みが用いられているが，その際にも前年度の予算がベースとなる。また，予算編成で使われる予算書にも，前年度の予算額との差を必ず明記することになっており，新規事業か前年度からの継続かでも異なる扱いを受ける。このように時間の制約がある中で，ゼロベースですべての事務事業について優先順位づけを行う余地はない（キャンベル 2014，田中 2013）。

　その結果，こうした予算編成過程を経るために，毎年度策定される予算は前年度から微修正されるにとどまる。先に述べたように，毎年度の予算とは，その年度に政府が行う政策の実質を決めることと同じであることから，過去の政策決定の影響が将来にわたって作用する構造にあることがわかるだろう[4]。

（3）定員管理

　予算編成とともに，インクリメンタリズムが表れる分野として組織定員の管理がある。ここでいう組織定員とは，行政組織で業務に従事する人的資源の量を指し示す。ただし，予算的な制約もあることから，雇用できる人数（定員）をある規模に抑制し，その中で各部局に割りあてる作業が必要となる。

　現代の政府は，膨大な数の公務員が，膨大な業務を行っている。その一つ一つについて，詳しく精査し，客観的かつ統一的な基準をもとに必要な人員数を割り出すことは予算同様難しい。しかも，組織の膨張を抑制するため，日本では国家公務員全体の数を法律（総定員法）で規制しているだけでなく，人件費抑制の観点から定員削減が続けられてきた（大森 2006）[5]。

　しかし，すべての領域で業務量が一律に減っているわけではもちろんない。実際，時代の流れとともに，政府の業務内容も当然に変わってく

る。例えば，戦後，ある時期までは日本の基幹産業の一つでもあった農業や食糧の調達が重要だったため，農林水産省は多くの職員を抱えていた。しかし，その後，農業従事者の減少により，業務量自体が減少傾向にある。その一方で，近年では訪日外国人（インバウンド）の激増により，出入国管理や検疫といった業務量が極めて多くなっている。

　このように日々刻々と変化する社会経済状況に対応し，適切に業務を分担することが求められる。そのため，国に関していえば，毎年度，内閣人事局が機構・定員等審査を通じて，定員の配分を行っている。具体的には，定員については各府省ほぼ一律に目標減員数をまず課して，退職者の補充をしないで新規採用数を抑制し，そこから出た余剰（退職者数－新規採用者数の差の一部）を増員分として確保する。その上で，各府省より定員増の要求を出してもらい，それを内閣人事局が査定して，必要なところに定員を割り振る（増員を認める）手法をとっている。これを繰り返すことで，徐々にではあれ，分野間の定員の過不足を調整しているのである（原田 2021）。

》注

(1)　2009 年の政権交代に際して行われた事業仕分けでも当初計画した額には及ばなかったことを思い出す必要があるだろう（手塚 2012）。

(2)　実際，第201回国会（2020 年）で可決成立した63の法律のうち，改正法が49を占める。

(3)　ようやく近年になって，市町村単位で実施はするものの，保険財政については都道府県単位に統合する改革がなされた。

(4)　もちろん，政権側も予算が固定化されるのをただ座視しているわけではない。各府省一律に予算要求の上限を厳しく抑制することで，財源を捻出し，それを別枠として政権の方針に沿った優先順位づけを行うことも試みられてはいる。

(5)　2021 年度は新型コロナ対応のため，厚労省などの定員が大幅増となり，時限的な措置を除くと，1979 年度以来，実に42 年ぶりに増員となったことが注目される。

引用文献

ウィルダフスキー，アアロン（1972）『予算編成の政治学』勁草書房。

大森彌（2006）『官のシステム』東京大学出版会。

門松秀樹（2014）『明治維新と幕臣——ノンキャリアの底力』中公新書。

北山俊哉（2011）『福祉国家の制度発展と地方政府』有斐閣。

キャンベル，ジョンC.（2014）『自民党政権の予算編成』勁草書房。

サイモン，ハーバートA.（2009）『新版　経営行動』ダイヤモンド社。

佐々田博教（2011）『制度発展と政策アイディア』木鐸社。

宗前清貞（2020）『日本医療の近代史』ミネルヴァ書房。

田中秀明（2013）『日本の財政——財政再建の道筋と予算制度』中公新書。

手塚洋輔（2012）「事業仕分けの検証」御厨貴編『「政治主導」の教訓——政権交代は何をもたらしたのか』勁草書房。

日経コンピュータ他（2020）『みずほ銀行システム統合，苦闘の19年史』日経BP。

日経コンピュータ（2021）『なぜ政府は失敗し続けるのか』日経BP。

原田久（2021）「定員査定の実証分析」『政策科学』28巻3号，263〜282頁。

ピアソン，ポール（2010）『ポリティックス・イン・タイム』勁草書房。

Hacker, Jacob S.（2005）"Policy Drift : The Hidden Politics of U. S. Welfare State Retrenchment," Wolfgang Streeck and Kathleen Thelen eds., *Beyond Continuity : Institutional Change in Advanced Political Economies*, Oxford University Press.

🔋 研究課題

1. あなたの関心のある政策領域を選び，どのような時間軸で政策が作られているのかを調べ，長期的に変わりにくいところと短期的に変わりやすいところをそれぞれ挙げてみよう。

2. 公共政策が経路依存しやすいのはなぜだろうか。その要因と経路依存するメカニズムについて整理してみよう。

3. 国や自治体の予算編成に関する資料をウェブサイトで探索し，どこにインクリメンタリズムによる決定過程が表れているのか発見してみよう。

15 | 公共政策の形成（5）
－制度とその変化

砂原庸介

　時間を通じて積み重ねられてきた公共政策の制度が変わるというのはどのようなことを意味するのだろうか。制度は常に定められた通りに発展するのではなく，初期の重大局面の選択に依存して多元的に進化し，特定の選択が支配的なものになっていくと考えられる。そして，一つの制度の背後には，とられなかった選択に基づいた別の制度が考えられる。

　制度を別の制度に変化させるのは容易なことではない。本章では，制度変化を説明しようとするいくつかの理論について紹介した上で，本書で扱ってきた福祉国家やNPM・市場化といった考え方を取り上げながら，現在の公共政策，特に公共サービスの提供を取りまく制度について考える。

1. 均衡としての制度

（1）選択の制度化

　人々が直面する多くの選択はその場限りのものかもしれないが，いくつかの重要な選択は，長期にわたって人々の生活や行動に影響を与える。例えば，どのような職業についてどのような技能を身につけるか，賃貸住宅に住むか持家を買うか，結婚するかどうか，子どもを作ろうとするか，といったような複雑な選択は，非常に長期にわたって人々の生活に影響を与える。そのような選択にあたって，人々は事前により望ましい選択肢を探ったり，よりよい選択ができるように交渉したりする。とはいえ，このような複雑な選択で，すべての情報を入手して望ましい選択を行う，ということは難しい。また，一度行った重要な選択を簡単にやり直すことはできない。少なくとも大きな費用と時間がかかることになる。

　将来何が起こるかすべてはわからない不確実性の高い選択について，

他よりも大きな利益が予想される選択肢が提示されていれば，それを選択するのは自然なことである。同じように選択肢が提示されれば，多くの人々が同じような選択を行うことが予想される。多くの人々が選べば，その選択が社会として正統性の高いものとして認められ，その選択を一層有利にするような公共政策が実現する可能性が高い。一定の強制力を伴った法律や規則として確立することもあるし，社会において正しいとされる規範として認識されることもある。いずれにしても，本来は選択の対象であるようなものを事実上強制し，人々の側も利益の高い選択として受け入れることで制度化が行われていくのである（青木2008）。

　日本でこのような制度化が行われている例として，人々が賃貸住宅ではなく，特に新築の持家を取得するという選択を挙げよう（砂原2018）。日本では家族向けの賃貸住宅の供給が十分ではなく，公的な賃貸住宅も少ない。そのような賃貸住宅のアメニティは貧弱で割高になりがちである。それに対して，宅地の供給が容易で新築住宅が割安に供給されるため，家族を持ち，住宅を更新しようとするときには，新築住宅の購入という選択が望ましいものに見え，実際その選択をとる人々が非常に多い。政府も賃貸住宅への補助よりも住宅ローン減税のような新築を中心とした持家住宅購入への支援を行うことで，持家購入という選択肢が社会において支配的なものとなっていくのである。

　このように，一度ある重要な選択の制度化が進むと，関係する選択がそれを補完してお互いの有効性を強め合うことになる。住宅の例で言えば，新築住宅の供給を容易にするような都市計画の運用や，住宅そのものの価値よりも借りる人の信用を重視した住宅ローン，流動性に乏しい中古住宅市場，賃貸住宅への乏しい補助や過少な公的賃貸住宅といった貧弱な住宅保障などが挙げられる。「稼ぎ主の男性が家族を新築住宅に住まわせて一人前」といったような社会規範もそれに含めてもいいだろう。人々は自分の選択として，賃貸住宅を借りたり中古住宅を購入したりすることもできるが，社会において支配的ではない選択を行おうとすると，不利を被ることになる。そして，さまざまな選択が補完して有効性を強め合っているために，そのうちの一つを法律や規則で無理やり変

更しようとしても実質的な効果が上がらない[1]。多くの公共政策は，そのような制度のもとで決められているのである。

（2）複数の均衡の存在

　このような制度は，個別の法律や組織の整備とは異なり，人々の間に共有された期待（shared expectation）に基づいてある特定の選択や行動のパターンを作り出すものである。特定の選択や行動が他のものよりも大きな利益を生み出すという予想が共有され，政府もそのような選択や行動が有利になるように，政策資源の使い方や結びつけ方のパターンを継続的に作り出す。不利を受けるような選択や行動はそもそもとられにくいが，敢えてそのような選択を行う人々が現れたり，政府が人々にこれまでと異なる行動を促そうとしたりすることがあるかもしれない。しかし，そのような場合でも，補完的な社会規範や法律・規則が維持されていれば，依然として特定の選択が有利なままとなる。こうしてさまざまな選択がお互いの有効性を強め合い，それぞれが選択や行動を変えることがないような状態を「均衡」として理解することができる。

　均衡としての制度はどのような社会においても同じように形成されるわけではない。ある社会において支配的な選択や行動が，他の社会でそうではないということはしばしば観察される。すでに説明した住宅の例を再度考えるとすれば，日本のように人々が新築住宅を主に購入するのではなくて，中古住宅を主に購入するように均衡が形成されることは少なくない（図1）。そのような場合，過少な公的住宅や乏しい賃貸住宅への補助という点は似ていることがあるとしても，都市計画が強くて宅地の供給が困難であったり，住宅ローンの組み方が異なったりするなど，異なる選択によって補完されている可能性が高い。さらに，必ずしも持家を購入するのではなく賃貸住宅を利用し続ける人が多いような社会もある（表1）。そのような場合，公的な機関が社会住宅を供給したり，賃貸住宅への補助が大きかったりする一方で，宅地の供給が困難であるとか，個人で住宅ローンを組むのが難しいといったような選択肢の制約とともに均衡が成り立っているのである。

図1 既存住宅の流通シェアの国際比較

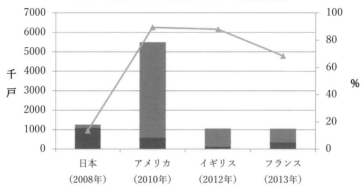

〔出典：住宅産業新聞社『2014 年度住宅経済データ集』〕

表1　1993 年のヨーロッパ諸国における持家と借家の割合

国名	持家	借家	うち民間賃貸	うち社会住宅	その他	特徴
アイルランド	80	20	9	11	–	持家中心
スペイン	76	18	16	2	–	持家中心
フィンランド	72	25	11	14	–	持家中心
ギリシャ	70	26	26	0	–	持家中心
イタリア	67	14	8	6	19	持家中心
ルクセンブルク	67	33	31	2	–	持家中心
イギリス	66	34	10	24	0	持家中心
ポルトガル	65	32	28	4	3	持家中心
ベルギー	62	37	30	7	–	持家中心
ノルウェー	60	22	18	4	18	賃貸中心
フランス	54	38	21	17	8	賃貸中心
デンマーク	50	42	24	18	8	賃貸中心
オランダ	47	53	17	36	0	賃貸中心
スウェーデン	43	38	16	22	19	賃貸中心
オーストリア	41	45	22	23	14	賃貸中心
ドイツ	38	62	36	26	–	賃貸中心
スイス	31	63	60	3	6	賃貸中心
日本（1993）	59.8	33.5	26.4	7.1	5	持家中心
日本（1998）	60.3	34.2	27.4	6.7	3.9	持家中心

〔出典：佐藤（1999）〕

　このような複数の均衡では，それぞれにおいて人々の支配的な選択が異なる可能性がある。そして，それぞれの均衡において望ましいとされる公共政策は異なる。そのため，ある社会において，他の社会でとられている公共政策を模倣して社会に変化を起こそうとしても，その試みがうまくいかないことは少なくない。なぜなら，異なる社会が別の均衡にあるときは，同じような公共政策でも，一方では均衡を強化するように，つまり効果があるように働き，他方では一時的な変化があったとしても元の均衡が維持される，つまり効果がないようにみえるということが生じるからである。

（3）　重大局面と制度の形成

　それでは，なぜこのような複数の均衡に至るということがあるのだろうか。しばしば強調されるのは，歴史的な経路依存である（ピアソン2010）。社会が発展する初期の段階においては重要ではないようにみえるような意思決定であっても，それが将来の均衡に大きな影響を与える可能性がある。共有された期待がまだ十分に形成されていない段階で，人々の期待に働きかけるような意思決定が行われると，ある選択が他の人々の期待に影響を与え，それがまた同じような選択を生み出していくという正のフィードバックが生じるのである。

　このような観点からは，さまざまな選択が相互に補完する均衡ができていない状況で，どのような意思決定が行われるかが，その後の制度発展に大きな影響を与えると考えられる。そのような局面は重大局面（critical juncture）と呼ばれ，そこでの選択が原因となって，後々の多様な均衡という結果をもたらすことが論じられてきた（例えばCollier and Collier 1991，ピアソン 2010，北山 2011 など）。結果として実現する均衡は，はるか以前の偶然に行われたものも含めた決定に依存するものであり，何らかの目的をもって作り上げられたものというわけではない。むしろ，均衡が存在する時点では，長期的に好ましくないと思われるようなことが人々にとって「合理的」な選択として実現することも少なくない。住宅の例では，空き家が増大している中で新築住宅を作り続ける

ような状況がそれにあたるといえるだろう。

　重大局面は，現代から見てはるか以前にのみ生じるというわけではない。何らかの理由で既存の制度が動揺し，再度の「重大局面」を迎える中で新たな選択が支配的となり，その選択が「正のフィードバック」によってまた強化されていく，という断続的均衡（punctuated equilibrium）のような説明も行われている（Krasner 1984）。いずれにしても，比較的自由な選択のもとで均衡が生み出されていく過程と，多くの人々が支配的な選択を行う安定的な均衡という二つの時期を分けた上で，生じた異なる均衡の間の差異が重大局面での選択に起因したとする主張となる（今井 2015）。

　これも日本の住宅の例で考えると，多くの人々が新築の持家を購入するような均衡は，第二次世界大戦後しばらくの選択の積み重ねの影響を受けて形成されていったと考えられる。戦前日本では特に大都市居住者の多くは賃貸住宅に住んでおり，持家を購入するのは容易ではなかった。戦後の深刻な住宅不足に対応するために，現在とは異なって，政府は広範に公的な賃貸住宅を提供しようとしていた。しかし他方で，高度経済成長を経てインフレーションが激化する中で公的な賃貸住宅を供給するのが難しくなり，しだいにその対象が困窮者へと限定されていく。同様の状態に直面した先進国の一部はそこで賃貸住宅への援助を大きくすることで対応したが，日本では政府が持家購入を促進する姿勢を強めていった（砂原 2019）。そして石油危機以降，公的賃貸住宅のさらなる縮小，土地開発ブームや住宅ローンの一般化などとも相まって，日本は持家社会としての性格を強めていったのである。

2. 制度の変化

（1）ビッグバン・アプローチ

　既に述べたように，均衡としての制度が形成されているとき，人々は支配的な選択をなかなか変えようとはせず，同じような選択が持続することになる。断続的均衡が理解するように，何らかの原因で制度が揺らぐことはあるだろうが，戦争や大きな災害のように，政府が必ずしもコ

ントロールすることができない理由によることが多い。では，さまざまな均衡がある中で現在の均衡が望ましくないと考えられるとき，公共政策に何ができるだろうか。

　まずは，政府が非常に大きな働きかけをして，人々の行動パターンを別の均衡へと一気に変えてしまうという考え方があり得る。このような考え方がしばしば援用されるのが，発展途上国における援助である（サックス 2006）。貧困状態にある発展途上国では，「貧困の罠」と呼ばれるように，もともと所得や教育の水準が低い中で高水準の所得を得ることができるような仕事をするのが難しく，それゆえに多くの人々が敢えて教育に投資をすることなく，それがまた低所得へとつながってしまうような均衡が問題とされる。そのような状況では，少しずつ教育水準を向上させようとする努力もなかなか報われることなく，しばらくすれば向上させた教育水準がまた低下する恐れもある。それに対して，海外援助などの大きなひと押し（ビッグプッシュ）によって所得を生み出すような社会基盤の整備を行うことで，一挙に教育水準や所得水準を向上させ，より望ましい均衡を導くべきであるという主張がなされる。

　望ましくないと考えられる「貧困の罠」のような均衡から，望ましい均衡への移行を目指す援助は正当化されやすい。しかし，「貧困の罠」のような状況も時間をかけて形成されてきた均衡であり，それを変化させるのは容易ではない。そのため，多くの資金を集めて援助を行う計画を立てたとしても状況を変えることはできていない。援助を必要としている人々に届くことはなく，巨額の援助を行ったとしても貧困をなくすことができないでいるのである（イースタリー 2009）。

　多くの場合，均衡としての制度を発展させてきた先進国においては，移るべき望ましい均衡を考えること自体が難しい。それでも，長期の経済不況に陥ったときなど，人々の行動が自己強化的に経済的な不振を招いていることが指摘される。例えば，金融市場における伝統的で不透明な取引慣行が，人々の広範な資本市場への参加を阻害しているとして，規制改革によって取り引きを透明化し，国際化・自由化を進めることで市場参加者のすそ野を拡大しようという試みがある。1980年代にイギ

リスで金融自由化を目指して実施された「金融ビッグバン」では、金融事業者の自主規制中心の取引慣行を一新し、監督官庁のもとでルールに基づいた規制が行われることになった（Vogel 1996）。日本でも長く金融業界の特殊な取引慣行が維持されてきたが、1990年代末の「日本版ビッグバン」で国際化・自由化の推進が図られている（戸矢 2003）。

（2）アイディア

　政策による働きかけがなくても、外部から多くの人々が流入してきたり、世代が変わったりするなどして、ある社会での人々の共有された期待が変われば、支配的な選択肢が必ずしも望ましいものとはみなされなくなり、均衡としての制度は変わることが考えられる。移民が少しずつ社会に入るような場合、移民も受け入れ社会における共有された期待を同じように共有するかもしれない。しかし、一気に大量の移民が流入するような場合、それまでの支配的な選択肢を無視して行動することで、新たな均衡に向かうかもしれない。あるいは、外部からの移民の流入はなくても、第13章で触れた脱物質主義的価値観のような価値観を内面化した世代が多数派になっていくことで、共有された期待が変わって制度が変わるということもあるだろう。いずれにしてもデモグラフィックな変化と結びついて共有された期待が変わることで、均衡としての制度が変わることが考えられる。

　デモグラフィックな変化によらずに、人々の共有された期待に働きかけることで均衡としての制度を変える要因として、「アイディア」に注目されることがある。「アイディア」とは世界観、イデオロギー、パラダイムなどとして理解される政策の議論を枠づける信念の体系である。この「アイディア」は、何らかの政策課題に対して解決方法を提案し、人々に向けて行動を変えるように促しつつ、人々の日常に当然のように受け入れられるものとなり得る（Cairney 2020）。当然ながらこのような人々の持つ信念に関わる「アイディア」が頻繁に変わるわけではなく、政策の失敗が明白で既存の政府と政策に関わる専門家が交代させられるような政治的変動が起きるような場合に限られる。

　「アイディア」が均衡としての制度を変えたとしてしばしば主張されるのは，第二次世界人戦後の安定を築いたケインズ的な経済政策が，新古典派経済学を背景とした新自由主義的な経済政策に置き換わっていったという例である（Blyth 2002）。第二次世界大戦後の高度経済成長期において，政府が市場介入を通じて国民経済をコントロールすることに成功していたものの，それが石油危機後のスタグフレーションによって機能不全に陥る。そのような状況で，危機を脱出して新たな秩序を形成するための「アイディア」として新自由主義的な経済政策が提案され，従来のケインズ的な経済政策ではうまく説明・解決できない現象に解決策を与えていく。具体的には，政府が市場のコントロールを行おうとするよりも，そのような政府自体を問題視して，規制緩和を通じて市場の活力を利用し，政府はインフレ抑制に努めることが望ましいとみなされるようになっていったのである。

　「アイディア」は，個人の信念に基礎を置きながら，学習を通じて新しい環境に対応し，政策起業家たちが他者を説得しようとする相互作用の中で彫琢されていく（Swinlels 2020）。不確実性が高い中で人々の行動に新たな指針を与える「アイディア」は，決して初めから一つに限定されるわけではなく，複数の「アイディア」の競合を経て絞られていくこともある。また，具体的な公共政策の決定についての選択肢を示す専門知識とも結びつきながら，説得を通じて人々の認識を変えることで，人々が共有された期待を持つことが可能となり，新たな均衡としての制度が生まれていくというのである。

（3）漸進的変化

　均衡としての制度を変化させる「アイディア」は，あくまでも制度にとって外生的なショックであり，それのみでなぜ制度が変化したかを説明することは難しい。そこで，多くの研究が，制度変化の原因を内生的にとらえることを試みてきた。ここで内生的というのは，安定的な均衡が存在する時期と危機にある重大局面をいわば恣意的に分けるのではなく，それらが漸進的に変化するものとして制度を考えるということであ

る。第14章で説明した制度の発展は，まさに漸進的に変わっていこう
とする制度の変化の局面をとらえようとするものである。ただし，この
ような試みは，なぜ制度が変化したのかを明らかにするというよりも，
制度変化のさまざまな状況と結果を記述する傾向にあるといえるだろう。

　制度がどのように変化していくかを事前に予測することは困難だが，
人々の選択に注目しつつ，その選択を取り巻く歴史的文脈を議論しなが
ら制度の発展を記述しようとする分析的記述（analytic narratives）とい
う方法論も考案されている（Bates et al. 1998）。ここで注目されるのは，
人々の連続的な選択のプロセスであり，選択に基づいて辿った経路の帰
結が均衡として理解されることになる。

　その中でもグライフが，その一連の研究で提示する内生的な制度変化
の議論は重要である（Greif and Laitin 2004，グライフ 2021）。この議論で
は，まず短期的には不変で，人々の選択にとって外生的な条件（「パラ
メータ」）と人々の選択によって変化する帰結（「変数」）を分ける。その
上で，短期的には変わらないが，人々の選択の結果として長期的には変
化し，そのときの人々の選択に影響を与えるような「準パラメータ」と
いう概念が提起される。

　「準パラメータ」という概念を導入したとき，制度変化は次のように
とらえられる。すなわち，ある制度のもとでの人々の選択が，徐々に
「準パラメータ」を変化させ，その制度における支配的な選択をより有
利なものにするとき，より多くの人々にとって支配的な選択を採用する
ことが望ましいという意味で制度が強化される。他方，「準パラメータ」
の変化の結果として，それまでの支配的な選択が必ずしも望ましいもの
ではなくなるとき，人々はしだいにそれまでの支配的な選択を採用しな
くなるだろう。支配的な選択が均衡をもたらすわけではない，という新
たな共有された期待が広がると，制度は危機に陥ることになる（グライフ
2021）。その過程において，「準パラメータ」が観察可能であれば，支配
的な選択から大きな利益を得ている人々は，制度の弱体化を先取りして
従来とは別の方法で制度の補完を試みるかもしれない。

　このような理解に基づいた制度変化の分析は，「いつ，どのように，

なぜ特定の制度形態が採用されたか」を考えるにあたって意義があると考えられる。なぜなら，「準パラメータ」を特定化することにより，制度変化のタイミングと要因を同定することが可能になるとともに，特定の制度が均衡として存続する原因について，制度の自己強化という観点から議論することができるからである。反対に，制度が弱体化し，変化が生じる場面において，人々の選択にとって外生的な条件——「アイディア」のようなものも含めて——を理解することによって，次に成立し得る均衡としての制度についても検討することができるだろう。

3.　福祉国家からNPMへ

（1）　福祉国家の危機と経路依存

　均衡としての制度とその変化の問題は，本書で扱った福祉国家とその変化についてもあてはまる。戦後の高度経済成長が終焉し，高齢化が進展する中で，福祉国家を発展させてきた先進諸国では，共通して社会保障に関する公共サービスの提供が問題になっている。高度経済成長期の中で自然に伸びていく税収を利用して公共サービスの提供が行われてきたが，低成長に入るとそのような増収は期待できない。他方で公共サービスの対象となる人々が増えている。そこで，先進国の政府は社会から新たに資源を調達して公共サービスを維持するか，あるいはそれをせずにサービスを縮減するかという選択を迫られることになるのである。

　福祉国家が発展の過程にある時期は，左派政党が選挙に勝つために政府を拡大させるインセンティブを持つことに注目した権力資源動員論が一定の説明力を持っていた。これは主に大きな政府を志向する左派政党や労働組合といった左翼勢力の強さから政府の拡大を説明するという形式をとる。そして，特に左翼勢力が強い北欧諸国では福祉国家が発展し，それが弱いアングロサクソン諸国では福祉国家の発展が弱く，その中間にある大陸ヨーロッパ諸国では家族による扶助を補完しながら政府が公共サービスを提供するという類型が示されてきた（エスピン－アンデルセン2001）。このような類型は，一定の時間をかけて人々の選択がそれぞれに制度化されていった帰結と考えることができるだろう。

　福祉国家の発展期には，左翼勢力の強さが公共サービスの規模に影響を与えると考えられるのに対して，その縮減期には必ずしもそういう傾向は観察されていない。右翼勢力が強い国において公共サービスをより縮小する，というような傾向は見られないのである。ピアソンは，高度経済成長が終焉して縮減期に入ったと考えられる時代において，イギリスのサッチャー首相やアメリカのレーガン大統領といった「小さな政府」を強調するリーダーの政治指導下ですら，実際に社会保障の縮減が進んでいなかったことを主張し，その要因を政策の正のフィードバックに求めている（Pierson 1994）。つまり，一度社会保障関連の公共サービスが形成されると，それが一定の受益者を生み出すことで，いかに政治家が公共サービスを縮減しようとしても容易にそれを行うことができないというのである。

　均衡としての制度が存続する中で，財政危機を理由に公共サービスの規模を縮小しようとすれば，人々から大きな反発が生まれることになる。それまで支配的であった選択とは異なる選択を行うことになるからである。そのため，福祉国家の縮減期における政府は，従来よりも重い負担が長期的な制度の維持に貢献する，といったような言説戦略を用いるなどして人々からの非難を回避しつつ，そのような不人気政策の決定を行うことを強いられる（鎮目 2021）。人々の共有された期待が強ければ強いほど，そこから逸脱する意思決定は，不人気政策として合意が困難なものとなる。

（2）NPMの浸透と公共政策の未来

　福祉国家の縮退期において，公共サービスの規模，つまりどの程度公共サービスを受けるべきかという点については人々の共有された期待が容易に変わらない一方で，公共サービスの提供方法については大きな変化が生じている。それは，NPMの考え方を背景とした政府の組織変更や市場化の試みである。多くの国において，人々から選ばれた代表が階層的な行政組織を統制して公共サービスを提供するよりも，実際にサービスを提供する組織がより自律的に，社会のニーズに対応して業務を行

うことが志向されるようになってきた。それに合わせて，政策資源を利用する手法も大きく変化している。

　多くの先進国で，このような変化は1980年代頃から長い期間をかけて行われてきた。企業とは異なると理解されがちな公務員の業務の多くを非公務員による業務に置き換え，企業と同じように採用や人事配置を行うようになっている。必ずしも金銭のみで評価することができないような公共サービスの提供について，業績を測定し評価しようとする試みも広がってきた。そして，政府の外部の専門知を吸収し，政策決定にあたっては人々の参加を促す努力も続けられている。このような方向性がお互いに補完的な性質を持ち，人々に受け入れられている部分が大きいからこそ新たな制度として確立していると考えることができるだろう。

　さらに，近年の情報通信技術の発展は，新たな制度をさらに強化する傾向があると考えられる。企業が提供するカスタマイズされたサービスに慣れた人々は，政府の公共サービスに対しても，顧客として行き届いた配慮やそれぞれに対応する柔軟性を求める。また，多くの人々がさまざまな情報に容易にアクセスできるようになり，政府の活動を多面的に測定・評価することができるようになっている。公共サービスについての専門知は，もはや政府が独占するものではなく，政府の外部から専門知に基づいた提案や批判が提起されれば，それが瞬く間に人々に伝わる。そのような環境の変化に効果的に対応できない政府は能力に欠けるとみなされて，信頼を失うこともあるだろう。

　このような変化は，政府がそれまでその正統性と強制力に基づいて提供してきた公共サービスや実施してきた規制を，人々と協働しながら行うことを求めるものになる。政府が命令として人々に強制することは困難であるために，政府は情報を収集して人々のニーズを正確に分析・把握し，人々が自ら望ましいと感じて選択するように行動の調整を行わなくてはならない。そのように行われる公共政策は，もはや政府のみのものではなく，人々と政府の共同生産によって実現されるという色彩を帯びることになるのである。

》注

(1)　住宅分野では，賃貸住宅の借り手保護が強すぎることで，良好な住宅が賃貸
　　市場に出されないことを問題視する経済学者の主張を受けて，借り手保護を弱め
　　るような契約を可能にする定期借家制度が導入された例が一つの典型だろう。そ
　　の主張自体はおそらく妥当だと考えられるが，一つの法律だけでは人々の住宅を
　　めぐる選択を変えることは難しく，大きな成果を上げているとは言えない（中澤
　　2006，砂原 2018）。

引用文献

青木昌彦（2008）『比較政治度分析序説──経済システム進化と多元性』講談社学
　　術文庫。

今井真士（2015）「比較政治学における歴史的制度論・比較歴史分析の着想の発展
　　──科学哲学的基礎の模索から論理学的基礎の探求へ」『文教大学国際学部紀要』
　　26巻1号，17-32頁。

イースタリー，ウィリアム（2009）『傲慢な援助』東洋経済新報社。

エスピン-アンデルセン，イエスタ（2001）『福祉資本主義の三つの世界──比較
　　福祉国家の理論と動態』ミネルヴァ書房。

グライフ，アブナー（2021）『比較歴制度分析（上）（下）』ちくま学芸文庫。

サックス，ジェフリー（2006）『貧困の終焉──2005年までに世界を変える』早川書房。

佐藤岩夫（1999）『現代国家と一般条項──借家法の比較歴史社会学的研究』創元社。

鎮目真人（2021）『年金制度の不人気改革はなぜ実現したのか──1980〜2016年改
　　革のプロセス分析』ミネルヴァ書房。

砂原庸介（2018）『新築がお好きですか？──日本における住宅と政治』ミネルヴァ書房。

砂原庸介（2019）コモンズとしての住宅は可能だったか──1970年代初頭の公的
　　賃貸住宅をめぐる議論の検証」待鳥聡史・宇野重規編『社会のなかのコモンズ
　　──公共性を超えて』白水社，所収。

戸矢哲朗（2003）『金融ビッグバンの政治経済学──金融と公共政策策定における
　　制度変化』東洋経済新報社。

中澤高志（2006）「住宅政策改革と大都市圏居住の変容に関する予察──東京大都
　　市圏を中心に」『経済地理学年報』52号，1-18頁。

Bates, Robert, et. al.（1998）*Analytic Narratives*, Princeton University Press.

Blyth, Mark（2002）*Great Transformations*：*Economic Ideas and Institutional*

Change in the Twentieth Century. Cambridge University Press.

Collier, Ruth Berins, and David Collier（1991）*Shaping the Political Arena：Critical Junctures, the Labor Movement and Regime Dynamics in Latin America.* Princeton University Press.

Cairney, Paul（2020）Understanding Public Policy：Theories and Issues, 2nd edition, Red Globe Press.

Grief, Avner and David D. Laitin（2004）"A Theory of Endogenous Institutional Change," *American Review of Political Science*, 98（4）：633-652.

Pierson, Paul（1994）*Dismantling the Welfare State？：Reagan, Thatcher and the Politics of Retrenchment*, Cambridge University Press.

Swinkels, Marij（2020）"How ideas matter in public policy：a review of concepts, mechanisms, and methods", *International Review of Public Policy* 2（3）：281-316.

Vogel, Steven（1996）*Freer Markets, More Rules：Regulatory Reform in Advanced Industrial Countries*, Cornell University Press.

🎣 研究課題

1. 企業の新卒一括採用も典型的な制度化された選択だと考えられる。どのような条件によって自己強化的な選択になっていたのだろうか。

2. 日本における「金融ビッグバン」は，人々の金融市場に対する関わり方を変えたと言えるだろうか。調べて考えてみよう。

3. 日本においてもNPMの考え方は広がっているが，デジタル化への対応は諸外国に比べて遅れていると言われている。なぜそのような遅れが生じるのか，本章で紹介した制度の考え方に即して説明してみよう。

244

索 引

●配列は五十音順，＊は人名を示す。

著者紹介

砂原　庸介 (すなはら・ようすけ)

・執筆章→2・5・6・8・9・10・13・15

1978 年	大阪府に生まれる
2001 年	東京大学教養学部卒業
2006 年	東京大学大学院総合文化研究科博士後期課程単位取得退学
2009 年	博士（学術），東京大学
	大阪市立大学准教授，大阪大学准教授，神戸大学准教授を経て
現在	神戸大学教授
専攻	行政学・地方自治
主な著書	『地方政府の民主主義』(有斐閣，2011 年)
	『大阪－大都市は国家を超えるか』(中公新書，2012 年)
	『政治学の第一歩』(共著　有斐閣，2015 年)
	『分裂と統合の日本政治』(千倉書房，2017 年)
	『新築がお好きですか？』(ミネルヴァ書房，2018 年)
	『領域を超えない民主主義』(東京大学出版会，2022 年)

手塚　洋輔（てづか・ようすけ）

・執筆章→1・3・4・7・11・12・14

1977 年	東京都に生まれる
2000 年	東北大学法学部卒業
2004 年	東北大学大学院法学研究科博士課程退学
2008 年	東京大学より博士（学術）
	東京大学先端科学技術研究センター特任助教，京都女子大学現代社会学部准教授，大阪市立大学大学院法学研究科准教授などを経て
現在	大阪公立大学大学院法学研究科教授
専攻	行政学
主な著書	『戦後行政の構造とディレンマ』（藤原書店，2010 年）
	『大震災復興過程の比較分析』（共著，ミネルヴァ書房，2016 年）
	『多機関連携の行政学』（共著，有斐閣，2019 年）
	『文部科学省の検証』（共著，東信堂，2019 年）
	『総合検証　東日本大震災からの復興』（共著，岩波書店，2021 年）
	『はじめての行政学〔新版〕』（共著，有斐閣，2022 年）

放送大学大学院教材　8931038-1-2211（ラジオ）

新訂　公共政策

発　行　　2022 年 3 月 20 日　第 1 刷
　　　　　2023 年 8 月 20 日　第 2 刷
著　者　　砂原庸介・手塚洋輔
発行所　　一般財団法人　放送大学教育振興会
　　　　　〒 105-0001　東京都港区虎ノ門 1-14-1　郵政福祉琴平ビル
　　　　　電話　03（3502）2750

市販用は放送大学大学院教材と同じ内容です。定価はカバーに表示してあります。
落丁本・乱丁本はお取り替えいたします。

Printed in Japan　ISBN978-4-595-14176-8　C1331